미니  완성하는

쌩초보
네트워크

소문난
네트워크
일타강의!

이중호 지음

BM (주)도서출판 성안당

'3학점 따기'가 그리 쉬운 것만은 아니죠. 이 책도 그냥 편하게 읽을 만한 것은 아닙니다. 아마도 우리가 원하는 것은 처음부터 끝까지 모든 페이지를 동원해 뭔가 하나라도 해낼 수 있는 책 아닐까요? 이 책은 까다로운 교수님이 이끄는 3학점 정도의 과정에 맞먹는 지식을 전수합니다. 까다로운 교수님은 다채롭고 어려운 과제를 내주는 대신, '하나 배웠다'거나 '어딘가 써먹을 수 있겠다'하는 자신감과 통찰력을 주죠. 이 교재가 이러한 자신감과 통찰력을 주는 이유는 다음과 같이 정교하게 고안된 연습용 과제와 프로젝트들 때문입니다.

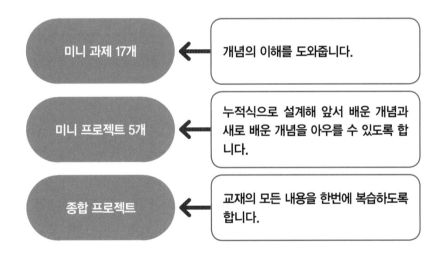

'3학점 따기'가 그리 어려운 것만은 아닙니다. 이 책도 그렇습니다. '거대한 네트워크 지식에 대한 자신감과 통찰력'이라는 목표에 이르기 위한 가장 쉬운 경로를 제공하고자 노력했습니다.

이 책의 특징은 다음과 같습니다.

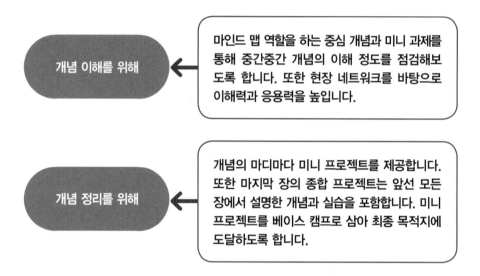

개념 이해를 위해 ← 마인드 맵 역할을 하는 중심 개념과 미니 과제를 통해 중간중간 개념의 이해 정도를 점검해보도록 합니다. 또한 현장 네트워크를 바탕으로 이해력과 응용력을 높입니다.

개념 정리를 위해 ← 개념의 마디마다 미니 프로젝트를 제공합니다. 또한 마지막 장의 종합 프로젝트는 앞선 모든 장에서 설명한 개념과 실습을 포함합니다. 미니 프로젝트를 베이스 캠프로 삼아 최종 목적지에 도달하도록 합니다.

3학점을 무사히 끝내신 분들에게는 성안당에서 출간한 『소수의 프로토콜로 비범한 네트워크 구축하기』(2016)와 『CCNA R&S의 정석』(2017)을 추천합니다. CCNA 자격은 전 세계 모든 네트워크 엔지니어에게 출입문 역할을 합니다. 두 과정 모두 성안당(bm.cyber.co.kr)에서 유료 동영상 강의를 제공하므로 현장 엔지니어와 취업 준비생에게 많은 도움이 될 것입니다.

현명한 길잡이가 돼주신 조혜란 부장님과 이 책의 집필을 도와주신 이구학님, 안선희님, 황정춘님, 김효겸님, 황계진님, 이윤소님, 이장무님, 최아인님, 최아준님, 황이현님에게 감사드립니다.

저자 이중호

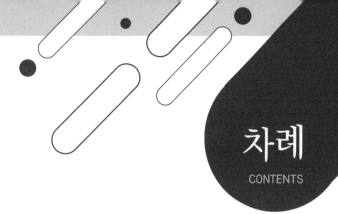

차례
CONTENTS

머리말 3

Chapter 01 IP 주소

Lesson 1 IP 주소와 네트워크 14
❶ 우편 주소/전화번호와 비슷한 IP 주소 14
❷ 2개 이상의 네트워크와 IP 주소 할당 17
미니 과제 **미니과제**: 네트워크/호스트의 경계 추측 21
솔루션 **미니과제 솔루션** 22

Lesson 2 서브넷 마스크 23
❶ 네트워크와 호스트의 경계를 표시하는 서브넷 마스크 23
❷ 디폴트 서브넷 마스크 26

Lesson 3 IP 주소 디자인 및 할당 27
❶ IP 주소 디자인 및 할당 연습 27
미니 과제 ❶ **미니 과제 ❶**: IP 주소 할당 오류 찾기 30
솔루션 **미니 과제 ❶ 솔루션** 31
다홍치마 **다홍치마**: 스위치와 IP 주소 32
미니 과제 ❷ **미니 과제 ❷**: 실전! IP 주소 할당 연습 (a) 34
솔루션 **미니 과제 ❷ 솔루션** 35
미니 과제 ❸ **미니 과제 ❸**: 실전! IP 주소 할당 연습 (b) 37
솔루션 **미니 과제 ❸ 솔루션** 38
NOTE **NOTE**: 부록 B의 실습 오리엔테이션 요약 40
미니 프로젝트 **미니 프로젝트**: 실전 IP 설정 42
솔루션 **미니 프로젝트 솔루션** 43

Chapter 02 라우팅과 이더넷 스위칭

Lesson 1 라우팅 테이블 50
❶ 라우팅 테이블은 어떻게 짧아질 수 있을까? 50

미니 과제 ❶ 미니 과제 ❶: 네트워크 ID를 찾아라! 54

미니 과제 솔루션 미니 과제 ❶ 솔루션 55

미니 과제 ❷ 미니 과제 ❷: 라우팅 테이블의 네트워크 정보에 포함된 IP 주소 범위를 찾아라! 56

미니 과제 솔루션 미니 과제 ❷ 솔루션 57

❷ 라우터에 커넥티드된 네트워크에 대한 정보는 어떻게 만들어질까? 58

❸ 라우터에 낫-커넥티드된 네트워크에 대한 정보는 어떻게 만들어질까? 62

❹ 라우팅 프로토콜의 'network' 명령을 설정하는 방법 66

미니 프로젝트 미니 프로젝트: 실전! IP 라우팅 실습 68

미니 프로젝트 솔루션 미니 프로젝트 솔루션 69

다홍치마 다홍치마: 라우팅 프로토콜 설정 시의 'network' 명령 73

Lesson 2 이더넷 스위칭 77

❶ LAN 네트워크 내부에서 사용하는 이더넷 프로토콜 77

❷ 이더넷 스위치는 언제 플러딩할까? 79

미니 과제 미니 과제: 라우팅 테이블과 스위칭 테이블을 완성해보자! 84

미니 과제 솔루션 미니 과제 솔루션 86

Chapter 03 네트워크 구성도 그리기

Lesson 1 LAN과 WAN 설계 모델 90

❶ LAN과 WAN 90

❷ LAN 설계 모델 91

미니 과제 미니 과제: LAN 구성도를 그려보자! 93

미니 과제 솔루션 미니 과제 솔루션 94

❸ 코어 계층을 생략한 LAN 구성도 95

❹ 티어드 3 레이어 모델에서 스위치/라우터 배치 사유 96

❺ WAN 설계 모델 101

Lesson 2 LAN과 WAN 구성도 그리기 103

❶ LAN 이중화 103

미니 과제 ❶ 미니 과제 ❶: LAN과 WAN을 포함하는 네트워크 구성도 그리기 106

미니 과제 솔루션 미니 과제 ❶ 솔루션 108

미니 과제 ❷ 미니 과제 ❷: 이중화된 네트워크 구성도 그리기 110

미니 과제 솔루션 미니 과제 ❷ 솔루션 112

Lesson 3 밴드위스 산정   114
- ❶ 일반적인 트래픽 패턴   114
- ❷ 밴드위스 결정   115
- ❸ 속도 불만과 해결   116
- 미니 프로젝트 **미니 프로젝트**: 이중화 네트워크 구성 실습   118
- 미니 프로젝트 솔루션 **미니 프로젝트 솔루션**   120

Chapter 04 TCP/IP와 패킷 트래블

Lesson 1 통신 모델   128
- ❶ 홀로 살아남은 TCP/IP 통신 모델   128
- ❷ LAN 설계 모델   129

Lesson 2 단말에 옷을 입히는 과정   130
- ❶ HTTP   130
- ❷ TCP   131
- ❸ UDP   139
- ❹ TCP와 UDP   140
- ❺ IP   142
- ❻ 이더넷   146

Lesson 3 패킷 트래블   150
- ❶ PC A   150
- ❷ SW3의 동작   153
- ❸ R2의 동작   154
- ❹ SW2의 동작   156
- ❺ R1의 동작   156
- ❻ SW1의 동작   157
- ❼ 웹 서버   158
- 다홍치마 **다홍치마**: 서브넷 브로드캐스트 주소   159

Lesson 4 패킷 트랜잭션 리뷰   160
- ❶ 다섯 가지 패킷 트랜잭션   160

Chapter 05 VLAN과 트렁크

Lesson 1 VLAN과 트렁크는 왜 필요할까 166

❶ VLAN 166

❷ 트렁크 168

미니 과제 **미니 과제 ❶**: 액세스 링크와 트렁크 찾기 1 171

솔루션 **미니 과제 ❶ 솔루션** 172

미니 과제 ❷ **미니 과제 ❷**: 액세스 링크와 트렁크 찾기 2 173

솔루션 **미니 과제 ❷ 솔루션** 174

Lesson 2 VLAN과 트렁크 설정 175

❶ 설정 방법 175

❷ 설정 확인 177

미니 과제 **미니 과제 ❶**: VLAN과 트렁크 설정 1 179

솔루션 **미니 과제 ❶ 솔루션** 180

미니 과제 ❷ **미니 과제 ❷**: VLAN과 트렁크 설정 2 184

솔루션 **미니 과제 ❷ 솔루션** 185

Lesson 3 스위치 스태킹 190

❶ 스위치 스태킹의 필요성 190

Chapter 06 STP

Lesson 1 STP는 어떤 문제를 해결할까? 194

❶ 백업 루트의 이점과 문제점 194

❷ STP와 BPDU 195

Lesson 2 STP의 포트 블로킹 197

❶ 루트 스위치의 선정 197

❷ 루트 포트 200

❸ 난-데지그네이티드 포트 205

❹ 데지그네이티드 포트 207

미니 과제 **미니 과제**: STP 포트의 역할 찾기 214

솔루션 **미니 과제 솔루션** 215

Lesson 3 STP 동작 확인   222
   ❶ show spanning-tree 명령   222

Lesson 4 STP의 약점과 솔루션   224
   ❶ PVST와 MST   224

Chapter 07 이더채널과 FHRP

Lesson 1 이더채널   228
   ❶ 이더채널은 왜 필요할까?   228
   ❷ 이더채널 설정 방법   230

Lesson 2 FHRP   232
   ❶ FHRP의 필요성과 종류   232
   ❷ HSRP 동작 원리와 설정   234
   ❸ HSRP와 VRRP 로드 분산   236
   `다홍치마` **다홍치마**: 가상화는 가짜화다   240
   `미니 프로젝트` **미니 프로젝트**: PVST, 이더채널, HSRP가 포함된 이중화 네트워크 구성   241
   `미니 프로젝트 솔루션` **미니 프로젝트 솔루션**   243

Lesson 3 L3 스위치   253
   ❶ L3 스위치 설정 방법   253
   `미니 프로젝트` **미니 프로젝트**: L3 스위치   256
   `미니 프로젝트 솔루션` **미니 프로젝트 솔루션**   258

Chapter 08 스태틱 루트와 라우팅 프로토콜들

Lesson 1 라우팅 테이블   266
   ❶ 라우팅 테이블은 어떻게 만들어질까?   266
   ❷ 라우팅 테이블 해석   269

Lesson 2 스태틱 루트   271
   ❶ 스태틱 루트 설정   271

② 디폴트 스태틱 루트   275

미니 과제: 스태틱 루트와 디폴트 스태틱 루트 설정   276

미니 과제 솔루션   277

Lesson 3 라우팅 프로토콜들   279

① 라우팅 프로토콜 분류   279

② 메트릭   280

③ OSPF   281

미니 과제 **미니 과제**: 스태틱 루트와 OSPF 복합 라우팅 환경   285

솔루션 **미니 과제 솔루션**   286

다홍치마① **다홍치마 ①**: 스태틱 루트와 다이내믹 루트   289

다홍치마② **다홍치마 ②**: BGP   292

Chapter 09 NAT

Lesson 1 NAT의 필요성과 동작 원리   296

① 다이내믹 NAT   296

② NAT 오버로드   297

Lesson 2 NAT 설정   299

① 다이내믹 NAT 설정   299

② NAT 오버로드 설정   300

미니 과제 **미니 과제**: NAT 오버로드 설정   303

솔루션 **미니 과제 솔루션**   304

다홍치마 **다홍치마**: (하나의 공인 주소만 활용할 때의) NAT 오버로드 설정   307

Chapter 10 종합 프로젝트

Lesson 1 종합 프로젝트   310

① 종합 프로젝트의 구성도   310

② IP 설계 및 할당   311

③ LAN 솔루션   312

④ 라우팅   312

⑤ 서비스   312

종합 프로젝트+솔루션   313

1 구성도   313

2 IP 설계 및 할당   314

3 LAN 솔루션   320

4 라우팅   326

5 서비스   328

부록

부록 A 액세스 리스트   334

❶ 액세스 리스트 개요   334

❷ 스탠더드 액세스 리스트 예 1   334

❸ 스탠더드 액세스 리스트 예 2   335

❹ 스탠더드 액세스 리스트 예 3   336

❺ 익스텐디드 액세스 리스트 예 1   338

❻ 익스텐디드 액세스 리스트 예 2   339

❼ 액세스 리스트 확인   341

부록 B 실습 오리엔테이션   342

실습 오리엔테이션 솔루션   345

부록 C 장별 주요 명령어   363

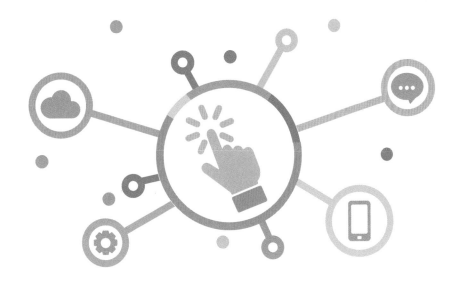

1

CHAPTER

Lesson 1 | **IP 주소와 네트워크**

  1. 우편 주소/전화번호와 비슷한 IP 주소

  2. 2개 이상의 네트워크와 IP 주소 할당

Lesson 2 | **서브넷 마스크**

  1. 네트워크와 호스트의 경계를 표시하는 서브넷 마스크

  2. 디폴트 서브넷 마스크

Lesson 3 | **IP 주소 디자인 및 할당**

  1. IP 주소 디자인 및 할당 연습

IP 주소

IP 주소는 전 세계의 네트워크에 연결된 장치들을 구분하기 위해
사용합니다. 라우터는 우편 주소나 전화번호와 비슷한 IP 주소를
라우팅을 합니다. 이 IP 주소에 대해 알아봅니다.

IP 주소와 네트워크

IP 주소는 네트워크에 연결된 장치들을 구분하기 위해 사용합니다. 라우터는 IP 주소를 보고 라우팅합니다.

01 우편 주소/전화번호와 비슷한 IP 주소

우편 주소는 우편물의 목적지를 구분하기 위해 사용합니다. 우체국은 [그림 1-1]과 같이 우편 주소를 보고 배달합니다.

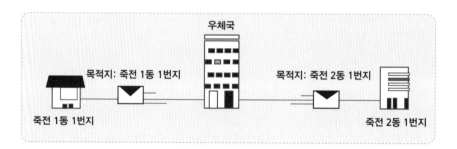

[그림 1-1] 우편 주소

네트워크에서는 IP(Internet Protocol) 주소가 우편 주소의 역할을 합니다. 우체국 역할을 하는 라우터(router)는 IP 주소를 보고 라우팅합니다. 우편물에 해당하는 것이 패킷(packet)입니다.

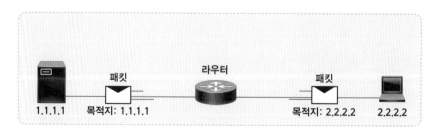

[그림 1-2] 네트워크에서는 IP 주소가 우편 주소를 대신하고, 라우터가 우체국의 역할을 한다.

IP 주소는 우편 주소와 마찬가지로 중복과 누락을 허용하지 않습니다. [그림 1-3]과 같이 IP 주소 범위는 0.0.0.0~255.255.255.255입니다. 예를 들어, 11.1.1.1이나 250.34.78.190은 범위에 속하므로 사용할 수 있지만, 11.1.1.256이나 300.1.1.1은 범위를 벗어나므로 사용할 수 없습니다.

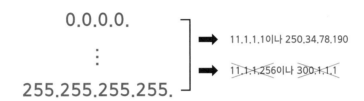

[그림 1-3] 사용할 수 있는 IP 주소 범위

[그림 1-4]와 같이 8비트의 이진수를 '옥텟(octet)'이라 합니다. IP 주소는 4개의 옥텟으로 구성되므로 이진수로는 32비트(= 4옥텟 × 8비트) 길이입니다.

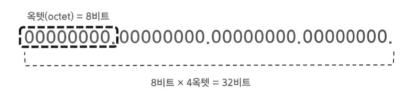

[그림 1-4] IP 주소는 이진수로 32비트 길이다.

IP 주소의 범위를 이진수로 표기하면 [표 1-1]과 같습니다.

[표 1-1] IP 주소의 범위

십진수	이진수
0.0.0.0[가장 작은 IP 주소]	00000000.00000000.00000000.00000000
255.255.255.255[가장 큰 IP 주소]	11111111.11111111.11111111.11111111

다음으로 IP 주소 할당 사례를 살펴보겠습니다. [그림 1-5]에서 각 장치의 인터페이스에 할당된 IP 주소는 1.1.1.1과 1.255.0.78입니다. 이 주소들은 [그림 1-3]의 IP 주소 범위에 속하고, 누락되지도 중복되지도 않습니다. 적정합니다.

[그림 1-5] 적정한 IP 주소 할당 사례

그런데 일반적인 네트워크는 단말들끼리 직접 연결하는 대신, [그림 1-6]과 같이 스위치나 라우터와 같은 네트워크 장치들을 통해 연결합니다. 라우터와 스위치는 네트워크를 구성하는 핵심 장치입니다. 그렇다면 라우터와 스위치는 어떤 역할을 할까요? 라우터와 스위치는 모두 스위칭(switching)을 합니다. 스위칭이란, 도착한 패킷의 목적지 주소를 보고 '몇 번 포트로 보낼 것인가?'를 결정한 후 패킷을 그 포트로 보내는 것을 말합니다. 스위치와 라우터의 유일한 공통점이 스위칭입니다. [그림 1-6]의 스위치와 라우터를 가리키는 심벌들을 잘 기억하셔야 합니다.

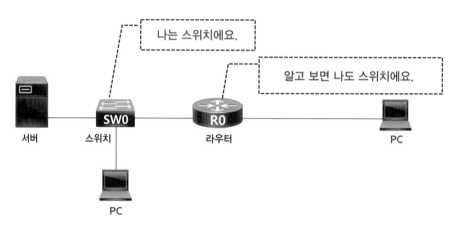

[그림 1-6] 네트워킹 장치(스위치와 라우터)

그러면 스위치와 라우터의 차이점은 무엇일까요? [그림 1-7]과 같이 첫 번째 차이점은 스위치는 데이터 링크 계층(2계층) 주소, 즉 MAC 주소를 보고 스위칭한다는 것이고, 라우터는 TCP/IP 모델을 기준으로 네트워크 계층(3계층) 주소, 즉 IP 주소를 보고 스위칭한다는 것입니다. 2계층 주소 기준의 스위칭을 스위칭, 3계층 주소 기준의 스위칭을 라우팅이라 하여 구분할 뿐입니다. TCP/IP 모델은 '4장. TCP/IP와 패킷 트래블'에서 자세히 설명합니다.

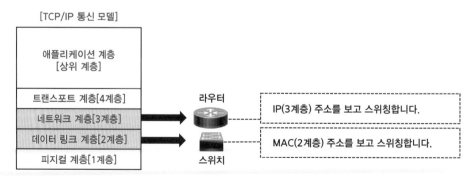

[그림 1-7] 스위치와 라우터의 첫 번째 차이점: 스위치는 MAC 주소, 라우터는 IP 주소를 보고 스위칭한다.

[표 1-2]는 스위치와 라우터의 공통점과 차이점을 정리한 것입니다. 스위치와 라우터의 차이점은 이외에도 네 가지가 더 있습니다.

[표 1-2] 스위치와 라우터의 공통점과 차이점

구분	스위치	라우터
공통점	스위칭	
차이점 ❶	MAC(2계층) 주소를 보고 스위칭한다.	IP(3계층) 주소를 보고 스위칭한다.

02 2개 이상의 네트워크와 IP 주소 할당

[그림 1-8]을 살펴봅시다. 1개의 네트워크가 보입니다.

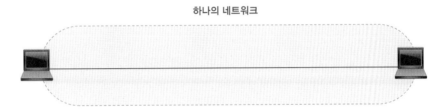

하나의 네트워크

[그림 1-8] 1개의 네트워크

라우터는 네트워크를 분할하는 장치입니다. 따라서 [그림 1-9]에서 네트워크 수는 2개입니다.

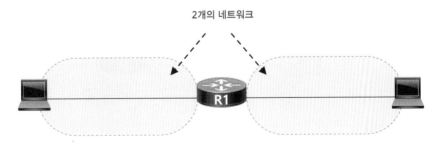

2개의 네트워크

[그림 1-9] 2개의 네트워크

반면, 스위치는 네트워크를 분할하지 못합니다. 따라서 [그림 1-10]과 같이 스위치를 추가해도 네트워크 수는 변함 없습니다.

스위치를 추가해도 네트워크 수는 변함 없다.

[그림 1-10] 스위치와 관련 없는 네트워크 수

따라서 스위치와 라우터의 공통점과 차이점은 [표 1-3]과 같이 업데이트할 수 있습니다.

[표 1-3] 스위치와 라우터의 공통점/차이점

구분	스위치	라우터
공통점	스위칭	
차이점 ❶	2계층(MAC) 주소를 보고 스위칭한다.	3계층(IP) 주소를 보고 스위칭한다.
차이점 ❷	네트워크를 나누지 못한다.	네트워크를 나눈다.

IP 주소는 우편 주소와 유사합니다. [그림 1-11]의 네트워크에 우편 주소를 할당해 봤습니다. 예를 들어 죽전 1동과 죽전 2동은 동을 구분하는 주소 자리이고, 1번지와 2번지는 동 내부를 구분하는 주소 자리입니다. R1 라우터는 죽전 1동과 죽전 2동에 속한 인터페이스를 가지므로 주소가 2개뿐입니다. 이것이 바로 IP 주소와 우편 주소의 차이점입니다. 우편 주소는 집(네트워크로 말하면, 장치)마다 할당하는 반면, IP 주소는 장치의 인터페이스(집으로 말하자면, 문)마다 할당합니다.

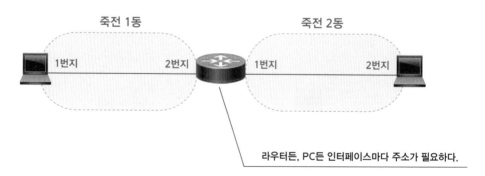

라우터든, PC든 인터페이스마다 주소가 필요하다.

[그림 1-11] 네트워크에 할당되는 주소의 개념

[그림 1-12]에서는 IP 주소를 할당했습니다. 이 경우, IP 주소의 4개 옥텟들 중 첫 번째 옥텟만 네트워크를 구분하는 자리, 즉 네트워크 자리입니다. IP 주소의 두 번

째, 세 번째, 네 번째 옥텟은 네트워크 내부에서 (장치의) 인터페이스를 구분하는 자리, 즉 호스트 자리입니다. 인터페이스에 할당된 IP 주소들(1.1.1.1, 1.1.1.2, 2.1.1.1과 2.1.1.2)은 [그림 1-11]의 우편 주소와 같이 중복되지도, 누락되지도 않았습니다. 따라서 적정합니다.

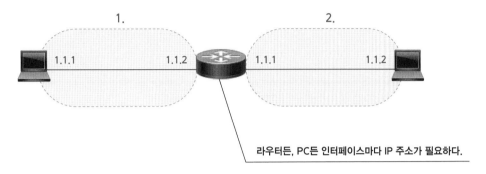

[그림 1-12] 적정한 IP 주소 할당

그런데 IP 주소에서 네트워크와 호스트 자리의 경계는 고정된 것이 아닙니다. [그림 1-13]의 경우에는 첫 번째와 두 번째 옥텟이 네트워크 자리, 세 번째와 네 번째 옥텟이 호스트 자리입니다. 이 예에서도 네트워크 자리끼리 중복되지 않았으며, 최종적으로 할당된 IP 주소(1.1.1.1, 1.1.1.2, 1.2.1.1과 1.2.1.2)들도 중복이나 누락 없이 할당됐습니다. 따라서 이번 사례도 적정합니다.

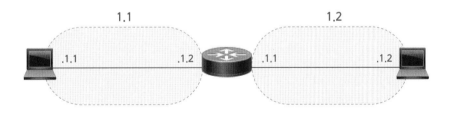

[그림 1-13] IP 주소의 네트워크와 호스트 자리의 경계는 고정된 것이 아니다.

[그림 1-14]의 경우에는 IP 주소의 첫 번째, 두 번째, 세 번째 옥텟들이 네트워크 자리, 네 번째 옥텟만 호스트 자리입니다. 이 경우에도 네트워크 자리를 구분하는 자리가 중복되지 않았으며, 최종적인 IP 주소들(1.1.1.1, 1.1.1.2, 1.1.2.1과 1.1.2.2)도 중복이나 누락 없이 할당됐습니다. 즉, [그림 1-12], [그림 1-13], [그림 1-14]와 같이 네트워크 자리와 호스트 자리의 경계는 유동적일 수 있습니다.

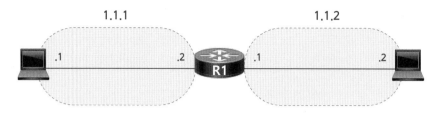

[그림 1-14] IP 주소의 네트워크와 호스트 자리의 경계는 고정된 것이 아니다.

미니 과제 네트워크/호스트의 경계 추측

1. [그림 1-15]에 할당된 IP 주소를 보고, IP 주소의 네트워크 자리와 호스트 자리의 경계를 추측해 보시오.

[그림 1-15] IP 주소들의 네트워크와 호스트 경계는 어디일까?

1. [그림 1-15]에 할당된 IP 주소를 보고, IP 주소의 네트워크 자리와 호스트 자리의 경계를 추측해 보시오.

[그림 1-16]에서는 첫 번째 옥텟 자리만 네트워크 자리라고 추측해봤습니다. 두 네트워크의 네트워크 자리는 서로 중복되지 않아야 하는데, 두 네트워크 모두 10 네트워크로 중복됩니다. 즉, 이 추측은 틀린 것입니다. 이는 마치 다른 두 지역에 죽전 1동을 할당한 것과 같습니다.

[그림 1-16] 네트워크와 호스트의 경계에 대한 잘못된 추측

[그림 1-17]의 경우, 첫 번째와 두 번째 옥텟을 네트워크 자리라고 추측했습니다. 10.10 네트워크와 10.11 네트워크는 서로 중복되지 않았으므로 적정합니다. 또한 호스트 자리도 .1.1과 .1.2로 중복되지 않습니다. 따라서 이 추측은 옳습니다.

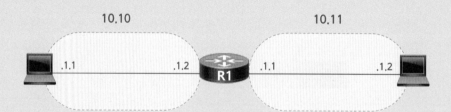

[그림 1-17] 네트워크와 호스트의 경계에 대한 올바른 추측

[그림 1-18]은 첫 번째, 두 번째, 세 번째 옥텟을 네트워크 자리라고 추측했습니다. 10.10.1 네트워크와 10.11.1 네트워크로 서로 중복되지 않으며, 호스트 자리도 .1과 .2로 중복되지 않기 때문에 이 추측도 올바릅니다.

[그림 1-18] 네트워크와 호스트의 경계에 대한 올바른 추측

서브넷 마스크

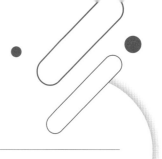

IP 주소의 경계는 네트워크 수나 네트워크 내부의 호스트 수에 따라 유동적입니다. 그러므로 경계를 명확하게 표시하는 수단이 필요합니다.

 네트워크와 호스트의 경계를 표시하는 서브넷 마스크

[그림 1-17]과 [그림 1-18]의 경우와 같이, 추측에 의존한다면 두 가지 경계가 모두 가능합니다. 이러한 모호성을 피하기 위한 수단이 바로 서브넷 마스크(subnet mask)입니다. 서브넷 마스크는 IP 주소를 따라다니면서 네트워크 자리와 호스트 자리의 경계를 표시합니다. 마스크는 얼굴에 씌우는 것이지만, 서브넷 마스크는 IP 주소에 씌웁니다. [그림 1-19]와 같이 IP 주소 100.101.102.103과 서브넷 마스크 255.0.0.0이 주어졌을 경우, 서브넷 마스크 중에서 '255'가 겹치는 100이 네트워크 자리, '0'이 겹치는 101.102.103이 호스트 자리입니다.

[그림 1-19] 네트워크와 호스트의 경계를 표시하는 서브넷 마스크

서브넷 마스크의 다른 예를 포함하는 [표 1-4]를 살펴보겠습니다. 만약, 서브넷 마스크가 255.255.0.0이라면 네트워크 자리는 100.101, 호스트 자리는 102.103이고 서브넷 마스크가 255.255.255.0이라면 네트워크 자리는 100.101.102, 호스드 자리는 103입니다.

IP 주소 / 서브넷 마스크	네트워크 자리	호스트 자리
100.101.102.103 255.0.0.0	100	101.102.103
100.101.102.103 255.255.0.0	100.101	102.103
100.101.102.103 255.255.255.0	100.101.102	103

그런데 서브넷 마스크는 [표 1-5]와 같이 세 가지 방식으로 표시할 수 있습니다.

- **십진수 방식:** '255'가 겹치는 자리가 네트워크 자리, '0'이 겹치는 자리가 호스트 자리입니다.

- **이진수 방식:** 십진수 '255'는 이진수로 '11111111'이므로 이진수로는 '1'이 씌워지는 자리가 네트워크 자리, 십진수 '0'은 이진수로 '00000000'이므로 '0'이 씌워지는 자리가 호스트 자리입니다.

- **프리픽스 길이**(prefix-length) **방식:** 프리픽스는 네트워크와 같은 말입니다. 이진수 '11111111.00000000.00000000.00000000'은 여덟 번째 칸까지가 네트워크 자리이므로 프리픽스 길이 방식으로는 '/8'로 표시합니다. 이와 마찬가지로 이진수 '11111111.11111111.00000000.00000000'은 열여섯 번째 칸까지가 네트워크 자리이므로 프리픽스 길이 방식으로는 '/16'으로 표시하고, 이진수 '11111111.11111111.11111111.00000000'은 스물네 번째 칸까지가 네트워크 자리이므로 프리픽스 길이 방식으로는 '/24'로 표시합니다.

[표 1-5] 서브넷 마스크의 다양한 표현 방식(십진수, 이진수, 프리픽스 길이)

서브넷 마스크 [십진수]	서브넷 마스크[이진수]	서브넷 마스크 [프리픽스 길이]
255.0.0.0	11111111.00000000.00000000.00000000	/8
255.255.0.0	11111111.11111111.00000000.00000000	/16
255.255.255.0	11111111.11111111.11111111.00000000	/24

[그림 1-20]에서 할당된 IP 주소와 서브넷 마스크가 적정한지 살펴보겠습니다. 서브넷 마스크는 255.255.0.0입니다. 그러므로 첫 번째와 두 번째 옥텟들이 네트워크 자리입니다. 두 네트워크의 네트워크 자리는 10.10과 10.11로 중복되지 않고, 호스트 자리도 .1.1과 .1.2로 중복되지 않으므로 적정합니다.

서브넷 마스크가 255.255.0.0이라면

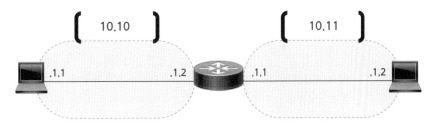

[그림 1-20] 서브넷 마스크가 255.255.0.0일 때 할당된 IP 주소는 적정함.

[그림 1-21]에서 서브넷 마스크는 255.255.255.0이기 때문에 첫 번째, 두 번째, 세 번째 옥텟들이 네트워크 자리입니다. 네트워크 자리는 10.10.1과 10.11.1로 중복되지 않고, 호스트 자리도 .1과 .2로 중복되지 않으므로 적정합니다.

서브넷 마스크가 255.255.255.0이라면

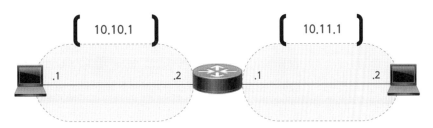

[그림 1-21] 서브넷 마스크가 255.255.255.0일 때, 할당된 IP 주소는 적정함.

[그림 1-22]의 서브넷 마스크는 255.255.255.0이기 때문에 첫 번째, 두 번째, 세 번째 옥텟들이 네트워크 자리입니다. 네트워크 자리는 199.100.1, 10.11.1, 30.0.0으로 중복되지 않고, 호스트 자리도 .1과 .2로 중복되지 않으므로 적정합니다.

서브넷 마스크가 255.255.0.0이라면

[그림 1-22] 서브넷 마스크가 255.255.255.0일 때, 할당된 IP 주소는 적정함.

02 디폴트 서브넷 마스크

IP에는 디폴트 서브넷 마스크(Default Subnet Mask)라는 것이 있습니다. 일반적으로는 IP 주소의 네트워크와 호스트 자리의 경계를 표시하기 위해 서브넷 마스크가 따라다닙니다. 그러나 서브넷 마스크를 별도로 표기하지 않았을 때는 디폴트(기본적인) 서브넷 마스크를 활용합니다. IP 주소는 [표 1-6]과 같이 5개의 클래스로 구분됩니다.

- 십진수로 첫 옥텟이 1~126에 속하면 클래스 A, 128~191에 속하면 클래스 B, 192~223에 속하면 클래스 C, 224~239에 속하면 클래스 D, 240~255에 속하면 클래스 E에 속합니다.

- 이진수로 A, B, C, D, E 클래스의 IP 주소는 이진수로는 각각 0, 10, 110, 1110, 1111로 시작합니다.

- 클래스 A, B, C는 유니캐스트 용도, 클래스 D는 멀티캐스트 용도, 클래스 E는 실험용으로 예비된 주소였지만, 주소가 부족한 오늘날은 유니캐스트 용도로 할당하고 있습니다.

- 디폴트 서브넷 마스크는 (서브넷 마스크를 별도로 표시하지 않았을 때) 네트워크와 호스트의 경계를 표시하기 위해 사용합니다.

[표 1-6] IP 주소의 다섯 가지 클래스

클래스	첫 옥텟 [십진수]	첫 비트들 [이진수]	디폴트 서브넷 마스크
A	1 ~ 126	0	255.0.0.0
B	128 ~ 191	10	255.255.0.0
C	192 ~ 223	110	255.255.255.0
D	224 ~ 239	1110	해당 없음
E	240 ~ 255	1111	해당 없음

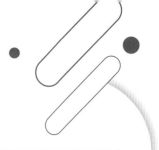

IP 주소 디자인 및 할당

LESSON 03

지금까지 배운 지식을 바탕으로 IP 주소를 디자인하고 할당해 봅니다.

01 IP 주소 디자인 및 할당 연습

[표 1-7]의 조건에 따라 IP 주소를 설계한 후, [그림 1-23]에 할당해 보겠습니다.

[표 1-7] IP 할당 조건

구분	조건
서브넷 마스크	255.255.255.0
적용할 IP 주소 범위	10.X.X.X [10.0.0.0 ~ 10.255.255.255]

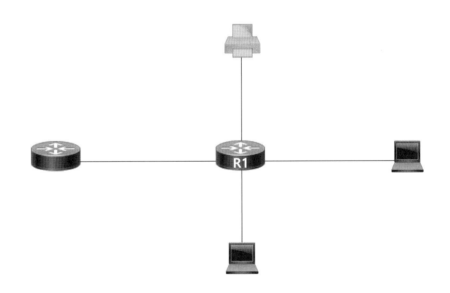

[그림 1-23] 구성도

● 첫 번째, 네트워크 수 세기

IP를 할당하기 전에 [그림 1-24]와 같이 네트워크를 구분해야 합니다. 라우터가 네트워크를 분할하므로 네트워크 수는 4개입니다.

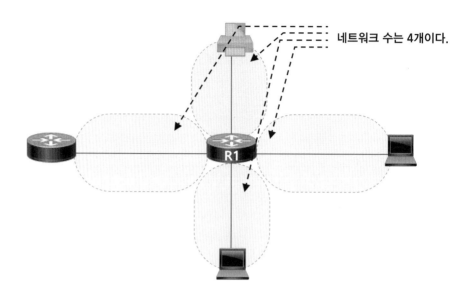

네트워크 수는 **4개이다.**

[그림 1-24] 네트워크 수는 4개이다.

● 두 번째, 네트워크 자리 할당

서브넷 마스크가 255.255.255.0이므로 세 번째 옥텟까지가 네트워크 자리입니다. [그림 1-25]에서 보이는 4개의 네트워크에 10.1.1, 10.1.2, 10.1.3, 10.1.4라는 네트워크 자리를 할당했습니다. 조건에 제시한 10.X.X.X 영역을 사용하고 있으며, 네트워크 자리가 중복되지 않았으므로 적절합니다.

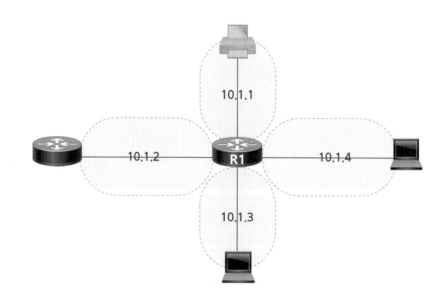

[그림 1-25] IP 주소의 네트워크 자리 할당

● 세 번째, 호스트 자리 할당

네트워크 내부의 호스트 자리를 할당합니다. [그림 1-26]과 같이 중복되지 않게 할당합니다. 그런데 각 네트워크의 첫 번째 주소인 0과 마지막 주소인 255는 할당할 수 없습니다. 첫 번째 주소에 대해서는 '2장, 라우팅과 이더넷 스위칭'의 1강, 마지막 주소에 대해서는 '4장, TCP/IP와 패킷 트래블'의 다홍치마에서 설명합니다.

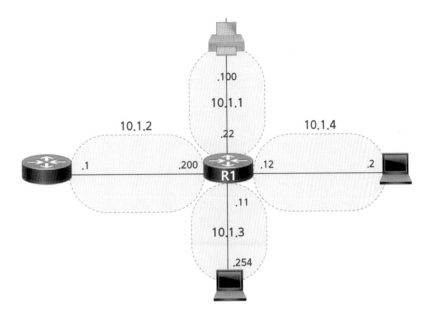

[그림 1-26] IP 주소의 호스트 자리 할당

1. [그림 1-27]은 [표 1-8]의 조건에 따라 IP 주소를 할당한 사례입니다. [그림 1-27]에는 다수의 IP 주소 할당 오류가 있습니다. 차근차근 찾아보시오.

[표 1-8] IP 할당 조건

구분	조건
서브넷 마스크	255.255.255.0
적용할 IP 주소 범위	10.X.X.X [10.0.0.0 ~ 10.255.255.255]

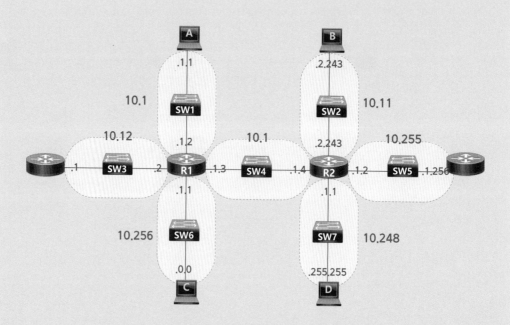

[그림 1-27] IP 주소 할당 오류를 찾아보시오.

솔루션

1. [그림 1-27]은 [표 1-8]의 조건에 따라 IP 주소를 할당한 사례입니다. [그림 1-27]에는 다수의 IP 주소 할당 오류가 있습니다. 차근차근 찾아보시오.

IP 주소 할당 오류는 [표 1-9]와 같습니다.

[표 1-9] IP 주소 오류

순서	네트워크	오류 이유
❶	SW1/SW4가 포함된 네트워크	네트워크 자리가 10.1로 서로 중복된다.
❷	SW2가 포함된 네트워크	R2와 PC B의 호스트 자리가 2.243으로 중복된다.
❸	SW3이 포함된 네트워크	호스트 자리가 두 자리여야 한다(1과 .2로 한 자리다).
❹	SW5가 포함된 네트워크	호스트 자리가 0~255를 벗어난 범위를 가진다(.1.256).
❺	SW6이 포함된 네트워크	네트워크 자리가 0~255를 벗어난 범위를 가진다(10.256).
❻		네트워크의 첫 번째 주소는 할당할 수 없다(10.256.0.0).
❼	SW7이 포함된 네트워크	네트워크의 마지막 주소는 할당할 수 없다(10.248.255.255).

○ 7계층 프로토콜이 제대로 작동하려면?

TCP/IP 모델에서 상위 계층들은 모든 하위 계층들의 서비스를 필요로 합니다. 즉, 7계층 프로토콜이 제대로 작동하려면 [그림 1-28]과 같이 7계층을 포함해 7계층 이하의 모든 프로토콜이 적정하게 동작해야 합니다. 즉, 1계층에서 정의된 케이블이 적정하게 연결되지 않았는데 시그널이 도착할 리 없고, 3계층의 IP 주소가 설정되지 않았는데 패킷이 목적지를 제대로 찾아올 리 없겠죠. 이와 동일한 원리로 4계층 프로토콜이 제대로 동작하려면 4계층 이하의 모든 계층에 문제가 없어야 합니다. 그러면 상위 계층에는 문제가 있어도 될까요? 예, 상관 없습니다. 이와 마찬가지로, 3계층 프로토콜이 제대로 동작하려면 3계층 이하의 모든 계층에만 문제가 없으면 되고, 2계층도 프로토콜이 제대로 동작하려면 2계층과 1계층에 문제가 없어야 합니다.

○ 2계층 장치는 3계층의 기능을 할 수 있을까?

스위치는 TCP/IP 통신 모델을 기준으로 한 2계층 장치로, 3계층과 무관합니다. 2계층 장치는 2계층 이하, 즉 1계층과 2계층 기능만을 수행하기 때문입니다. 3계층 주소는 PC, 서버, IP 전화기와 같은 7계층 장치(일반적으로 애플리케이션을 지원하는 단말)나 라우터와 같은 3계층 장치들만 가질 수 있습니다. 그런데 단말은 꼭 PC나 서버만을 뜻하는 것이 아니라 7계층 프로토콜을 실행시키고 있는 장치를 말합니다. 그래서 스위치에 스위치를 관리하기 위한 텔넷(Telnet), TFTP(Trivial File Transfer Protocol), SNMP(Simple Network Management Protocol)와 같은 7계층 프로토콜을 실행시키려면 스위치에도 3계층 주소가 필요합니다. 7계층 프로토콜이 제대로 동작하려면 하위의 모든 계층에 문제가 없어야 하기 때문입니다.

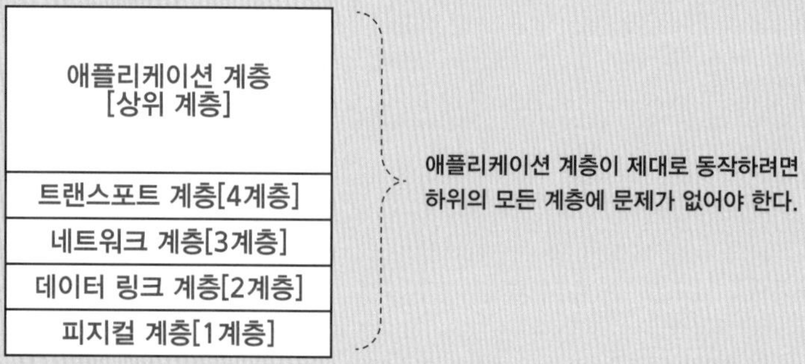

```
┌─────────────────────────┐
│   애플리케이션 계층         │
│    [상위 계층]            │
├─────────────────────────┤      애플리케이션 계층이 제대로 동작하려면
│  트랜스포트 계층[4계층]     │      하위의 모든 계층에 문제가 없어야 한다.
├─────────────────────────┤
│  네트워크 계층[3계층]       │
├─────────────────────────┤
│  데이터 링크 계층[2계층]    │
├─────────────────────────┤
│  피지컬 계층[1계층]        │
└─────────────────────────┘
```

[그림 1-28] TCP/IP 모델에서 상위 계층 프로토콜이 제대로 작동하려면 모든 하위 계층 프로토콜에 문제가 없어야 한다.

○ 스위치에 IP 주소를 할당한다면 몇 개를 할당해야 할까?

IP 주소를 할당할 때 발생하는 가장 일반적인 실수는 라우터처럼 인터페이스마다 할당하려고 하는 것입니다. 라우터는 네트워크를 분할하는 네트워크 경계에 위치한 장치이므로 인터페이스마다 다른 네트워크의 IP 주소가 필요합니다. 반면, 스위치는 네트워크를 분할하는 장치가 아니며, 스위치가 7계층 기능을 수행하기 위해서는 하나의 IP 주소만을 필요로 할 뿐입니다. 즉, 7계층 기능을 수행하는 다른 단말처럼 하나의 IP 주소만 있으면 됩니다. 스위치에 IP 주소를 할당할 때는 라우터가 아니라 PC처럼 생각해야 하고, 스위치 내부에 숨어 있는 PC에 IP 주소를 할당한다고 생각하면 덜 헷갈릴 것입니다.

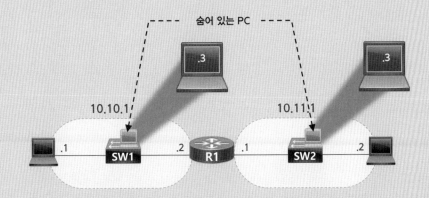

[그림 1-29] 스위치에 IP 주소를 할당할 때는 라우터가 아니라 PC처럼 생각해야 한다.

1. [표 1-10]의 조건에 따라 [그림 1-30]에 IP 주소를 할당해 보시오.

[표 1-10] IP 디자인 조건

구분	조건
서브넷 마스크	255.255.255.0
적용할 IP 주소 범위	172.16.X.X [172.16.0.0 ~ 172.16.255.255]
스위치	SW1에만 할당할 것.

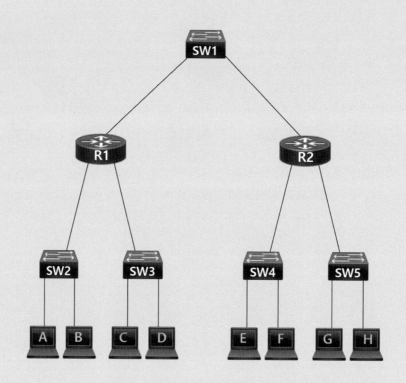

[그림 1-30] 구성도

1. [표 1-10]의 조건에 따라 [그림 1-30]에 IP 주소를 할당해 보시오.

첫 번째, 네트워크 수 세기

IP를 할당하기 전에 네트워크를 구분해야 합니다. [그림 1-31]과 같이 네트워크는 총 5개입니다.

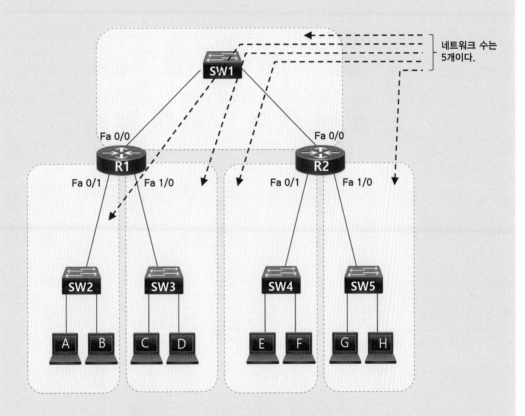

네트워크 수는
5개이다.

[그림 1-31] 네트워크 구분

두 번째, 네트워크 자리 할당

서브넷 마스크가 255.255.255.0이므로 세 번째 칸까지가 네트워크 자리입니다. [그림 1-32]는 5개의 네트워크 자리들, 즉 172.16.1, 172.16.2, 172.16.3, 172.16.4, 172.16.5를 할당하고 있습니다. 이 네트워크 자리들은 172.16.X.X 영역을 사용할 뿐 아니라 서로 중복되지도 않으므로 적정합니다.

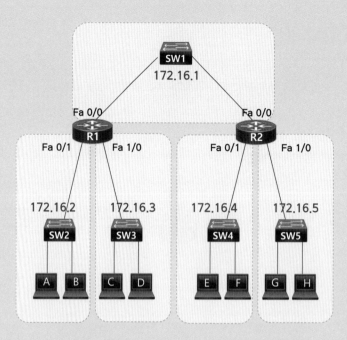

[그림 1-32] 네트워크 ID 할당 예

세 번째, 호스트 자리 할당

[그림 1-33]과 같이 중복되지 않게 할당합니다. 각 네트워크 내부의 첫 번째 주소인 0과 마지막 주소인 255는 할당할 수 없습니다.

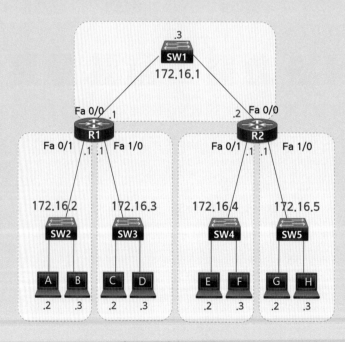

[그림 1-33] 호스트 ID 할당

미니 과제 ③ 실전! IP 주소 할당 연습 (b)

1. [표 1-11]의 조건에 따라 [그림 1-34]에 IP 주소를 할당해 보시오.

[표 1-11] IP 디자인 조건

구분	조건
서브넷 마스크	255.255.0.0
적용할 IP 주소 범위	10.X.X.X [10.0.0.0 ~ 10.255.255.255]
스위치	모든 스위치에 할당할 것.

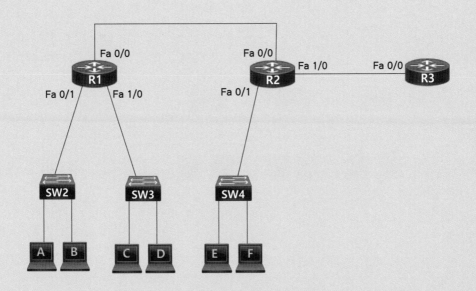

[그림 1-34] 구성도

1. [표 1-11]의 조건에 따라 [그림 1-34]에 IP 주소를 할당해 보시오.

첫 번째, 네트워크 수 세기

IP 할당을 하기 전에 네트워크를 구분해야 합니다. [그림 1-35]와 같이 네트워크는 총 5개입니다.

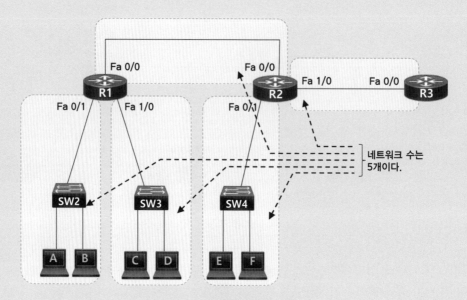

[그림 1-35] 네트워크는 총 5개이다.

두 번째, 네트워크 자리 할당

서브넷 마스크가 255.255.0.0이므로 두 번째 칸까지가 네트워크 자리입니다. [그림 1-36]에서 5개의 네트워크들, 즉 10.0, 10.1, 10.2, 10.3, 10.4는 10.X.X.X 영역의 IP 주소를 사용할 뿐 아니라 서로 중복되지도 않으므로 적정합니다.

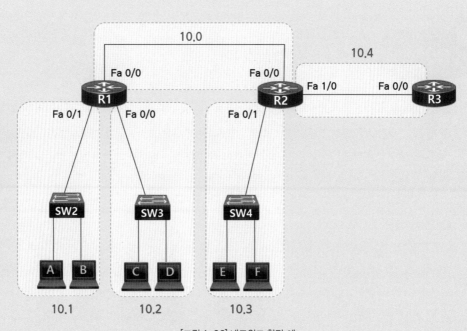

[그림 1-36] 네트워크 할당 예

세 번째, 호스트 자리 할당

[그림 1-37]과 같이 중복되지 않게 할당합니다. 각 네트워크 내부의 첫 번째 주소인 0.0과 마지막 주소인 255.255는 할당할 수 없습니다.

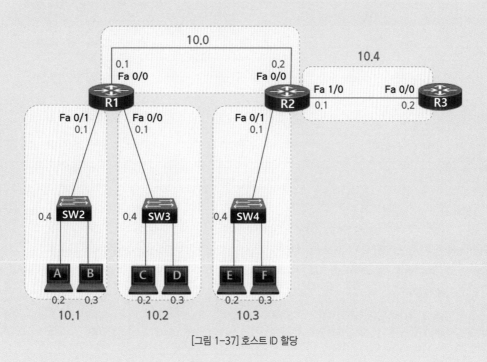

[그림 1-37] 호스트 ID 할당

 **NOTE** 부록 B 실습 오리엔테이션 요약

미니 프로젝트, 미니 과제와 종합 프로젝트의 실습들은 시스코 사의 패킷 트레이서(Cisco Packet Tracer)를 활용하기 바랍니다. 패킷 트레이서는 인터넷 검색을 통해 다운로드할 수 있고, 해답 파일은 cafe.daum.net/nwdb에서 다운로드할 수 있습니다. 패킷 트레이서를 활용하는 방법은 이 책의 부록 B나 유튜브를 검색해보기 바랍니다. 다음은 '부록 B 실습 오리엔테이션' 부분을 요약한 것입니다.

◯ 명령어 입력 위치들

라우터와 스위치에서 명령어를 입력하는 위치는 [표 1-12]와 같이 대략 네 곳입니다. 명령어 입력 창(CLI, Command Line Interface)에 접속하면 제일 먼저 유저 모드(user mode)에 들어갑니다. 유저 모드에서는 라우터/스위치에 대한 간단한 조사만 가능합니다. 프리빌리지드 모드(privileged mode)에서는 라우터와 스위치에 대한 자세한 조사가 가능합니다. 글로벌 컨피규레이션 모드(global configuration mode)에서는 인터페이스와 관련 없는 설정, 인터페이스 컨피규레이션 모드(interface configuration mode)에서는 인터페이스와 관련 있는 설정이 가능합니다.

[표 1-12] 명령어 입력 모드들

프롬프트	명칭	설정 명령어
Router〉	유저 모드	간단한 조사를 위한 명령어
Router#	프리빌리지드 모드	자세한 조사를 위한 명령어
Router(config)#	글로벌 컨피규레이션 모드	인터페이스와 관련 없는 설정 명령어
Router(config-if)#	인터페이스 컨피규레이션 모드	인터페이스와 관련 있는 설정 명령어

다음은 각 위치로 이동하는 명령어입니다. [그림 1-38]과 함께 살펴보기 바랍니다.

- **enable**: Router〉 위치에서 Router# 위치로 이동하는 명령입니다.
- **configure terminal**: Router# 위치에서 Router(config)# 위치로 이동하는 명령입니다.
- **interface fastethernet 0/0**: Router(config)# 위치에서 Router(config-if)# 위치로 이동하는 명령입니다.
- **exit or end**: 다시 빠져나오는 명령입니다.

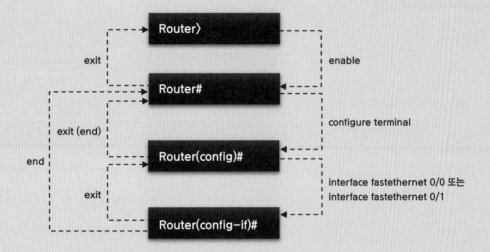

[그림 1-38] 각 명령어 입력 위치 간의 이동

O 명령어 입력 팁

명령어 입력과 관련해 다음 팁들을 숙지해야 합니다.

● **축약:** enable 명령은 'en', configure terminal 명령은 'conf t', interface fastethernet 0/0 명령은 'in f 0/0'과 같이 다른 명령어와 구분되는 자리까지만 입력하면 됩니다.

● ? **키:** 명령어가 기억나지 않을 때, 어떤 위치에서든 ? 키를 누르면 해당 위치에서 입력 가능한 모든 명령어와 명령어에 대한 설명을 보여줍니다. 예를 들어, sh?라고 입력하면 sh로 시작하는 명령어들만 보여줍니다.

● Tab **키:** 명령어를 모두 입력할 필요가 없지만 모두 입력하고 싶다면 Tab 키를 적극 활용하기 바랍니다. 다만, 다른 명령어와 구분되는 자리까지 입력한 후 Tab 키를 눌러야 합니다.

● Ctrl+Shift+6 **키:** 'shooo'와 같이 존재하지 않는 명령을 입력하면 shooo라는 이름을 가진 장치에 원격 접속. 즉 텔넷(Telnet)을 시도합니다. 그런데 텔넷 패킷을 만들기 위해서는 목적지의 IP 주소를 알아야 하므로 네임 서버에게 'shooo'라는 이름을 가진 장치의 IP 주소를 묻는 과정이 일어나는데, 네임 서버로부터 응답을 받기까지 실습은 중단되며 기다려야 합니다. Ctrl+Shift+6은 이러한 과정을 즉시 취소시키는 키입니다.

● ↑와 ↓ **키:** 해당 장치에서 사용한 적 있는 명령어를 검색하는 키입니다. 실제로 유사한 명령어를 반복해서 입력하는 경우가 많으므로 빈번하게 사용하는 키입니다.

● →와 ← **키:** 긴 명령어를 입력했지만 중간에 글자 하나가 틀렸을 때, 마우스 커서를 이동해 수정해야 하는데, 이때 마우스 커서를 이동시키는 키입니다.

실전! IP 설정

1. [표 1-13]의 조건에 따라 [그림 1-39]에 IP 주소를 할당하고 설정해 보시오.

[표 1-13] IP 디자인 조건

구분	조건
서브넷 마스크	255.255.255.0
적용할 IP 주소 범위	10.X.X.X [10.0.0.0 ~ 10.255.255.255]
스위치	모든 스위치에 할당할 것.

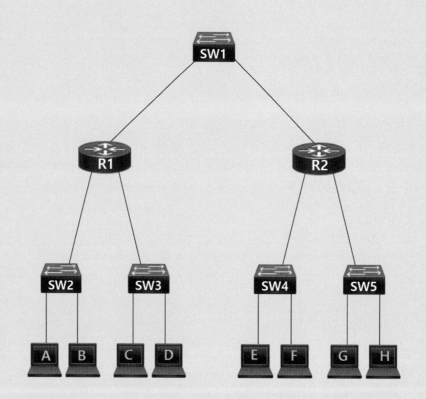

[그림 1-39] 구성도

솔루션

1. [표 1-13]의 조건에 따라 [그림 1-39]에 IP 주소를 할당하고 설정해 보시오.

첫째, IP 주소를 할당하기 전에 네트워크를 구분해야 합니다. 네트워크 수는 [그림 1-40]과 같이 5개입니다.

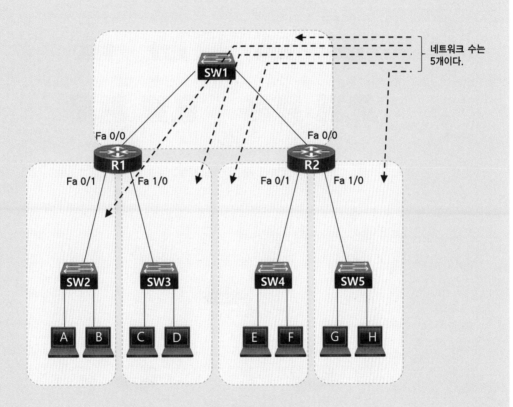

[그림 1-40] 네트워크 구분

둘째, 서브넷 마스크가 255.255.255.0이므로 세 번째 칸까지가 네트워크 자리입니다. [그림 1-41]은 5개의 네트워크 자리들, 즉 10.10.1, 10.10.2, 10.10.3, 10.10.4, 10.10.5를 할당했습니다. 이 네트워크 자리들은 10.X.X.X 영역일 뿐 아니라 서로 중복되지도 않으므로 적정합니다.

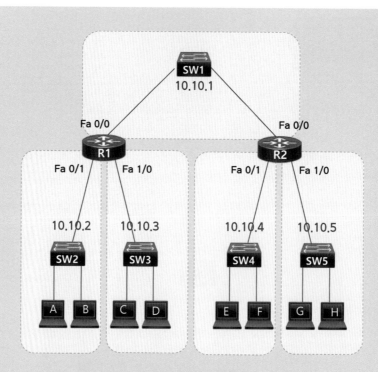

[그림 1-41] 네트워크 ID 할당 예

세 번째, 호스트 자리를 [그림 1-42]와 같이 중복되지 않게 할당합니다. 각 네트워크 내부의 첫 번째 주소인 0과 마지막 주소인 255는 할당할 수 없습니다.

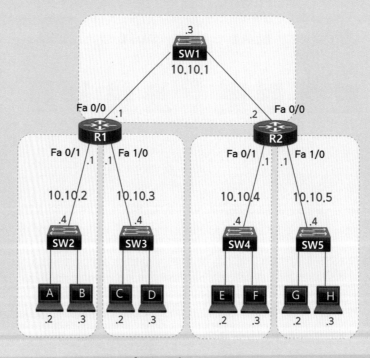

[그림 1-42] 호스트 ID 할당

R1과 R2 라우터에 IP 설정하는 명령어는 [표 1-14]와 같으며, 각 명령어에 대한 설명은 다음과 같습니다.

- **hostname R1** 명령은 라우터의 이름을 변경하고, 다른 변경 명령들처럼, 글로벌 컨피규레이션 모드 [Router(config)#]에서 설정해야 합니다.

- **no shutdown**은 인터페이스를 살리는 명령, shutdown은 인터페이스를 죽이는 명령입니다. 인터페이스를 살리는 명령이므로 인터페이스 컨피규레이션 모드에서 입력해야 합니다.

- **ip address 10.10.1.1 255.255.0.0**은 라우터의 인터페이스에 IP 주소를 설정하는 명령어입니다. 입력한 명령을 취소하고자 할 때는 입력한 위치에서 입력한 명령어 앞에 no를 추가하면 됩니다. 즉, IP 주소를 삭제하는 명령은 **no ip address**입니다. IP 주소는 인터페이스에 설정해야 하므로 인터페이스 컨피규레이션 모드에서 입력해야 합니다.

[표 1-14] R1과 R2의 설정

라우터	명령어
R1	Router>enable Router#configure terminal Router(config)#hostname R1 R1(config)#interface fastethernet 0/0 R1(config-if)#no shutdown R1(config-if)#ip address 10.10.1.1 255.255.255.0 R1(config-if)#exit R1(config)#interface fastethernet 0/1 R1(config-if)#no shutdown R1(config-if)#ip address 10.10.2.1 255.255.255.0 R1(config-if)#exit R1(config)#interface fastethernet 1/0 R1(config-if)#no shutdown R1(config-if)#ip address 10.10.3.1 255.255.255.0
R2	Router>enable Router#configure terminal Router(config)#hostname R2 R2(config)#interface fastethernet 0/0 R2(config-if)#no shutdown R2(config-if)#ip address 10.10.1.2 255.255.255.0 R2(config-if)#exit R2(config)#interface fastethernet 0/1 R2(config-if)#no shutdown R2(config-if)#ip address 10.10.4.1 255.255.255.0 R2(config-if)#exit R2(config)#interface fastethernet 1/0 R2(config-if)#no shutdown R2(config-if)#ip address 10.10.5.1 255.255.255.0

PC들의 설정은 [표 1-15]와 같습니다. 디폴트 게이트웨이는 PC가 속한 네트워크의 라우터입니다. 즉, PC A와 PC B는 10.10.2.1, PC C와 PC D는 10.10.3.1, PC E와 PC F는 10.10.4.1, PC G와 PC H는 10.10.5.1로 설정해야 합니다. PC에 디폴트 게이트웨이 주소를 설정하는 이유는 '4장. TCP/IP와 패킷 트래블'에서 설명합니다.

[표 1-15] PC의 설정

PC	설정		
	IP 주소	서브넷 마스크	디폴트 게이트웨이
PC A	10.10.2.2	255.255.255.0	10.10.2.1
PC B	10.10.2.3	255.255.255.0	10.10.2.1
PC C	10.10.3.2	255.255.255.0	10.10.3.1
PC D	10.10.3.3	255.255.255.0	10.10.3.1
PC E	10.10.4.2	255.255.255.0	10.10.4.1
PC F	10.10.4.3	255.255.255.0	10.10.4.1
PC G	10.10.5.2	255.255.255.0	10.10.5.1
PC H	10.10.5.3	255.255.255.0	10.10.5.1

스위치들의 IP 설정은 [표 1-16]과 같습니다. interface vlan 1은 '5장. VLAN과 트렁크'에서 설명합니다. 디폴트 게이트웨이는 스위치가 속한 네트워크의 라우터입니다. 디폴트 게이트웨이를 PC와 스위치에 설정해야 하는 이유는 동일합니다. 다만, SW1의 경우, SW1이 속한 네트워크에 2대의 라우터(10.10.1.1과 10.10.1.2)가 존재합니다. 이 경우, 2대 중 어떤 라우터로 설정해도 됩니다.

[표 1-16] 스위치의 IP 설정

스위치	명령어
SW1	Swithc)enable Switch#configure terminal Switch(config)#hostname SW1 SW1(config)#interface vlan 1 SW1(config-if)#no shutdown SW1(config-if)#ip address 10.10.1.3 255.255.255.0 SW1(config-if)#exit SW1(config)#ip default-gateway 10.10.1.1 또는 SW1(config)#ip default-gateway 10.10.1.2

SW2	Swithc)enable Switch#configure terminal Switch(config)#hostname SW2 SW2(config)#interface vlan 1 SW2(config-if)#no shutdown SW2(config-if)#ip address 10.10.2.4 255.255.255.0 SW2(config-if)#exit SW2(config)#ip default-gateway 10.10.2.1
SW3	Swithc)enable Switch#configure terminal Switch(config)#hostname SW3 SW3(config)#interface vlan 1 SW3(config-if)#no shutdown SW3(config-if)#ip address 10.10.3.4 255.255.255.0 SW3(config-if)#exit SW3(config)#ip default-gateway 10.10.3.1
SW4	Swithc)enable Switch#configure terminal Switch(config)#hostname SW4 SW4(config)#interface vlan 1 SW4(config-if)#no shutdown SW4(config-if)#ip address 10.10.4.4 255.255.255.0 SW4(config-if)#exit SW4(config)#ip default-gateway 10.10.4.1
SW5	Swithc)enable Switch#configure terminal Switch(config)#hostname SW5 SW5(config)#interface vlan 1 SW5(config-if)#no shutdown SW5(config-if)#ip address 10.10.5.4 255.255.255.0 SW5(config-if)#exit SW5(config)#ip default-gateway 10.10.5.1

2

CHAPTER

Lesson 1 | **라우팅 테이블**

1. 라우팅 테이블은 어떻게 짧아질 수 있을까?

2. 라우터에 커넥티드된 네트워크에 대한 정보는 어떻게 만들어질까?

3. 라우터에 낫-커넥티드된 네트워크에 대한 정보는 어떻게 만들어질까?

4. 라우팅 프로토콜의 'network' 명령을 설정하는 방법

Lesson 2 | **이더넷 스위칭**

1. LAN 네트워크 내부에서 사용하는 이더넷 프로토콜

2. 이더넷 스위치는 언제 플러딩할까?

라우팅과
이더넷 스위칭

스위치는 도착한 프레임의 목적지 MAC(2계층) 주소를 보고 몇 번 포트로 보낼 것인지를 결정하고, 라우터는 도착한 패킷의 목적지 IP(3계층) 주소를 보고 결정합니다.

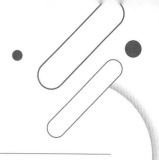

01 LESSON · 라우팅 테이블

라우팅은 도착한 패킷의 목적지 3계층(IP) 주소를 보고 몇 번 인터페이스로 보낼 것인지를 결정하는 것입니다. 이를 위해 라우팅 테이블에는 목적지 정보와 함께 패킷을 보낼 인터페이스가 올라와야 합니다.

01 | 라우팅 테이블은 어떻게 짧아질 수 있을까?

[그림 2-1]과 같이, 전화번호는 82(국가 번호), 02(지역 번호), 6789(국 번호), 3456(라인 번호)과 같이 4개의 영역으로 나뉩니다. 나뉘기만 하는 것이 아니라 주소의 앞 영역이 뒤 영역보다 높은 계급을 가집니다. 우편 주소는 대한민국, 서울시, 마포구, 합정동, 1번지와 같이 5개의 계급을 갖습니다. 이렇게 계급이 있는 주소를 하이어라키컬 어드레스(hierarchical address)라고 합니다. 라우팅의 기준인 IP 주소(3계층 주소)도 네트워크와 호스트 자리로 나뉘며, 네트워크 계급이 호스트 계급보다 높기 때문에 하이어라키컬 어드레스에 속합니다.

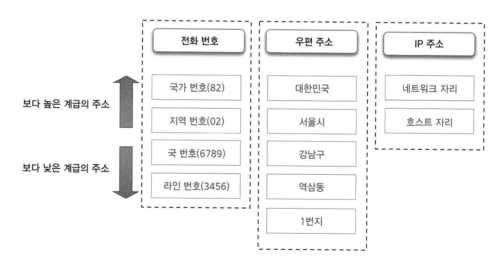

[그림 2-1] 주소의 앞자리가 뒷자리보다 높은 계급을 갖는 하이어라키컬 어드레스들

이렇게 주소가 계급을 가지면 어떤 이점이 있을까요? PSTN(Public Switched Telephony Network)은 공중 전화 교환 네트워크입니다. 다른 나라들과 연결된 PSTN 스위치의 스위칭 테이블에는 [표 2-1]과 같이 국가 번호만 올라옵니다. 예를 들어,

'1'은 미국과 캐나다에 있는 모든 전화번호를 대신합니다. 이와 마찬가지로 '84'는 베트남, '44'는 영국의 모든 전화번호를 대신합니다. 따라서 스위칭 테이블의 길이가 짧아집니다.

[표 2-1] 국제 전화의 국가 번호

국가 번호	국가	국가 번호	국가
82	대한민국	61	오스트레일리아
1	미국과 캐나다	81	일본
84	베트남	86	중국
44	영국	66	타이

한편, 이더넷 스위칭(이하 스위칭)의 기준인 MAC 주소(2계층 주소)와 같이 계급을 갖지 못한 주소를 플랫 어드레스(flat address)라고 합니다. 계급을 갖지 못하는 MAC 주소로 스위칭 테이블을 만들려면 모든 장치의 MAC 주소가 스위칭 테이블에 올라와야 합니다. 그 이유는 플랫 어드레스의 앞부분이 아무런 대표성을 갖지 못하기 때문입니다.

전 세계 네트워크를 라우터는 1대도 사용하지 않고, 오로지 스위치로만 연결한다고 가정해볼까요? 세상의 장치 수가 1,000억 대라면 스위칭 테이블의 길이도 1,000억 줄이 되겠지요. 이러한 스위칭 테이블을 제대로 만들거나 관리할 수 있을까요? 불가능하겠죠. 스위칭 테이블을 어찌어찌 만든다 하더라도 1,000억 줄이나 되는 스위칭 테이블에서 프레임의 목적지 주소를 찾는 데 엄청난 지연이 발생합니다. 또한 1,000억 개 중에서 1만 개가 누락돼도 찾을 수 있을까요? 찾기 힘들겠죠. 즉, 관리가 되지 않는 것이죠. 이것이 바로 전 세계 네트워크를 스위치로만 연결하는 것은 불가능하고 라우터로만 연결하는 것은 가능한 이유입니다. 이제 [표 2-2]와 같이 스위치와 라우터의 세 번째 차이점까지 찾았습니다. 이외에 두 가지가 더 있습니다.

[표 2-2] 스위치와 라우터의 공통점 및 차이점

구분	스위치(2계층 장치)	라우터(3계층 장치)
공통점	스위칭	
차이점 ❶	MAC(2계층) 주소를 보고 스위칭한다.	IP(3계층) 주소를 보고 스위칭한다.
차이점 ❷	네트워크를 나누지 못한다.	네트워크를 나눈다.
차이점 ❸	(플랫 주소로 스위칭 테이블을 만들기 때문에) 스위칭 테이블이 길다.	(하이어라키컬 주소로 라우팅 테이블을 만들기 때문에) 라우팅 테이블이 짧다.

[그림 2-2]는 스위칭 테이블과 라우팅 테이블을 보는 명령과 그 결과를 보여줍니다.

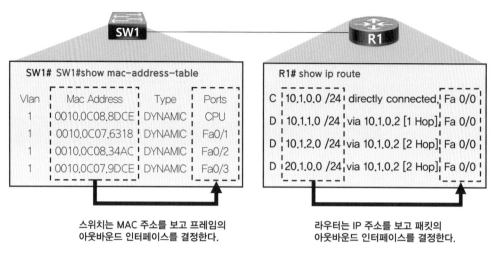

스위치는 MAC 주소를 보고 프레임의
아웃바운드 인터페이스를 결정한다.

라우터는 IP 주소를 보고 패킷의
아웃바운드 인터페이스를 결정한다.

[그림 2-2] 스위칭 테이블과 라우팅 테이블

show ip route는 라우팅 테이블을 보는 명령입니다. [그림 2-3]과 같이 목적지
네트워크 정보는 네트워크 ID와 프리픽스 길이로 표시합니다. 네트워크 ID는 네트
워크를 대표하는 IP 주소로, 네트워크의 첫 번째 IP 주소가 사용됩니다. 단 한 줄
의 네트워크 ID와 프리픽스 길이가 네트워크 내의 모든 IP 주소들을 대신하기 때
문에 라우팅 테이블의 길이가 짧아지고, 따라서 라우팅 속도도 빨라집니다. 한편
네트워크 ID는 장치에 할당할 수 없습니다. 네트워크 ID를 라우터나 PC에 입력
해도 입력 자체가 되지 않습니다. [그림 2-3]에서 R1에 올라온 네트워크 정보인
10.1.1.0 /24는 (10.1.1까지가 네트워크 자리이므로) 10.1.1로 시작하는 모든 IP 주소들,
즉 10.1.1.0~ 10.1.1.255를 대신하는 정보입니다.

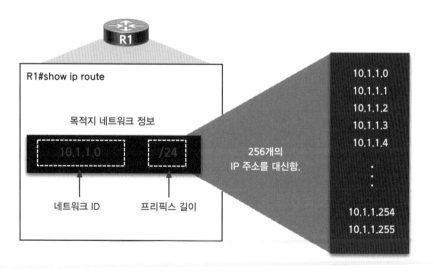

[그림 2-3] 라우팅 테이블의 목적지 네트워크 정보 = 네트워크 ID + 프리픽스 길이

프리픽스 길이는 네트워크와 호스트의 경계를 표시하기 위해 서브넷 마스크 대신 사용합니다. [표 2-3]에서 서브넷 마스크가 십진수 255.0.0.0은 이진수로 11111111.00000000.00000000.00000000이며, 첫 번째 여덟 번째 칸까지가 네트워크 자리이므로 프리픽스 길이로는 '/8'로 표시하면 됩니다. 이와 마찬가지로 255.255.0.0은 프리픽스 길이인 '/16', 255.255.255.0은 프리픽스 길이인 '/24'로 표시합니다.

[표 2-3] 서브넷 마스크와 프리픽스 길이 비교

서브넷 마스크(십진수)	서브넷 마스크(이진수)	프리픽스 길이
255.0.0.0	11111111.00000000.00000000.00000000	/8
255.255.0.0	11111111.11111111.00000000.00000000	/16
255.255.255.0	11111111.11111111.11111111.00000000	/24

1. 라우팅 테이블에 올라오는 네트워크 ID와 서브넷 마스크는 해당 네트워크의 모든 IP 주소들을 대신합니다. [그림 2-4]에서 네트워크 ID를 찾아보고, R1 라우터의 라우팅 테이블을 완성해보시오.

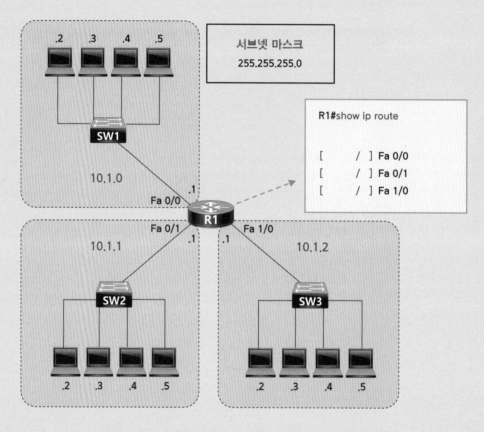

서브넷 마스크
255.255.255.0

```
R1#show ip route

[       /   ] Fa 0/0
[       /   ] Fa 0/1
[       /   ] Fa 1/0
```

[그림 2-4] 네트워크 ID를 찾고 R1 라우터의 라우팅 테이블을 완성해본다.

솔루션

> 1. 라우팅 테이블에 올라오는 네트워크 ID와 서브넷 마스크는 해당 네트워크의 모든 IP 주소들을 대신합니다. [그림 2-4]에서 네트워크 ID를 찾아보고, R1 라우터의 라우팅 테이블을 완성해보시오.

[표 2-4]를 보세요. 서브넷 마스크는 255.255.255.0이므로 첫 번째 ~ 세 번째 옥텟들이 네트워크 자리이고 각 네트워크의 첫 번째 IP 주소가 네트워크 ID입니다. 즉, 10.1.0 네트워크의 첫 번째 주소는 10.1.0.0입니다. 10.1.1 네트워크의 네트워크 ID는 10.1.1.0, 10.1.2 네트워크의 네트워크 ID는 10.1.2.0입니다.

[표 2-4] 각 네트워크의 첫 번째 주소가 네트워크 ID로 사용된다.

네트워크 영역	IP 주소 범위	네트워크 ID
10.1.0	10.1.0.0 ~ 10.1.0.255	10.1.0.0
10.1.1	10.1.1.0 ~ 10.1.1.255	10.1.1.0
10.1.2	10.1.2.0 ~ 10.1.2.255	10.1.2.0

[그림 2-5]와 같이, 단지 네트워크 ID와 프리픽스 길이만 라우팅 테이블에 올라옵니다. 프리픽스 길이는 서브넷 마스크가 255.255.255.0이므로 /24입니다.

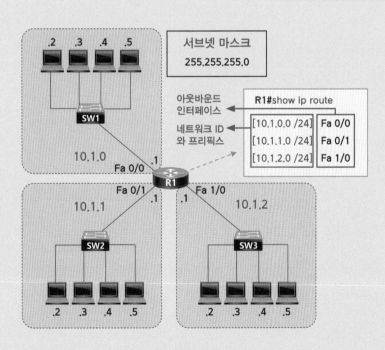

[그림 2-5] 라우팅 테이블

미니 과제 ② 라우팅 테이블의 네트워크 정보에 포함된 IP 주소 범위를 찾아라!

1. [표 2-5]에 제시된 라우팅 테이블의 네트워크 정보, 즉 네트워크 ID와 프리픽스 길이를 보고 여기에 포함된 IP 주소 영역을 찾아 보시오.

[표 2-5] 라우팅 테이블의 네트워크 정보에 포함된 IP 주소들

라우팅 테이블의 네트워크 정보		포함된 IP 주소들
네트워크 ID	프리픽스 길이	
199.0.0.0	/8	
199.0.0.0	/16	
199.0.0.0	/24	
10.11.0.0	/16	
10.11.0.0	/24	
30.0.0.0	/8	
30.0.0.0	/16	
30.0.0.0	/24	

1. [표 2-5]에 제시된 라우팅 테이블의 네트워크 정보, 즉 네트워크 ID와 프리픽스 길이를 보고 여기에 포함된 IP 주소 영역을 찾아보시오.

그 결과는 [표 2-6]과 같습니다.

[표 2-6] 라우팅 테이블의 네트워크 정보에 포함된 IP 주소들

| 라우팅 테이블의 네트워크 정보 | | 포함된 IP 주소들 |
네트워크 ID	프리픽스 길이	
199.0.0.0	/8	199.0.0.0 ~ 199.255.255.255
199.0.0.0	/16	199.0.0.0 ~ 199.0.255.255
199.0.0.0	/24	199.0.0.0 ~ 199.0.0.255
10.11.0.0	/16	10.11.0.0 ~ 10.11.255.255
10.11.0.0	/24	10.11.0.0 ~ 10.11.0.255
30.0.0.0	/8	30.0.0.0 ~ 30.255.255.255
30.0.0.0	/16	30.0.0.0 ~ 30.0.255.255
30.0.0.0	/24	30.0.0.0 ~ 30.0.0.255

[표 2-6]에 대한 설명은 다음과 같습니다.

• 199.0.0.0 /8: /8은 첫 번째 옥텟이 네트워크 영역임을 표시합니다. 199가 네트워크 자리이기 때문에 199 네트워크의 첫 번째 IP 주소는 199.0.0.0, 마지막 주소는 199.255.255.255입니다. 따라서 IP 주소 범위는 199.0.0.0 ~ 199.255.255.255입니다.

• 199.0.0.0 /16: /16은 첫 번째와 두 번째 옥텟이 네트워크 영역임을 표시합니다. 199.0이 네트워크 자리이기 때문에 199.0 네트워크의 첫 번째 IP 주소는 199.0.0.0, 마지막 IP 주소는 199.0.255.255입니다. 따라서 IP 주소 범위는 199.0.0.0 ~ 199.0.255.255입니다.

• 199.0.0.0 /24: /24는 첫 번째~세 번째 옥텟이 네트워크 영역임을 표시합니다. 199.0.0이 네트워크 자리이기 때문에 199.0.0 네트워크의 첫 번째 IP 주소는 199.0.0.0, 마지막 IP 주소는 199.0.0.255입니다. 따라서 IP 주소 범위는 199.0.0.0 ~ 199.0.0.255입니다.

• 10.11.0.0 /16: 10.11이 네트워크 자리이므로 10.11 네트워크의 첫 번째 IP 주소는 10.11.0.0, 마지막 IP 주소는 10.11.255.255입니다. 즉, IP 주소 범위는 10.11.0.0 ~ 10.11.255.255입니다.

• 10.11.0.0 /24: 10.11.0이 네트워크 자리이므로 10.11.0 네트워크의 첫 번째 IP 주소는 10.11.0.0, 마지막 IP 주소는 10.11.0.255입니다. 즉, IP 주소 범위는 10.11.0.0 ~ 10.11.0.255입니다.

• 30.0.0.0 /8: 30이 네트워크 자리이므로 30 네트워크의 첫 번째 IP 주소는 30.0.0.0, 마지막 IP 주소는 30.255.255.255입니다. 즉, IP 주소 범위는 30.0.0.0 ~ 30.255.255.255입니다.

• 30.0.0.0 /16: 30.0이 네트워크 자리이므로 30.0 네트워크의 첫 번째 IP 주소는 30.0.0.0, 마지막 IP 주소는 30.0.255.255입니다. 즉, IP 주소 범위는 30.0.0.0 ~ 30.0.255.255입니다.

• 30.0.0.0 /24: 30.0.0이 네트워크 자리이므로 30.0.0 네트워크의 첫 번째 IP 주소는 30.0.0.0, 마지막 IP 주소는 30.0.0.255입니다. 즉, IP 주소 범위는 30.0.0.0 ~ 30.0.0.255입니다.

02 라우터에 커넥티드된 네트워크에 대한 정보는 어떻게 만들어질까?

라우팅 테이블의 네트워크 정보는 [그림 2-6]과 같이 해당 라우터에 커넥티드된(Connected, 연결된) 네트워크에 대한 정보와 낫-커넥티드된(Not-connected, 연결되지 않은) 네트워크에 대한 정보로 구분됩니다.

[그림 2-6] 커넥티드와 낫-커넥티드된 네트워크 정보

우선, [그림 2-7]에서 각 라우터의 커넥티드된 네트워크와 낫-커넥티드된 네트워크를 구분해볼까요?

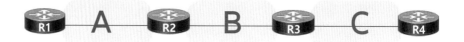

[그림 2-7] 커넥티드된 네트워크와 낫-커넥티드된 네트워크를 구분해봅시다.

[그림 2-7]에서 R1에는 A 네트워크, R2에는 A와 B 네트워크, R3에는 B와 C 네트워크, R4에는 C 네트워크가 커넥티드돼 있습니다. 나머지 네트워크들은 각 라우터에 낫-커넥티드된 네트워크들입니다. [표 2-7]은 그 결과를 정리한 것입니다.

[표 2-7] 커넥티드 네트워크와 낫-커넥티드 네트워크의 구분

라우터	커넥티드된 네트워크	낫-커넥티드된 네트워크
R1	A	B, C
R2	A, B	C
R3	B, C	A
R4	C	A, B

실제 IP 주소가 할당된 [그림 2-8]에서 한 번 더 커넥티드된 네트워크와 낫-커넥티드된 네트워크를 찾아봅시다.

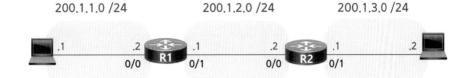

[그림 2-8] 커넥티드된 네트워크와 낫-커넥티드된 네트워크들을 한 번 더 찾아봅시다.

[표 2-8]과 같이 R1에는 200.1.1.0 /24와 200.1.2.0 /24 네트워크, R2에는 200.1.2.0 /24와 200.1.3.0 /24 네트워크가 커넥티드돼 있습니다. 나머지 네트워크들은 각 라우터에 낫-커넥티드된 네트워크들입니다.

[표 2-8] 각 라우터들의 커넥티드된 네트워크와 낫-커넥티드된 네트워크의 구분

라우터	커넥티드된 네트워크	낫-커넥티드된 네트워크
R1	200.1.1.0 /24 200.1.2.0 /24	200.1.3.0 /24
R2	200.1.2.0 /24 200.1.3.0 /24	200.1.1.0 /24

라우터는 커넥티드된 네트워크에 대한 정보를 어떻게 만들까요? [표 2-9]를 통해 이 과정을 설명해보겠습니다. [표 2-9]는 [그림 2-8]의 R1에 대한 IP 주소 설정과 라우팅 테이블입니다.

커넥티드된 네트워크 정보는 ❶ no shutdown 명령으로 인터페이스를 살리고, ❷ ip address를 설정하면 올라옵니다. 라우터는 입력된 IP 주소를 바탕으로 커넥티드된 네트워크 정보를 만듭니다.

[표 2-9] 커넥티드된 네트워크 정보는 인터페이스를 살리고 IP 주소를 입력하면 만들어진다.

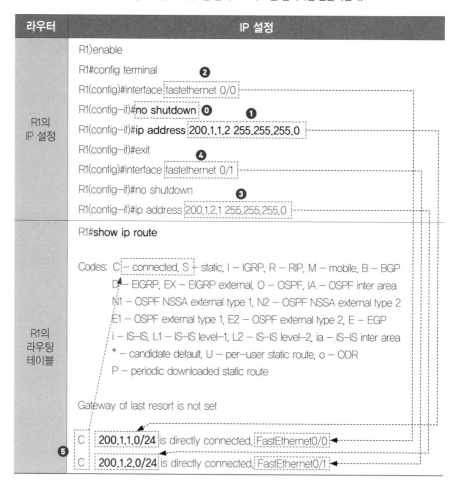

라우터	IP 설정
R1의 IP 설정	R1)enable R1#config terminal R1(config)#interface fastethernet 0/0 ❷ R1(config-if)#no shutdown ⓿ ❶ R1(config-if)#ip address 200.1.1.2 255.255.255.0 R1(config-if)#exit ❹ R1(config)#interface fastethernet 0/1 R1(config-if)#no shutdown ❸ R1(config-if)#ip address 200.1.2.1 255.255.255.0
R1의 라우팅 테이블	R1#show ip route Codes: C – connected, S – static, I – IGRP, R – RIP, M – mobile, B – BGP D – EIGRP, EX – EIGRP external, O – OSPF, IA – OSPF inter area N1 – OSPF NSSA external type 1, N2 – OSPF NSSA external type 2 E1 – OSPF external type 1, E2 – OSPF external type 2, E – EGP i – IS–IS, L1 – IS–IS level–1, L2 – IS–IS level–2, ia – IS–IS inter area * – candidate default, U – per–user static route, o – ODR P – periodic downloaded static route Gateway of last resort is not set C 200.1.1.0/24 is directly connected, FastEthernet0/0 ❺ C 200.1.2.0/24 is directly connected, FastEthernet0/1

R1 라우터가 설정된 IP 주소를 바탕으로 커넥티드된 네트워크 정보를 만드는 방법
은 다음과 같습니다.

● Fa 0/0 인터페이스에 입력한 IP 주소와 서브넷 마스크는 ❶ 200.1.1.2
255.255.255.0입니다. 여기서 네트워크 자리는 200.1.1입니다. 200.1.1 네트워
크의 첫 번째 주소인 200.1.1.0이 네트워크 ID이고, 255.255.255.0은 프리픽스
길이로는 /24입니다. 즉, 라우팅 테이블에는 200.1.1.0 /24라는 네트워크 정보
가 올라옵니다. 그렇다면, 해당 네트워크(200.1.1.0 ~ 200.1.1.255)로 향하는 패킷
을 이 IP 주소가 할당된 인터페이스인 ❷ Fastethernet 0/0으로 보내야 합니
다. ❺ C는 커넥티드된 네트워크 정보라는 것을 표시합니다.

● Fa 0/1 인터페이스에 입력한 IP 주소와 서브넷 마스크는 ❸ 200.1.2.1
255.255.255.0입니다. 여기서 네트워크 자리는 200.1.2까지입니다. 200.1.2
네트워크의 첫 번째 주소인 200.1.2.0이 네트워크 ID이고, 255.255.255.0은 프리픽스로는 /24가 됩니다. 즉, 라우팅 테이블에는 200.1.2.0 /24라는 네트워크 정보가 올라옵니다. 그렇다면 해당 네트워크(200.1.2.0 ~ 200.1.2.255)로 향하는 패킷은 이 IP 주소를 설정한 인터페이스인 ❹ Fastethernet 0/1로 보내야 합니다.

[표 2-10]은 [그림 2-8]의 R2에 대한 IP 주소 설정과 라우팅 테이블입니다.

[표 2-10] 커넥티드된 네트워크 정보는 인터페이스를 살리고 IP 주소를 입력하면 만들어진다.

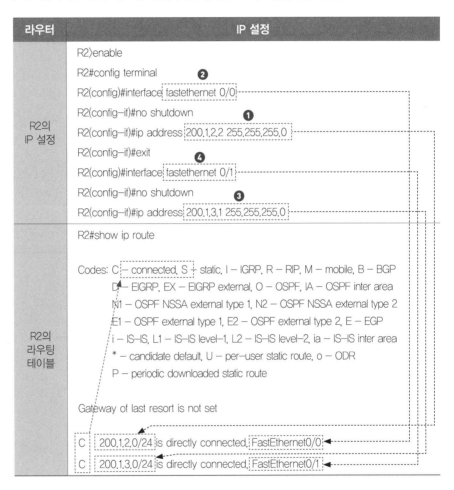

라우터	IP 설정
R2의 IP 설정	R2)enable R2#config terminal R2(config)#interface fastethernet 0/0 ❷ R2(config-if)#no shutdown R2(config-if)#ip address 200.1.2.2 255.255.255.0 ❶ R2(config-if)#exit R2(config)#interface fastethernet 0/1 ❹ R2(config-if)#no shutdown R2(config-if)#ip address 200.1.3.1 255.255.255.0 ❸

R2의
라우팅
테이블
	R2#show ip route
	
	Codes: C – connected, S – static, I – IGRP, R – RIP, M – mobile, B – BGP
	      D – EIGRP, EX – EIGRP external, O – OSPF, IA – OSPF inter area
	      N1 – OSPF NSSA external type 1, N2 – OSPF NSSA external type 2
	      E1 – OSPF external type 1, E2 – OSPF external type 2, E – EGP
	      i – IS–IS, L1 – IS–IS level–1, L2 – IS–IS level–2, ia – IS–IS inter area
	      * – candidate default, U – per–user static route, o – ODR
	      P – periodic downloaded static route
	
	Gateway of last resort is not set
	
	C 200.1.2.0/24 is directly connected, FastEthernet0/0
	C 200.1.3.0/24 is directly connected, FastEthernet0/1

R2 라우터가 설정된 IP 주소를 보고 커넥티드된 네트워크 정보를 만드는 과정은 다음과 같습니다.

● Fa 0/0 인터페이스에 입력한 IP 주소와 서브넷 마스크는 ❶ 200.1.2.2 255.255.255.0에서 네트워크 자리는 200.1.2까지입니다. 200.1.2 네트워크의 첫 번째 주소인 200.1.2.0이 네트워크 ID이고, 255.255.255.0은 프리픽스 길이 형식으로는 /24가 됩니다. 즉, 라우팅 테이블에는 200.1.2.0 /24라는 네트워크 정

보가 올라옵니다. 그렇다면 해당 네트워크(200.1.2.0 ~ 200.1.2.255)로 향하는 패킷은 이 IP 주소를 포함하는 네트워크가 연결된 ❷ Fastethernet 0/0으로 보내야 합니다.

- Fa 0/1 인터페이스에 입력한 IP 주소와 서브넷 마스크는 ❸ 200.1.3.1 255.255.255.0에서 네트워크 자리는 200.1.3까지입니다. 200.1.3 네트워크의 첫 번째 주소인 200.1.3.0이 네트워크 ID, 255.255.255.0은 프리픽스 길이 형식으로는 /24가 됩니다. 즉, 라우팅 테이블에는 200.1.3.0 /24라는 네트워크 정보가 올라옵니다. 그렇다면 해당 네트워크(200.1.3.0 ~ 200.1.3.255)로 향하는 패킷은 이 IP 주소가 할당된 인터페이스인 ❹ Fastethernet 0/1로 보내야 합니다.

03 라우터에 낫-커넥티드된 네트워크에 대한 정보는 어떻게 만들어질까?

라우팅 테이블의 커넥티드된 네트워크 정보는 [그림 2-9]와 같이 no shut-down 명령으로 인터페이스를 활성화하고, ip address 10.10.1.1 255.255.255.0 명령으로 IP 주소를 입력하면 라우팅 테이블에 올라옵니다. 그러나 낫-커넥디드된 네트워크 정보는 올라오지 않습니다. 낫-커넥티드된 네트워크 정보가 올라오기 위해서는 라우팅 프로토콜을 설정해야 합니다.

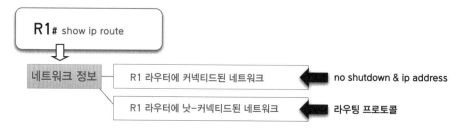

[그림 2-9] 낫-커넥티드된 네트워크 정보와 라우팅 프로토콜

라우팅 프로토콜을 설정하면, 라우터들은 커넥티드된 네트워크 정보와 다른 라우터로부터 수신한 네트워크 정보들을 교환해 완벽한(모든 네트워크 정보를 포함하는) 라우팅 테이블을 만듭니다. [그림 2-10]은 라우터들에서 EIGRP라는 라우팅 프로토콜을 설정한 예를 보여줍니다.

● router eigrp 100

이 명령은 라우팅 프로토콜로 EIGRP를 선택하는 것입니다. 라우팅 프로토콜에는 RIP, OSPF 등이 있습니다. 여기서 숫자 '100'은 AS(Autonomous Sysmtem) 번호로 관리 영역을 구분합니다. 즉, 동일한 관리 영역에 속하는 라우터들은 모두 동일한 AS 번호로 설정해야 합니다. AS 번호가 다르면 라우터들은 네트워크 정보를 교환하지 못합니다. 일반적으로는 회사마다 하나의 AS 번호를 사용합니다. 적용 가능한 AS 범위는 1 ~ 65535입니다.

● network 200.1.1.0

이 명령이 중요합니다. 이 명령은 다음 두 가지를 의미합니다. 즉, [그림 2-10]의 R1을 기준으로 이 라우터에 연결된 네트워크 중에서

❶ 200.1.1로 시작하는 네트워크 정보를 보내겠다.

❷ 200.1.1.로 시작하는 네트워크를 통해 (네트워크 정보를 포함하는) EIGRP 패킷을 교환하겠다.

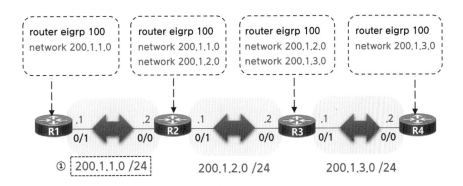

[그림 2-10] network 명령(라우터에 연결된 네트워크 중에서 EIGRP 라우팅 프로토콜의 범위를 지정함).

그런데 라우팅 프로토콜이 네트워크 정보를 교환할 때는 다음과 같은 방향에 관한 규칙이 있습니다. 즉, [그림 2-11]에서

❶ R1은 200.1.1.0/ 24 정보를 R2에게 보내지 않습니다. 왜냐하면, 200.1.1.0 /24 네트워크는 R2에도 커넥티드된 네트워크이기 때문입니다. 다시 말해, R2도 이미 알고 있는 네트워크 정보이기 때문입니다. 즉, 라우터 상호간을 연결하는 네트워크 정보는 교환하지 않습니다. 이 경우, R1은 보낼 네트워크 정보가 없습니다. R2로부터 200.1.2.0 /24와 200.1.3.0 /24 정보를 수신할 뿐입니다.

❷ R2는 200.1.1.0 /24 정보를 R3에게만 보내고, 200.1.2.0 /24 정보와 R3로부터 받은 200.1.3.0 /24 정보를 R1에게 보냅니다. 200.1.1.0 /24 정보를 R1에게 보내지

않으며, 200.1.2.0 /24 정보를 R3에게 보내지 않습니다. 상호간을 연결하는 네트워크 정보는 교환하지 않습니다.

❸ R3는 200.1.3.0 /24 정보를 R2에게만 보내고, 200.1.2.0 /24 정보와 R2로부터 받은 200.1.1.0 /24 정보를 R4에게 보냅니다. 200.1.2.0 /24 정보를 R2에게 보내지 않으며, 200.1.3.0 /24 정보를 R4에게 보내지 않습니다. 상호간을 연결하는 네트워크 정보는 교환하지 않습니다.

❹ R4는 200.1.3.0 /24 정보를 R3도 이미 알고 있기 때문에 보내지 않습니다. 이 경우, R4는 보낼 네트워크 정보가 없습니다. R3로부터 200.1.1.0 /24와 200.1.2.0 /24 정보를 수신할 뿐입니다.

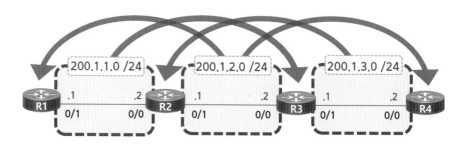

[그림 2-11] 라우팅 프로토콜이 전달하는 네트워크 정보의 전달 방향

[표 2-11]은 [그림 2-10]과 같이 EIGRP 라우팅 프로토콜을 설정하고 난 후의 라우팅 테이블입니다. 커넥티드된 네트워크뿐 아니라 낫-커넥티드된 네트워크 정보들도 보입니다. 여기서 D는 DUAL(Diffusing Update ALgorithm)의 약어로, 정보를 의미합니다. DUAL은 EIGRP 라우팅 프로토콜의 라우팅 알고리즘입니다. 즉, D는 EIGRP가 생성한 정보를 의미합니다.

[표 2-11] 라우팅 프로토콜 설정 후의 라우팅 테이블

라우터	라우팅 테이블
R1	R1#show ip route Codes: C – connected, S – static, I – IGRP, R – RIP, M – mobile, B – BGP D – EIGRP, EX – EIGRP external, O – OSPF, IA – OSPF inter area N1 – OSPF NSSA external type 1, N2 – OSPF NSSA external type 2 E1 – OSPF external type 1, E2 – OSPF external type 2, E – EGP i – IS–IS, L1 – IS–IS level–1, L2 – IS–IS level–2, ia – IS–IS inter area * – candidate default, U – per–user static route, o – ODR P – periodic downloaded static route Gateway of last resort is not set C 200.1.1.0/24 is directly connected, FastEthernet0/1 D 200.1.2.0/24 [90/30720] via 200.1.1.2, 00:02:44, FastEthernet0/1 D 200.1.3.0/24 [90/33280] via 200.1.1.2, 00:02:03, FastEthernet0/1

R2	R2#show ip route Codes: C − connected, S − static, I − IGRP, R − RIP, M − mobile, B − BGP D − EIGRP, EX − EIGRP external, O − OSPF, IA − OSPF inter area N1 − OSPF NSSA external type 1, N2 − OSPF NSSA external type 2 E1 − OSPF external type 1, E2 − OSPF external type 2, E − EGP i − IS−IS, L1 − IS−IS level−1, L2 − IS−IS level−2, ia − IS−IS inter area * − candidate default, U − per−user static route, o − ODR P − periodic downloaded static route Gateway of last resort is not set C 200.1.1.0/24 is directly connected, FastEthernet0/0 C 200.1.2.0/24 is directly connected, FastEthernet0/1 D 200.1.3.0/24 [90/30720] via 200.1.2.2, 00:01:39, FastEthernet0/1
R3	R3#show ip route Codes: C − connected, S − static, I − IGRP, R − RIP, M − mobile, B − BGP D − EIGRP, EX − EIGRP external, O − OSPF, IA − OSPF inter area N1 − OSPF NSSA external type 1, N2 − OSPF NSSA external type 2 E1 − OSPF external type 1, E2 − OSPF external type 2, E − EGP i − IS−IS, L1 − IS−IS level−1, L2 − IS−IS level−2, ia − IS−IS inter area * − candidate default, U − per−user static route, o − ODR P − periodic downloaded static route Gateway of last resort is not set D 200.1.1.0/24 [90/30720] via 200.1.2.1, 00:01:17, FastEthernet0/0 C 200.1.2.0/24 is directly connected, FastEthernet0/0 C 200.1.3.0/24 is directly connected, FastEthernet0/1
R4	R4#show ip route Codes: C − connected, S − static, I − IGRP, R − RIP, M − mobile, B − BGP D − EIGRP, EX − EIGRP external, O − OSPF, IA − OSPF inter area N1 − OSPF NSSA external type 1, N2 − OSPF NSSA external type 2 E1 − OSPF external type 1, E2 − OSPF external type 2, E − EGP i − IS−IS, L1 − IS−IS level−1, L2 − IS−IS level−2, ia − IS−IS inter area * − candidate default, U − per−user static route, o − ODR P − periodic downloaded static route Gateway of last resort is not set D 200.1.1.0/24 [90/33280] via 200.1.3.1, 00:00:20, FastEthernet0/0 D 200.1.2.0/24 [90/30720] via 200.1.3.1, 00:00:20, FastEthernet0/0 C 200.1.3.0/24 is directly connected, FastEthernet0/0

2

라우팅 프로토콜의 'network' 명령을 설정하는 방법

라우팅 프로토콜의 network 명령을 설정할 때 숙지해야 할 문법이 있습니다. 즉, 실제 할당된 IP 주소의 네트워크 자리와 상관 없이 [표 2-12]의 디폴트 서브넷 마스크에 의해 결정되는 기본적인 네트워크 자리까지만 설정하면 됩니다. 기본적인 네트워크 자리까지는 반드시 설정해야 하고, 더 많은 자리까지 설정하는 것은 괜찮습니다.

[표 2-12] IP 주소의 다섯 클래스

클래스	첫 옥텟	포맷	디폴트 서브넷 마스크
A	1 ∼ 126	1	255.0.0.0
B	128 ∼ 191	10	255.255.0.0
C	192 ∼ 223	110	255.255.255.0

라우팅 프로토콜의 설정 방법을 [그림 2-12]를 통해 정리하겠습니다. 10.X.X.X 네트워크는 A 클래스(1.X.X.X ∼ 126.X.X.X)에 속하기 때문에 network 10.0.0.0과 같이 첫 번째 칸까지만 설정하면 됩니다. 172.X.X.X 네트워크는 B 클래스에 속하기 때문에 network 172.23.0.0과 같이 두 번째 칸까지 설정하면 됩니다. 203.X.X.X 네트워크는 C 클래스(192.X.X.X ∼ 223.X.X.X)에 속하기 때문에 network 203.1.2.0과 같이 세 번째 칸까지 설정해야 합니다. 노파심에서 덧붙이면, network 명령으로 EIGRP의 동작 범위를 설정할 때는 다른 라우터가 아니라 해당 라우터에 연결된 네트워크들만 설정하면 됩니다. 세상의 네트워크들을 모두 설정하는 것은 어차피 불가능합니다.

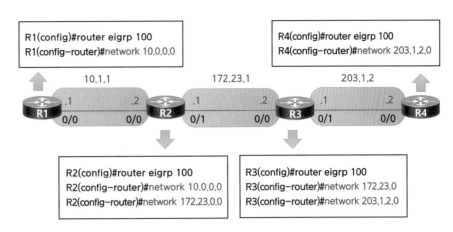

[그림 2-12] network 명령 설정 예

[표 2-13]의 라우터와 PC의 세 가지 명령만 제대로 입력하면 라우팅 테이블을 적정하게 만들고 라우팅할 수 있습니다. 따라서 이 세 가지 명령어를 '라우터의 세 가지 기본 명령'이라고 부릅니다. PC, 서버와 같은 단말에도 IP 주소, 서브넷 마스크, 디폴트 게이트웨이만 제대로 설정하면 통신이 가능하기 때문에 이 세 가지를 '단말의 세 가지 기본 설정'이라 부릅니다.

[표 2-13] 라우터와 PC의 세 가지 기본 명령들

순서	라우터의 세 가지 기본 명령어	단말의 세 가지 기본 설정
1	no shutdown	IP 주소
2	ip address 200.1.1.1 255.255.255.0	서브넷 마스크
3	router eigrp 100 network 200.1.1.0	디폴트 게이트웨이

미니 프로젝트 | 실전! IP 라우팅 실습

실습은 시스코 사의 패킷 트레이서를 활용하기 바랍니다. 패킷 트레이서는 인터넷 검색을 통해 다운로드 할 수 있고, 해답 파일은 cafe.daum.net/nwdb에서 다운로드할 수 있습니다. 시스코 패킷 트레이서를 활 용하는 방법은 이 책의 부록 B나 유튜브를 검색해보기 바랍니다.

1. [그림 2-13]과 같이 연결하고, 다음의 IP 주소를 할당하시오.

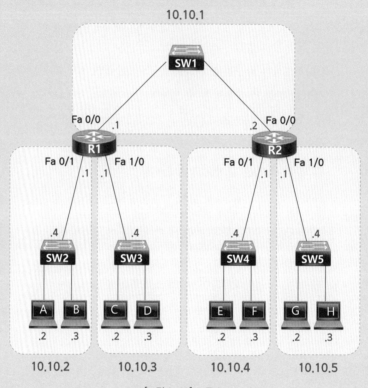

[그림 2-13] IP 주소

2. 각 라우터에 라우팅 프로토콜을 설정하시오.

Router〉enable

Router#configure terminal

Router(config)#router eigrp 100

Router(config-router)#network 10.0.0.0

3. 모든 라우터의 라우팅 테이블은 완벽해야 하고, 모든 IP 주소를 가진 장치 간에 핑(Ping)이 돼야 합니다.

미니 프로젝트

솔루션

> 1. [그림 2-13]과 같이 연결하고, 다음의 IP 주소를 할당하시오.

각 라우터의 IP 설정은 [표 2-14]와 같습니다.

[표 2-14] R1과 R2의 설정

라우터	명령어
R1	Router>enable Router#configure terminal Router(config)#hostname R1 R1(config)#interface fastethernet 0/0 R1(config-if)#no shutdown R1(config-if)#ip address 10.10.1.1 255.255.255.0 R1(config-if)#exit R1(config)#interface fastethernet 0/1 R1(config-if)#no shutdown R1(config-if)#ip address 10.10.2.1 255.255.255.0 R1(config-if)#exit R1(config)#interface fastethernet 1/0 R1(config-if)#no shutdown R1(config-if)#ip address 10.10.3.1 255.255.255.0
R2	Router>enable Router#configure terminal Router(config)#hostname R2 R2(config)#interface fastethernet 0/0 R2(config-if)#no shutdown R2(config-if)#ip address 10.10.1.2 255.255.255.0 R2(config-if)#exit R2(config)#interface fastethernet 0/1 R2(config-if)#no shutdown R2(config-if)#ip address 10.10.4.1 255.255.255.0 R2(config-if)#exit R2(config)#interface fastethernet 1/0 R2(config-if)#no shutdown R2(config-if)#ip address 10.10.5.1 255.255.255.0

각 PC의 IP 설정은 [표 2-15]와 같습니다. 디폴트 게이트웨이는 PC가 속한 네트워크의 라우터 주소로 설정해야 합니다. 즉, PC A와 PC B는 10.10.2.1, PC C와 PC D는 10.10.3.1, PC E와 PC F는 10.10.4.1, PC G와 PC H는 10.10.5.1로 설정합니다. PC에 디폴트 게이트웨이를 설정하는 이유와 디폴트 게이트웨이를 라우터 주소로 설정해야 하는 이유는 '4장: TCP/IP와 패킷 트래블'에서 설명합니다.

[표 2-15] PC의 설정

PC	설정		
	IP 주소	서브넷 마스크	디폴트 게이트웨이
PC A	10.10.2.2	255.255.255.0	10.10.2.1
PC B	10.10.2.3	255.255.255.0	10.10.2.1
PC C	10.10.3.2	255.255.255.0	10.10.3.1
PC D	10.10.3.3	255.255.255.0	10.10.3.1
PC E	10.10.4.2	255.255.255.0	10.10.4.1
PC F	10.10.4.3	255.255.255.0	10.10.4.1
PC G	10.10.5.2	255.255.255.0	10.10.5.1
PC H	10.10.5.3	255.255.255.0	10.10.5.1

2. 각 라우터에 라우팅 프로토콜을 설정하시오.

각 라우터의 라우팅 프로토콜 설정은 [표 2-16]과 같습니다.

[표 2-16] R1과 R2의 설정

라우터	명령어
R1	R1)enable R1#configure terminal R1(config)#router eigrp 100 R1(config-router)#network 10.0.0.0
R2	R2)enable R2#configure terminal R2(config)#router eigrp 100 R2(config-router)#network 10.0.0.0

3. 모든 라우터의 라우팅 테이블은 완벽해야 하고, 모든 IP 주소를 가진 장치 간에 핑(Ping)이 돼야 합니다.

인터페이스를 살리고, IP 주소를 입력하고 라우팅 프로토콜을 설정하면 [표 2-17]과 같이 모든 라우터에 네트워크 정보가 보입니다.

[표 2-17] 각 라우터의 라우팅 테이블

라우터	라우팅 테이블
R1	R1#show ip route Codes: C - connected, S - static, I - IGRP, R - RIP, M - mobile, B - BGP D - EIGRP, EX - EIGRP external, O - OSPF, IA - OSPF inter area N1 - OSPF NSSA external type 1, N2 - OSPF NSSA external type 2 E1 - OSPF external type 1, E2 - OSPF external type 2, E - EGP i - IS-IS, L1 - IS-IS level 1, L2 IS IS level-2, ia - IS-IS inter area

R1	* – candidate default, U – per–user static route, o – ODR P – periodic downloaded static route Gateway of last resort is not set 10.0.0.0/24 is subnetted, 5 subnets C 10.10.1.0 is directly connected, FastEthernet0/0 C 10.10.2.0 is directly connected, FastEthernet0/1 C 10.10.3.0 is directly connected, FastEthernet1/0 D 10.10.4.0 [90/30720] via 10.10.1.2, 00:01:25, FastEthernet0/0 D 10.10.5.0 [90/30720] via 10.10.1.2, 00:01:25, FastEthernet0/0 모든 네트워크 정보가 보인다.
R2	R2#show ip route Codes: C – connected, S – static, I – IGRP, R – RIP, M – mobile, B – BGP D – EIGRP, EX – EIGRP external, O – OSPF, IA – OSPF inter area N1 – OSPF NSSA external type 1, N2 – OSPF NSSA external type 2 E1 – OSPF external type 1, E2 – OSPF external type 2, E – EGP i – IS–IS, L1 – IS–IS level–1, L2 – IS–IS level–2, ia – IS–IS inter area * – candidate default, U – per–user static route, o – ODR P – periodic downloaded static route Gateway of last resort is not set 10.0.0.0/24 is subnetted, 5 subnets C 10.10.1.0 is directly connected, FastEthernet0/0 D 10.10.2.0 [90/30720] via 10.10.1.1, 00:00:01, FastEthernet0/0 D 10.10.3.0 [90/30720] via 10.10.1.1, 00:00:01, FastEthernet0/0 C 10.10.4.0 is directly connected, FastEthernet0/1 C 10.10.5.0 is directly connected, FastEthernet1/0 모든 네트워크 정보가 보인다.

라우터는 수신한 패킷의 목적지 IP 주소에 상응하는 정보를 라우팅 테이블에 갖지 못했을 때, 해당 패킷을 버립니다. 핑은 통신 가능 여부를 테스트하기 위한 툴로, ICMP(Internet Control & Messaging Protocol)에서 정의됩니다. 핑 테스트를 실행하면 2개의 패킷들, 즉 ICMP 에코(echo)와 ICMP 에코 리플라이(echo reply) 패킷이 생성됩니다. ICMP 에코 패킷은 출발지에서 목적지로 보내지는 패킷, ICMP 에코 리플라이 패킷은 목적지에서 출발지로 보내지는 패킷입니다.

라우터에서 핑 테스트 방법은 [그림 2-14]와 같이 Ping 명령 뒤에 목적지 IP 주소를 입력하면 됩니다. 핑 테스트의 결과로 '!'가 보이면, 출발지 장치는 목적지 장치와 통신이 가능하다는 것을 뜻합니다. 즉, 패킷이 목적지로 갈 수도 있고, 목적지에서 다시 출발지로 돌아올 수도 있다는 것을 의미합니다. 이와 반대로 '.'이 보이면 ICMP 에코 리플라이 패킷이 2초 내에 돌아오지 않았다는 것을 뜻합니다. 즉, 출발지 장치와 목적지 장치는 통신이 불가능하다는 것을 의미합니다.

[그림 2-14] 라우터의 핑 테스트 방법

```
R2#ping 10.10.1.1

Type escape sequence to abort.
Sending 5, 100-byte ICMP Echos to 10.10.1.1, timeout is 2 seconds:
!!!!!
Success rate is 100 percent (5/5), round-trip min/avg/max = 9/10/11 ms
```

PC에서 핑 테스트 방법은 [그림 2-15]와 같습니다. 패킷 트레이서 창에서 PC를 클릭하고, Desktop 창, 다음으로 Command Prompt 창에서 라우터와 같은 명령을 사용하면 됩니다. ping 10.10.1.2 명령의 결과로 'Reply from 10.10.1.2' 메시지가 보입니다. 이 메시지는 핑 테스트가 성공했다는 것을 뜻합니다.

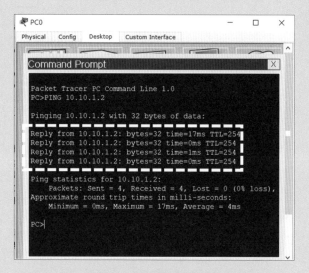

[그림 2-15] PC의 핑 테스트 방법

다홍치마 라우팅 프로토콜 설정 시의 network 명령

O 사례 1

[그림 2-16]을 통해 라우팅 프로토콜 설정 시의 network 명령을 이해하기 위해 다음 몇 가지 경우를 더 논의해봅시다. R2에서 network 명령을 누락시켜봤습니다. 결과는 어떨까요?

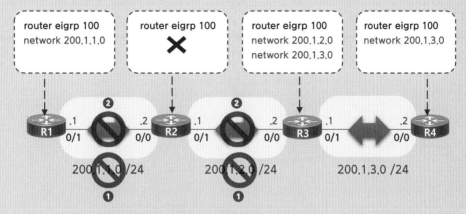

[그림 2-16] R2의 network 명령 누락

모든 network 명령을 누락한 R2는

❶ 이웃 라우터들에게 자신이 보낼 수 있는 커넥티드된 네트워크 정보가 없습니다.

❷ 이웃 라우터들과 네트워크 정보를 교환할 수 없습니다. R2가 라우팅 정보 전달자의 역할을 하지 못하기 때문에 R1과 R3도 네트워크 정보를 교환할 수 없습니다.

[표 2-18]은 R2에서 network 명령 누락 후 각 라우터의 라우팅 테이블입니다. 즉, R1에서는 R2로부터 네트워크 정보를 받을 수 없으므로 커넥티드된 네트워크 정보만 보입니다. R2도 이웃 라우터들(R1과 R3)과 네트워크 정보를 교환할 수 없으므로 커넥티드된 네트워크 정보만 보입니다. R3는 R4와 네트워크 정보를 교환할 수 있지만, R2와는 네트워크 정보를 교환할 수 없습니다. R4는 R3에 연결된 네트워크 정보 (200.1.2.0 /24)만 받을 수 있습니다.

[표 2-18] R2의 network 명령 누락 후 라우팅 테이블

라우터	라우팅 테이블
R1	R1#show ip route Codes: C – connected, S – static, I – IGRP, R – RIP, M – mobile, B – BGP D – EIGRP, EX – EIGRP external, O – OSPF, IA – OSPF inter area N1 – OSPF NSSA external type 1, N2 – OSPF NSSA external type 2 E1 – OSPF external type 1, E2 – OSPF external type 2, E – EGP

R1	i – IS–IS, L1 – IS–IS level–1, L2 – IS–IS level–2, ia – IS–IS inter area * – candidate default, U – per–user static route, o – ODR P – periodic downloaded static route Gateway of last resort is not set C 200.1.1.0/24 is directly connected, FastEthernet0/0
R2	R2#show ip route Codes: C – connected, S – static, I – IGRP, R – RIP, M – mobile, B – BGP D – EIGRP, EX – EIGRP external, O – OSPF, IA – OSPF inter area N1 – OSPF NSSA external type 1, N2 – OSPF NSSA external type 2 E1 – OSPF external type 1, E2 – OSPF external type 2, E – EGP i – IS–IS, L1 – IS–IS level–1, L2 – IS–IS level–2, ia – IS–IS inter area * – candidate default, U – per–user static route, o – ODR P – periodic downloaded static route Gateway of last resort is not set C 200.1.1.0/24 is directly connected, FastEthernet0/0 C 200.1.2.0/24 is directly connected, FastEthernet0/1
R3	R3#show ip route Codes: C – connected, S – static, I – IGRP, R – RIP, M – mobile, B – BGP D – EIGRP, EX – EIGRP external, O – OSPF, IA – OSPF inter area N1 – OSPF NSSA external type 1, N2 – OSPF NSSA external type 2 E1 – OSPF external type 1, E2 – OSPF external type 2, E – EGP i – IS–IS, L1 – IS–IS level–1, L2 – IS–IS level–2, ia – IS–IS inter area * – candidate default, U – per–user static route, o – ODR P – periodic downloaded static route Gateway of last resort is not set C 200.1.2.0/24 is directly connected, FastEthernet0/0 C 200.1.3.0/24 is directly connected, FastEthernet0/1
R4	R4#show ip route Codes: C – connected, S – static, I – IGRP, R – RIP, M – mobile, B – BGP D – EIGRP, EX – EIGRP external, O – OSPF, IA – OSPF inter area N1 – OSPF NSSA external type 1, N2 – OSPF NSSA external type 2 E1 – OSPF external type 1, E2 – OSPF external type 2, E – EGP i – IS–IS, L1 – IS–IS level–1, L2 – IS–IS level–2, ia – IS–IS inter area * – candidate default, U – per–user static route, o – ODR P – periodic downloaded static route Gateway of last resort is not set D 200.1.2.0/24 [90/30720] via 200.1.3.1, 00:05:33, FastEthernet0/0 C 200.1.3.0/24 is directly connected, FastEthernet0/0

○ 사례 2

[그림 2-17]에서는 R2에서 network 200.1.1.0 명령만 누락시켰습니다.

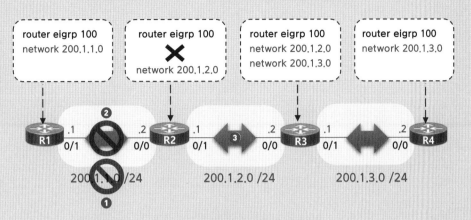

[그림 2-17] R2의 일부 network 명령 누락

[표 2-19]는 R2에서 network 200.1.1.0 명령 누락 후의 라우팅 테이블들입니다. R2에서 network 200.1.1.0 명령을 누락시켰으므로

① 200.1.1.0 네트워크 정보를 다른 이웃 라우터인 R3에게 보내지 못합니다.

② 200.1.1.0 네트워크로 연결된 R1과 네트워크 정보들을 교환할 수 없습니다.

③ network 200.1.2.0 명령 때문에 200.1.2.0 /24 네트워크를 통해 연결된 R3와 네트워크 정보를 교환합니다.

[표 2-19] R2의 network 200.1.1.0 명령 누락 후의 라우팅 테이블

라우터	라우팅 테이블
R1	R1#show ip route Codes: C – connected, S – static, I – IGRP, R – RIP, M – mobile, B – BGP D – EIGRP, EX – EIGRP external, O – OSPF, IA – OSPF inter area N1 – OSPF NSSA external type 1, N2 – OSPF NSSA external type 2 E1 – OSPF external type 1, E2 – OSPF external type 2, E – EGP i – IS–IS, L1 – IS–IS level–1, L2 – IS–IS level–2, ia – IS–IS inter area * – candidate default, U – per–user static route, o – ODR P – periodic downloaded static route Gateway of last resort is not set C 200.1.1.0/24 is directly connected, FastEthernet0/0

R2	R2#show ip route Codes: C – connected, S – static, I – IGRP, R – RIP, M – mobile, B – BGP D – EIGRP, EX – EIGRP external, O – OSPF, IA – OSPF inter area N1 – OSPF NSSA external type 1, N2 – OSPF NSSA external type 2 E1 – OSPF external type 1, E2 – OSPF external type 2, E – EGP i – IS–IS, L1 – IS–IS level–1, L2 – IS–IS level–2, ia – IS–IS inter area * – candidate default, U – per–user static route, o – ODR P – periodic downloaded static route Gateway of last resort is not set C 200.1.1.0/24 is directly connected, FastEthernet0/0 C 200.1.2.0/24 is directly connected, FastEthernet0/1 D 200.1.3.0/24 [90/30720] via 200.1.2.2, 00:00:07, FastEthernet0/1
R3	R3#show ip route Codes: C – connected, S – static, I – IGRP, R – RIP, M – mobile, B – BGP D – EIGRP, EX – EIGRP external, O – OSPF, IA – OSPF inter area N1 – OSPF NSSA external type 1, N2 – OSPF NSSA external type 2 E1 – OSPF external type 1, E2 – OSPF external type 2, E – EGP i – IS–IS, L1 – IS–IS level–1, L2 – IS–IS level–2, ia – IS–IS inter area * – candidate default, U – per–user static route, o – ODR P – periodic downloaded static route Gateway of last resort is not set C 200.1.2.0/24 is directly connected, FastEthernet0/0 C 200.1.3.0/24 is directly connected, FastEthernet0/1
R4	R4#show ip route Codes: C – connected, S – static, I – IGRP, R – RIP, M – mobile, B – BGP D – EIGRP, EX – EIGRP external, O – OSPF, IA – OSPF inter area N1 – OSPF NSSA external type 1, N2 – OSPF NSSA external type 2 E1 – OSPF external type 1, E2 – OSPF external type 2, E – EGP i – IS–IS, L1 – IS–IS level–1, L2 – IS–IS level–2, ia – IS–IS inter area * – candidate default, U – per–user static route, o – ODR P – periodic downloaded static route Gateway of last resort is not set D 200.1.2.0/24 [90/30720] via 200.1.3.1, 00:12:05, FastEthernet0/0 C 200.1.3.0/24 is directly connected, FastEthernet0/0

이더넷 스위칭

이더넷 스위치는 도착한 프레임의 출발지 MAC 주소를 보고 스위칭 테이블을 만듭니다. 프레임의 목적지 주소가 스위칭 테이블에 있으면 스위칭하지만, 없다면 모든 포트들로 보냅니다. 이를 플러딩(flooding)이라 부릅니다.

01 LAN 네트워크 내부에서 사용하는 이더넷 프로토콜

라우터는 네트워크를 분할하고 스위치는 세그먼트를 분할합니다. [그림 2-18]에서 2개의 네트워크들과 4개의 세그먼트들이 존재합니다.

[그림 2-18] 네트워크와 세그먼트들

HTTP(7계층), TCP(4계층), IP(3계층) 등 3계층 이상의 프로토콜들의 동작 범위는 전 지구 즉, 전체 네트워크입니다. 반면, 2계층 프로토콜의 동작 범위는 네트워크 내부, 1계층 프로토콜의 동작 범위는 세그먼트 내부입니다. 1계층에서는 미디어(media, 다른 말로 케이블), 커넥터, 시그널링 관련 프로토콜이 정의됩니다. 1계층 프로토콜의 동작 범위는 세그먼트이므로 세그먼트마다 다른 종류의 케이블(광 또는 UTP 케이블)로 연결하거나, 다른 커넥터를 사용하거나, 다른 시그널링 방식을 적용해도 됩니다.

[TCP/IP 통신 모델]

애플리케이션 계층 [상위 계층]

3계층 이상의 프로토콜들의 동작 범위는 전 지구, 즉 전체 네트워크이다.

트랜스포트 계층[4계층]
네트워크 계층[3계층]

데이터 링크 계층[2계층]

2계층 프로토콜들의 동작 범위는 네트워크 내부이다.

피지컬 계층[1계층]

1계층 프로토콜들의 동작 범위는 세그먼트 내부이다.

[그림 2-19] 프로토콜들의 동작 범위

2계층 프로토콜의 동작 범위는 네트워크 내부이기 때문에 네트워크마다 다른 2계층 프로토콜을 적용해도 됩니다. 또한 다른 네트워크에 같은 2계층 프로토콜을 적용하더라도 네트워크별로 동작합니다. 즉, [그림 2-20]에서 A 네트워크의 이더넷 프로토콜과 B 네트워크의 이더넷 프로토콜은 아무런 연관성을 갖지 않습니다. 마치 우물 안 개구리와 같이, 2계층 프로토콜은 네트워크 내부가 세상의 전부라고 생각합니다.

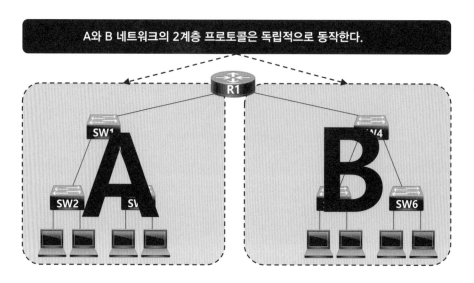

[그림 2-20] 2계층 프로토콜은 마치 우물 안 개구리와 같이 동작 범위가 네트워크 내부에 국한된다.

네트워크는 [표 2-20]과 같이 LAN과 WAN(Wide Area Network)으로 구분됩니다. LAN 네트워크에서 사용하는 2계층 프로토콜이 이더넷이고, WAN 네트워크에서 사용하는 2계층 프로토콜이 이더넷과 PPP입니다. PPP(Point to Point Protocol)는 말 그대로 포인트 투 포인트(point to point, 즉 스위치 없이 1:1로 연결된) 네트워크에서만 적용합니다. 포인트 투 포인트 네트워크에서는 상대 장치가 1대뿐이므로 2계층 주소가 필요 없습니다. 스위칭하려면 이더넷 프로토콜처럼 MAC 주소와 같은 2계층 주소를 정의해야 합니다. 즉, 이더넷 스위치는 있지만, PPP 스위치는 없습니다. 2계층에서 대세가 된 프로토콜이 이더넷과 PPP입니다. LAN과 WAN에 대해서는 '3장, 네트워크 구성도 그리기'에서 자세히 다룹니다.

[표 2-20] LAN/WAN과 2계층 프로토콜들

네트워크	2계층 프로토콜
LAN	이더넷
WAN	이더넷, PPP

02 이더넷 스위치는 언제 플러딩할까?

이더넷 프로토콜에서 정의하는 2계층 주소가 MAC 주소입니다. MAC 주소는 [그림 2-21]과 같이 48비트 길이의 12칸 16진수로 표기합니다. MAC 주소의 상위 24비트는 제조업체를 구분하기 위해 사용하며, OUI(Organizationally Unique Iden-tifier)라고 부릅니다. MAC 주소의 하위 24비트는 제조업체가 관리 및 할당하는 영역입니다. MAC 주소는 IP 주소처럼 두 영역으로 나뉘기는 하지만, 주소의 앞부분이 뒷부분보다 높은 계급을 갖지 못하기 때문에 플랫 어드레스(flat address)에 속합니다.

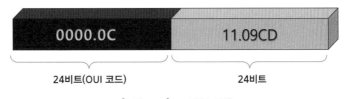

[그림 2-21] MAC 주소 구성

라우터가 라우팅 테이블을 만들기 위해 세 가지 명령(no shutdown, ip address, roouter eigrp 100)이 필요한데 반해, 이더넷 스위치는 아무런 설정 없이 스위칭 테이블을 만듭니다. 이더넷 스위치의 스위칭 테이블은 처음에는 비어 있습니다. MAC 주소를 가진 장치(PC, 서버, 라우터 등 2계층 이상의 장치들)가 프레임을 스위치에게 보내면 스위치는 프레임의 출발지 MAC 주소를 보고 스위칭 테이블을 만듭니다. [그림 2-22]에서 MAC 주소, 0010.0C07.6318을 가진 PC1이 보낸 ① 프레임이 이더넷 스위치의 ② Fa 0/1 포트에 도착하면, 이더넷 스위치는 Fa 0/1 포트와 MAC 주소, 0010.0C07.6318을 ③ 매핑해 스위칭 테이블을 만듭니다.

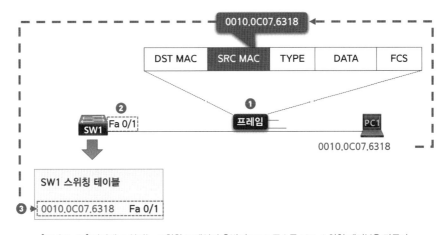

[그림 2-22] 이더넷 스위치는 도착한 프레임의 출발지 MAC 주소를 보고 스위칭 테이블을 만든다.

[그림 2-22]에서 보이는 이더넷 프레임의 다른 필드들의 기능은 [표 2-21]과 같습니다.

[표 2-21] 이더넷 프레임의 필드들과 기능

구분	설명
목적지 MAC 주소 [6바이트]	프레임의 목적지 MAC 주소(2계층 주소), 스위치는 이 주소와 스위칭 테이블을 비교해 스위칭함.
출발지 MAC 주소 [6바이트]	프레임의 목적지 MAC 주소(2계층 주소), 스위치는 이 주소를 보고 스위칭 테이블을 만듦.
타입 [2바이트]	3계층 프로토콜의 종류, 0x0800은 IPv4, 0x86DD는 IPv6, 0x0806은 ARP를 의미함.
데이터 [46 ~ 1,500바이트]	임의의 데이터
FCS [4바이트]	송신 장치가 계산한 FCS(Frame Check Sequence) 값은 수신 장치가 수신 후 계산한 FCS 값과 일치해야 함. 일치하지 않는다면 수신한 프레임은 완벽한 것이 아님. 즉, FCS는 수신한 프레임의 완전성을 검사하기 위한 것임.

[그림 2-23]에서 SW1의 Fa 0/3 포트에는 SW2를 포함해 PC3와 PC4가 보낸 프레임들이 도착하는데, 이 프레임들을 참조해 3개의 MAC 주소들이 학습됩니다. 이와 마찬가지로 SW2의 Fa 0/1 포트에는 SW1을 포함해 PC1과 PC2가 보낸 프레임들이 도착하는데, 이 프레임들을 참조해 3개의 MAC 주소들이 학습됩니다. 즉, 한 포트에 하나의 MAC 주소만 학습되라는 법은 없습니다. 포트 번호 대신 'CPU'라고 표시된 것은 해당 MAC 주소가 스위치 자신의 MAC 주소라는 것을 뜻합니다. 즉, 0010.0C08.8DCE에 목적지인 프레임이 수신되면 SW1이 최종 목적지이므로 다른 포트가 아니라 SW1의 CPU에게 보냅니다.

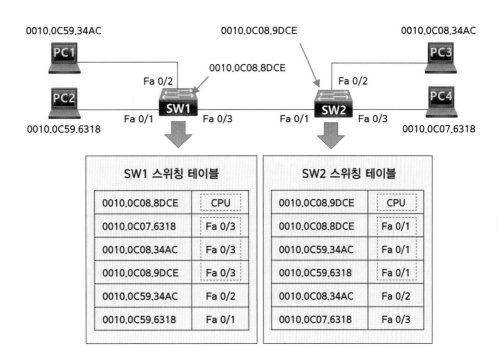

[그림 2-23] 각 스위치는 도착한 프레임의 출발지 MAC 주소를 보고 스위칭 테이블을 만드는데, 하나의 포트에 다수의 MAC 주소들이 학습될 수도 있다.

스위칭 테이블을 보는 명령어는 show mac-address-table이며, [그림 2-23]에 서 봤던 SW1과 SW2의 스위칭 테이블은 실제로는 [표 2-22]와 같습니다.

[표 2-22] SW1과 SW2의 스위칭 테이블

스위치	스위칭 테이블			
SW1	SW1#show mac-address-table			
	Vlan	Mac Address	Type	Ports
	1	0010.0C08.8DCE	DYNAMIC	CPU
	1	0010.0C07.6318	DYNAMIC	Fa0/3
	1	0010.0C08.34AC	DYNAMIC	Fa0/3
	1	0010.0C08.9DCE	DYNAMIC	Fa0/3
	1	0010.0C59.34AC	DYNAMIC	Fa0/2
	1	0010.0C59.6318	DYNAMIC	Fa0/1
SW2	SW2#show mac-address-table			
	Vlan	Mac Address	Type	Ports
	1	0010.0C08.9DCE	DYNAMIC	CPU
	1	0010.0C08.8DCE	DYNAMIC	Fa0/1
	1	0010.0C59.34AC	DYNAMIC	Fa0/1
	1	0010.0C59.6318	DYNAMIC	Fa0/1
	1	0010.0C08.34AC	DYNAMIC	Fa0/2
	1	0010.0C07.6318	DYNAMIC	Fa0/3

이더넷 스위치는 수신한 프레임의 목적지 MAC 주소가 스위칭 테이블에 있다면 스위칭합니다. 그러나 수신한 프레임의 목적지 MAC 주소가 스위칭 테이블에 없다면 어떻게 할까요? 이때 일어나는 것이 플러딩(flooding)입니다. 플러딩이란, 프레임이 수신된 포트를 제외한 모든 포트들로 내보내는 것입니다. [그림 2-24]에서는 0010.0C08.34AC라는 MAC 주소가 스위칭 테이블에 존재하지 않습니다. 따라서 이 MAC 주소가 목적지인 프레임이 모든 포트들로 플러딩되고 있습니다. 이때 PC들이 가진 NIC(Network Interface Card)가 2계층 장치로 스위칭 기능을 제공합니다. 즉, 도착한 프레임의 목적지 MAC 주소를 받고 자신의 주소일 때는 CPU에게 스위칭하고 자신의 주소가 아닐 때는 쓰레기통으로 스위칭합니다(폐기합니다). 즉, 엉뚱한 곳에 도착한 ❶번 프레임들은 버려지지만 정확한 목적지에 도착한 ❷번 프레임은 PC에 의해 처리됩니다.

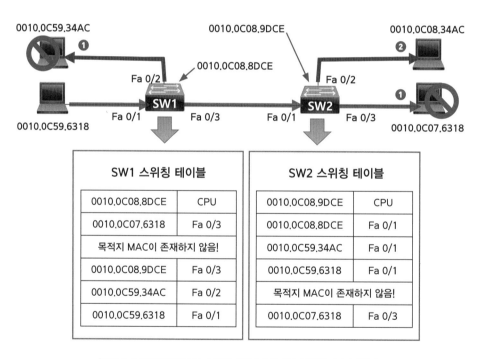

[그림 2-24] 목적지 주소가 스위칭 테이블에 없다면 스위치는 플러딩한다.

라우터는 수신한 패킷의 목적지 IP 주소가 라우팅 테이블에 존재하지 않으면 패킷을 버립니다. 스위치는 수신한 프레임의 목적지 MAC 주소가 스위칭 테이블에 존재하지 않으면 플러딩합니다. 따라서 패킷이 통과하는 경로상의 모든 라우터들의 라우팅 테이블이 완벽하지 않다면 통신이 불가능하지만, 프레임이 통과하는 경로상의 모든 스위치들의 스위칭 테이블은 완벽하지 않아도 통신이 가능합니다. 이제, 스위치와 라우터의 네 번째 차이점을 찾았습니다.

[표 2-23] 스위치와 라우터의 공통점/차이점

구분	스위치(2계층 장치)	라우터(3계층 장치)
공통점	스위칭	
차이점 ❶	MAC(2계층) 주소를 보고 스위칭한다.	IP(3계층) 주소를 보고 스위칭한다.
차이점 ❷	네트워크를 나누지 못한다.	네트워크를 나눈다.
차이점 ❸	(플랫 주소로 스위칭 테이블을 만들기 때문에) 스위칭 테이블이 길다.	(하이어라키컬 주소로 라우팅 테이블을 만들기 때문에) 라우팅 테이블이 짧다.
차이점 ❹	(프레임의 목적지 주소가 스위칭 테이블에 없으면) 플러딩한다.	(패킷의 목적지 주소가 라우팅 테이블에 없으면) 버린다.

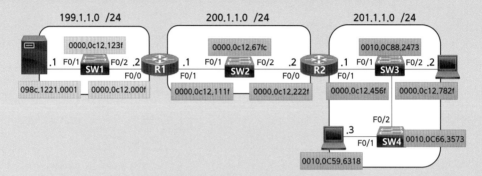

미니 과제   라우팅 테이블과 스위칭 테이블을 완성해보자!

[그림 2-25]의 구성도를 이용해 라우터의 라우팅 테이블과 스위치의 스위칭 테이블을 만들어 보시오.

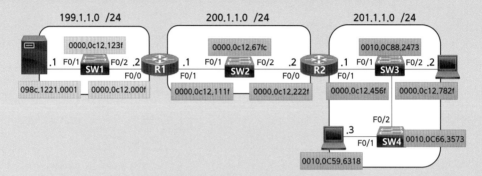

[그림 2-25] 네트워크를 통과할 때의 2계층 출발지 주소

1. 인터페이스를 살리고, IP 주소를 입력하고, 라우팅 프로토콜을 설정하면 라우팅 테이블이 완성됩니다.
   [표 2-24]의 라우팅 테이블을 완성해보시오.

[표 2-24] 각 라우터의 라우팅 테이블

라우터	라우팅 테이블
R1	R1#show ip route Codes: C – connected, S – static, I – IGRP, R – RIP, M – mobile, B – BGP D – EIGRP, EX – EIGRP external, O – OSPF, IA – OSPF inter area N1 – OSPF NSSA external type 1, N2 – OSPF NSSA external type 2 E1 – OSPF external type 1, E2 – OSPF external type 2, E – EGP i – IS–IS, L1 – IS–IS level–1, L2 – IS–IS level–2, ia – IS–IS inter area * – candidate default, U – per–user static route, o – ODR P – periodic downloaded static route Gateway of last resort is not set C [ ] is directly connected, FastEthernet0/0 C [ ] is directly connected, FastEthernet0/1 D [ ] [90/30720] via [ ], 00:01:25, FastEthernet0/1
R2	R2#show ip route Codes: C – connected, S – static, I – IGRP, R – RIP, M – mobile, B – BGP D – EIGRP, EX – EIGRP external, O – OSPF, IA – OSPF inter area N1 – OSPF NSSA external type 1, N2 – OSPF NSSA external type 2 E1 – OSPF external type 1, E2 – OSPF external type 2, E – EGP i – IS–IS, L1 – IS–IS level–1, L2 – IS–IS level–2, ia – IS–IS inter area * – candidate default, U – per–user static route, o – ODR P – periodic downloaded static route

	Gateway of last resort is not set
R2	D [ ] [90/30720] via [ ], 00:01:25, FastEthernet0/0 C [ ] is directly connected, FastEthernet0/0 C [ ] is directly connected, FastEthernet0/1

2. [표 2-25]의 스위칭 테이블을 완성해 보시오.

[표 2-25] 각 스위치의 스위칭 테이블

스위치	스위칭 테이블
SW1	SW1#show mac-address-table Vlan Mac Address Type Ports 1 [ ] DYNAMIC CPU 1 [ ] DYNAMIC Fa0/1 1 [ ] DYNAMIC Fa0/2
SW2	SW2# show mac-address-table Vlan Mac Address Type Ports 1 [ ] DYNAMIC CPU 1 [ ] DYNAMIC CPU 1 [ ] DYNAMIC Fa0/1
SW3	SW3# show mac-address-table Vlan Mac Address Type Ports 1 [ ] DYNAMIC CPU 1 [ ] DYNAMIC Fa0/1 1 [ ] DYNAMIC Fa0/2 1 [ ] DYNAMIC Fa0/3 1 [ ] DYNAMIC Fa0/3
SW4	SW4# show mac-address-table Vlan Mac Address Type Ports 1 [ ] DYNAMIC CPU 1 [ ] DYNAMIC Fa0/1 1 [ ] DYNAMIC Fa0/2 1 [ ] DYNAMIC Fa0/2 1 [ ] DYNAMIC Fa0/2

솔루션

> 1. 인터페이스를 살리고, IP 주소를 입력하고, 라우팅 프로토콜을 설정하면 라우팅 테이블이 완성됩니다. [표 2-24]의 라우팅 테이블을 완성해 보시오.

각 라우터의 라우팅 테이블은 [표 2-26]과 같습니다.

[표 2-26] 각 라우터의 라우팅 테이블

라우터	라우팅 테이블
R1	R1#show ip route Codes: C − connected, S − static, I − IGRP, R − RIP, M − mobile, B − BGP D − EIGRP, EX − EIGRP external, O − OSPF, IA − OSPF inter area N1 − OSPF NSSA external type 1, N2 − OSPF NSSA external type 2 E1 − OSPF external type 1, E2 − OSPF external type 2, E − EGP i − IS−IS, L1 − IS−IS level−1, L2 − IS−IS level−2, ia − IS−IS inter area * − candidate default, U − per−user static route, o − ODR P − periodic downloaded static route Gateway of last resort is not set C [199.1.1.0/24] is directly connected, FastEthernet0/0 C [200.1.1.0/24] is directly connected, FastEthernet0/1 D [201.1.1.0/24] [90/30720] via [200.1.1.2], 00:01:25, FastEthernet0/1
R2	R2#show ip route Codes: C − connected, S − static, I − IGRP, R − RIP, M − mobile, B − BGP D − EIGRP, EX − EIGRP external, O − OSPF, IA − OSPF inter area N1 − OSPF NSSA external type 1, N2 − OSPF NSSA external type 2 E1 − OSPF external type 1, E2 − OSPF external type 2, E − EGP i − IS−IS, L1 − IS−IS level−1, L2 − IS−IS level−2, ia − IS−IS inter area * − candidate default, U − per−user static route, o − ODR P − periodic downloaded static route Gateway of last resort is not set D [199.1.1.0/24] [90/30720] via [200.1.1.1], 00:01:25, FastEthernet0/0 C [200.1.1.0/24] is directly connected, FastEthernet0/0 C [201.1.1.0/24] is directly connected, FastEthernet0/1

2

2. [표 2-25]의 스위칭 테이블을 완성해 보시오.

각 스위치의 스위칭 테이블은 [표 2-27]과 같습니다. 스위칭 테이블에는 다른 네트워크의 MAC주소는 올라오지 않습니다. 그 이유에 대해서는 '4장. TCP/IP와 패킷 트래블'에서 다룹니다.

[표 2-27] 각 스위치의 스위칭 테이블

스위치	스위칭 테이블
SW1	SW1# show mac-address-table Vlan Mac Address Type Ports 1 [0000.0c12.123f] DYNAMIC CPU 1 [098c.1221.0001] DYNAMIC Fa0/1 1 [0000.0c12.000f] DYNAMIC Fa0/2
SW2	SW2# show mac-address-table Vlan Mac Address Type Ports 1 [0000.0c12.67fc] DYNAMIC CPU 1 [0000.0c12.111f] DYNAMIC Fa0/1 1 [0000.0c12.222f] DYNAMIC Fa0/2
SW3	SW3# show mac-address-table Vlan Mac Address Type Ports 1 [0010.0c88.2473] DYNAMIC CPU 1 [0000.0c12.456f] DYNAMIC Fa0/1 1 [0000.0c12.782f] DYNAMIC Fa0/2 1 [0010.0c59.6318] DYNAMIC Fa0/3 1 [0010.0c66.3573] DYNAMIC Fa0/3
SW4	SW4# show mac-address-table Vlan Mac Address Type Ports 1 [0010.0c66.3573] DYNAMIC CPU 1 [0010.0c59.6318] DYNAMIC Fa0/1 1 [0000.0c12.456f] DYNAMIC Fa0/2 1 [0010.0c88.2473] DYNAMIC Fa0/2 1 [0000.0c12.782f] DYNAMIC Fa0/2

CHAPTER

Lesson 1 | **LAN과 WAN 설계 모델**

1. LAN과 WAN

2. LAN 설계 모델

3. 코어 계층을 생략한 LAN 구성도

4. 티어드 3 레이어 모델에서 스위치/라우터 배치 사유

5. WAN 설계 모델

Lesson 2 | **LAN과 WAN 구성도 그리기**

1. LAN 이중화

Lesson 3 | **밴드위스 산정**

1. 일반적인 트래픽 패턴

2. 밴드위스 결정

3. 속도 불만과 해결

네트워크
구성도 그리기

네트워크 실제 모델을 참조하면 네트워크 구성도를 쉽고 빠르게 그릴 수 있습니다. LAN 설계 모델은 티어드 3 레이어 모델, WAN 설계 모델로는 허브 앤 스포크, 풀 메시, 파샬 메시의 세 가지가 있습니다.

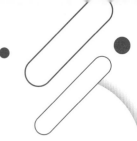

LAN과 WAN 설계 모델

LESSON 01

네트워크는 LAN(Local Area Network)과 WAN(Wide Area Network)으로 나뉩니다. 네트워크 설계 모델을 활용하면 LAN과 WAN 구성도를 쉽고 빨리 그릴 수 있습니다.

01 LAN과 WAN

LAN은 학교, 공장, 공항 또는 업무용 빌딩 등과 같이 좁은 영역(local area)을 연결하는 네트워크입니다. LAN은 좁은 영역, 근거리를 연결하기 때문에 '직접 구축할 수 있는 네트워크'라는 의미를 포함합니다. 직접 구축했기 때문에 이 네트워크에 대한 소유권과 관리 책임을 갖습니다. [그림 3-1]과 같이 서울 본사 내 네트워크와 대전 지사 내 네트워크가 LAN에 속합니다.

이에 반해, WAN은 지리적으로 넓은 영역(wide area), 광역을 연결하는 네트워크입니다. [그림 3-1]에서 서울 본사와 대전 지사의 연결과 같이, WAN은 넓은 영역을 연결하기 때문에 직접 구축할 수 없고 WAN 서비스 프로바이더로부터 임대해야 합니다. WAN 서비스의 대표적인 예로는 전용 회선과 인터넷 접속 회선을 들 수 있습니다.

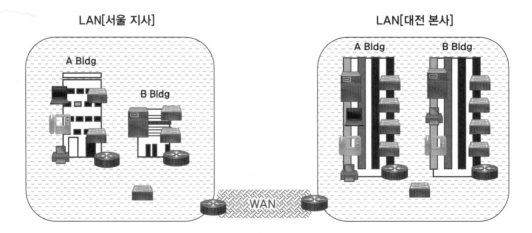

[그림 3-1] LAN과 WAN

LAN 설계 모델

LAN 구성도를 그릴 때 참조하는 것이 티어드 3 레이어 모델(Tiered 3 Layer model)입니다. 티어드 3 레이어 모델은 [그림 3-2]와 같이 코어 계층(core layer), 디스트리뷰션 계층(distribution layer), 액세스 계층(access layer)으로 구성됩니다. 시행착오를 거쳐 만들어진 티어드 3 레이어 모델을 활용하면, LAN 설계 과정이 쉽고 빨라집니다.

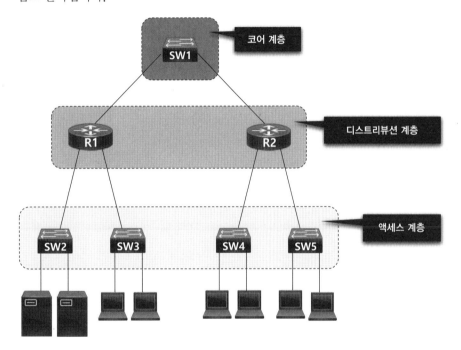

[그림 3-2] 티어드 3 레이어 모델

티어드 3 레이어 모델은 [표 3-1]과 같이 3계층으로 구성됩니다. 액세스 계층 장치는 단말들을 연결하는데, 일반적으로 각 층마다 최소 1대가 배치됩니다. 디스트리뷰션 계층 장치는 액세스 계층 장치들을 연결하는데, 일반적으로 건물마다 최소 1대가 배치됩니다. 코어 계층 장치는 디스트리뷰션 계층 장치들을 연결합니다. 일반적으로 사이트마다 1대를 배치하지만 생략할 수도 있습니다.

[표 3-1] 티어드 3 레이어 모델 요약

계층	역할	배치 장치	대략적인 위치
코어	디스트리뷰션 계층 장치들을 연결	스위치	사이트마다 1대[생략 가능]
디스트리뷰션	액세스 계층 장치들을 연결	라우터	각 건물마다 최소 1대
액세스	단말들을 연결	스위치	각 층마다 최소 1대

실제 네트워크 구성도에서 티어드 3 레이어 모델이 어떻게 반영되는지 확인해봅시다. [그림 3-3]에서 각 층마다 액세스 스위치를 배치했고, 각 건물마다 디스트리뷰션 라우터와 디스트리뷰션 라우터들을 연결하는 코어 스위치도 배치했습니다.

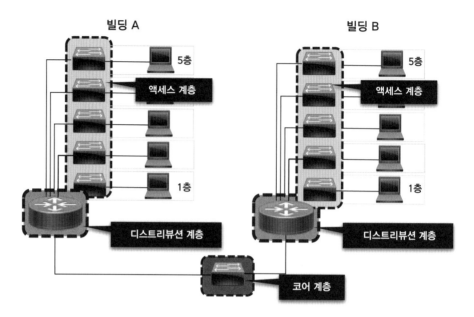

[그림 3-3] 티어드 3 레이어 모델을 반영하고 있는 LAN 구성도

다음 사이트에 대해 티어드 3 레이어 모델을 활용해 LAN 구성도를 그려봅시다. [그림 3-4]의 사이트는 3층, 5층, 8층의 총 3동으로 구성됩니다.

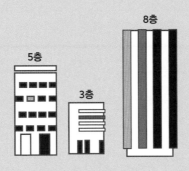

[그림 3-4] 건물 구성

1. 티어드 3 레이어 모델에 기초해 이 사이트에서 필요한 장치 수를 계산해보시오(단, 각 층마다 1대의 액세스 계층 장치, 각 건물마다 1대의 디스트리뷰션 장치, 디스트리뷰션 장치들을 연결하기 위해 코어 장치를 배치하기로 합니다).

2. LAN 구성도를 그리시오.

1. 티어드 3 레이어 모델에 기초해 이 사이트에서 필요한 장치 수를 계산해 보시오(단, 각 층마다 1
대의 액세스 계층 장치, 각 건물마다 1대의 디스트리뷰션 장치, 디스트리뷰션 장치들을 연결하기
위해 코어 장치를 배치하기로 합니다).

[표 3-2]는 액세스, 디스트리뷰션, 코어 계층에서 필요한 장치 수를 보여줍니다. 액세스 계층 장치는 각
층마다 1대씩 배치하기로 했습니다. 따라서 액세스 계층 장치의 수는 모든 빌딩의 층 수와 같습니다. 전
체 16개층(= 5층 + 3층 + 8층)이므로 총 16대의 액세스 계층 스위치가 필요합니다. 디스트리뷰션 계층
장치는 각 건물마다 1대씩 배치하기 때문에 디스트리뷰션 계층 장치 수는 건물 수와 동일합니다. 3동의
건물이 존재하므로 3대의 디스트리뷰션 계층 장치가 필요합니다. 건물을 연결하는 코어 계층 장치는 1대
가 필요합니다.

[표 3-2] 계층별 장치 수 산정

구분	배치 장치	필요한 장비 수
액세스 계층	스위치	(5층) + (3층) + (8층) = 16대
디스트리뷰션 계층	라우터	3동 = 3대
코어 계층	스위치	1대

2. LAN 구성도를 그리시오.

[그림 3-5]는 [표 3-2]를 반영한 LAN 구성도입니다. 액세스 계층 장치는 각 층별, 디스트리뷰션 계층 장
치는 각 건물별로 배치했습니다. 코어 계층 장치는 디스트리뷰션 장치를 연결하도록 배치했습니다.

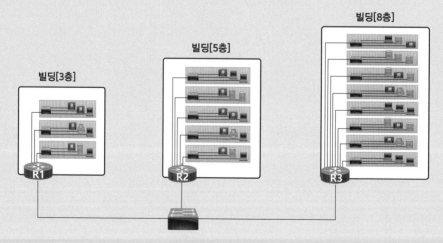

[그림 3-5] LAN 구성도

코어 계층을 생략한 LAN 구성도

티어드 3 레이어 모델은 코어 계층을 포함하는 모델, 티어드 2 레이어 모델은 코어 계층을 생략한 모델입니다. [그림 3-6]은 코어 계층을 생략한 구성도입니다. 코어 스위치가 하던 역할을 디스트리뷰션 계층의 라우터들 중 1대가 맡습니다. [그림 3-6]에서는 R3가 디스트리뷰션 계층과 코어 계층의 역할을 수행합니다.

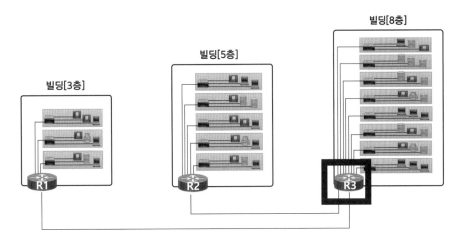

[그림 3-6] 코어 계층이 생략된 LAN 구성도

티어드 3 레이어 모델과 티어드 2 레이어 모델은 특성상 [표 3-3]과 같은 차이가 있습니다. 코어 계층 장치는 사이트 내에서 최대 트래픽이 통과하는 백본 장치이므로 사이트 내에서 성능이 가장 우수해야 합니다. 따라서 비교적 고가의 장치입니다. 티어드 2 레이어 모델은 비싼 코어 계층 장치를 생략하기 때문에 비용 측면에서 유리합니다. 가용성은 다른 말로 '계속성'이라고 합니다. 즉, '가용성이 좋다'는 것은 '24시간 365일 끊기지 않고 지속적으로 네트워크를 사용할 수 있다'는 의미입니다. [그림 3-6]과 티어드 2 레이어 모델에서 R3는 디스트리뷰션 계층뿐 아니라 코어 계층의 역할도 수행해야 하므로 영향력이 높아졌습니다. 따라서 티어드 2 레이어 모델에서 [그림 3-6]의 R3가 다운된다면, 티어드 3 레이어 모델에서 [그림 3-5]의 R3가 다운된 것보다 영향을 받는 장치들의 수가 늘어납니다. 즉, 이런 측면에서 가용성은 나빠졌다고 봅니다. 또한 티어드 2 레이어 모델의 R3에는 티어드 3 레이어 모델의 R3보다 트래픽이 집중될 것입니다. 따라서 티어드 2 레이어 모델에서 R3는 바틀넥(bottleneck) 포인트가 될 가능성이 높습니다. 즉, 성능 측면에서도 티어드 2 레이어 모델이 불리합니다. 비용이 좋아지는 대신, 나머지는 나빠지는 셈입니다.

[표 3-3] 티어드 3 레이어 모델과 티어드 2 레이어 모델 비교

구분	티어드 3 레이어 모델	티어드 2 레이어 모델
비용	나쁨	좋음
가용성	좋음	나쁨
성능	좋음	나쁨

티어드 3 레이어 모델에서 스위치/라우터 배치 사유

티어드 3 레이어 모델의 코어-디스트리뷰션-액세스 계층에 반드시 스위치-라우터-스위치를 배치할 필요는 없습니다. 라우터나 스위치 둘 다 스위칭 기능을 제공하기 때문에 [그림 3-7]과 같이 코어 계층에도 라우터를 배치할 수 있습니다. 디스트리뷰션 계층에 스위치, 액세스 계층에 라우터를 배치해도 통신은 얼마든지 가능합니다.

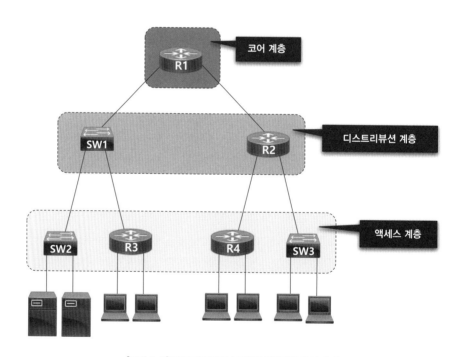

[그림 3-7] 티어드 3 레이어 모델의 일반적인 장치 배치

그러나 일반적으로 코어 계층과 액세스 계층에는 스위치, 디스트리뷰션 계층에는 라우터를 배지합니다. 그 이유는 무엇일까요? 스위치는 2계층 장치, 라우터는 3계층 장치입니다. [그림 3-8]과 같이 2계층 장치는 2계층 이하의 기능들을 수행하고

3계층 장치는 3계층 이하의 기능들을 수행합니다. 즉, 스위치는 2계층에서 스위칭, 1계층에서 약해진 신호를 증폭합니다. 라우터는 3계층에서 라우팅, 2계층에서 옷 갈 아입히기(다른 말로, 프레임 리라이트(frame rewrite)), 1계층에서 증폭합니다. 이것에 대한 자세한 설명은 '4장. TCP/IP와 패킷 트래블'에서 다룹니다.

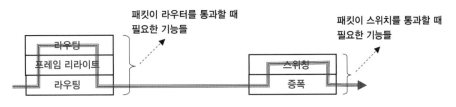

[그림 3-8] 패킷이 라우터와 스위치를 통과할 때 거치는 기능들

CPU나 메모리, 포트 수 등 동일한 수준의 스펙을 가졌다고 가정할 때, 어떤 장치가 더 비쌀까요? 스위치는 2개 계층의 기능만 제공해야 하는 반면, 라우터는 3개 계층 의 기능들을 제공해야 합니다. 또한 라우터는 3계층에서 라우팅 외에도 필터링, 터 널링, 암호화, 무결성 확인, 압축, 악성 코드/DDoS 공격 차단, NAT 등의 매우 다양 한 기능을 제공하기 때문에 라우터가 훨씬 복잡한 장치이며, 따라서 훨씬 비쌉니다. 그렇다면 동일한 하드웨어 스펙일 때 어떤 장치의 스위칭 속도가 더 빠를까요? 프레 임이 스위치를 통과할 때는 1계층과 2계층 기능만 거치면 되지만, 라우터를 통과할 때는 1계층, 2계층과 3계층 기능들을 거쳐야 합니다. 따라서 스위치의 스위칭 속도 가 더 빠릅니다. 즉, 액세스 계층과 코어 계층에 스위치를 배치하는 이유는 스위치가 라우터보다 싸고 빠르기 때문입니다. 다시 말해, 스위치가 라우터보다 효율적이기 때문입니다.

[표 3-3] 스위치와 라우터 비교

구간	스위치	라우터	비고
수행 계층	2계층 + 1계층	3계층 + 2계층 + 1계층	–
처리 속도	Good(더 빠름)	Bad(더 느림)	동일한 스펙일 때
구입 비용	Good(더 낮음)	Bad(더 높음)	

그렇다면 디스트리뷰션 계층에는 왜 느리고 비싼 라우터를 배치할까요? 그것은 바로 브로드캐스트때문입니다. 유니캐스트 패킷은 1대의 장치에 보내지는 패킷, 브로드캐스트 패킷은 모든 장치에 보내지는 패킷입니다. 브로드캐스트 주소는 마지막 주소를 사용합니다. 즉, MAC(2계층) 브로드캐스트 주소는 FFFF.FFFF.FFFF 이고, IP(3계층) 브로드캐스트 주소는 255.255.255.255입니다. 유니캐스트 패킷은

한 장치에 보내는 것이므로 한 장치의 CPU를 돌리고, 브로드캐스트 패킷은 모든 장치들의 CPU를 돌립니다. 스위치는 브로드캐스트 프레임을 차단하지 못하고 라우터는 차단합니다. 단말이 갖는 랜 카드나 라우터의 인터페이스는 일종의 스위치 역할을 수행합니다. 즉, 도착한 프레임의 목적지 2계층 주소를 보고 자신의 유니캐스트 주소일 때는 CPU에 스위칭하고 자신의 주소가 아닐 때는 쓰레기통으로 스위칭합니다(즉, 폐기합니다). 그런데 목적지 2계층 주소가 브로드캐스트 주소일 때는 랜 카드나 라우터의 인터페이스도 스위치처럼 차단하지 못하므로 무조건 CPU에 스위칭하기 때문에 브로드캐스트 패킷은 모든 장치의 CPU를 돌릴 수 있습니다.

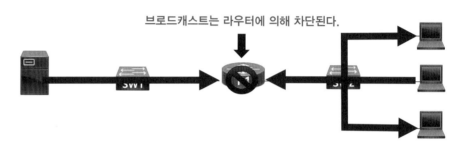

[그림 3-9] 스위치는 브로드캐스트를 차단하지 못하지만, 라우터는 차단한다.

싸고 빠르다는 이유로 모든 계층에 스위치를 배치한 [그림 3-10]을 보겠습니다. 이렇게 되면, LAN 전체가 하나의 브로드캐스트 도메인에 속하게 됩니다. 브로드캐스트 도메인은 브로드캐스트가 전달되는 영역입니다. 브로드캐스트를 차단하는 장치가 없으므로 어떤 장치에서 출발한 브로드캐스트 패킷이든 모든 장치들의 CPU를 돌릴 것입니다. 브로드캐스트 도메인이 너무 넓으면 브로드캐스트 패킷의 전달 범위가 넓어지고 장치들의 브로드캐스트 수신 확률은 올라갈 것입니다. 결과적으로 모든 장치들의 CPU는 바쁘게 될 것입니다.

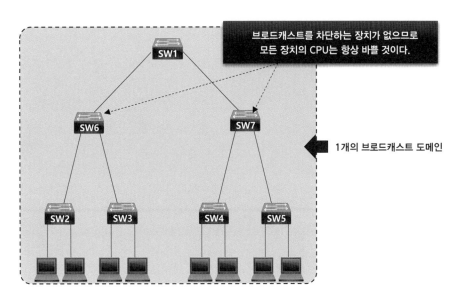

[그림 3-10] 디스트리뷰션 계층에 스위치를 배치한 경우, 너무 넓은 브로드캐스트 문제가 발생함.

따라서 브로드캐스트 도메인이 너무 넓으면 네트워크 성능은 나빠집니다. 네트워크 성능은 밴드위스와 CPU/메모리 등과 같은 네트워크 자원이 결정하고, 네트워크 자원이 우수하면 다운로드 속도도 우수해질 것입니다. 링크의 성능을 결정하는 것은 밴드위스, 장치의 성능을 결정하는 것은 CPU와 메모리입니다. 그런데 밴드위스, CPU와 메모리가 아무리 우수하더라도 밴드위스, CPU와 메모리의 사용률(utilization)이 높다면 다운로드 속도는 낮아질 것입니다. 브로드캐스트 도메인이 너무 넓으면 장치들의 CPU가 바빠집니다. 즉, CPU의 사용률은 올라가고, 네트워크의 성능은 나빠집니다.

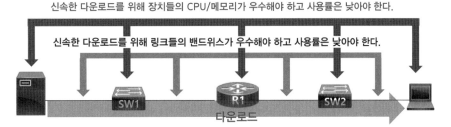

[그림 3-11] 다운로드 속도를 결정 짓는 요소들: 밴드위스/CPU/메모리와 사용률

'너무 넓은 브로드캐스트 도메인 문제'때문에 발생하는 CPU 성능 저하 문제를 해결하려면 브로드캐스트 도메인을 나눠야 합니다. 이를 위해 티어드 3 레이어 모델의 중간 계층인 디스트리뷰션 계층에 라우터를 배치해야 합니다. 디스트리뷰션 계층에 라우터를 배치하면 [그림 3-12]와 같이 5개의 브로드캐스트 도메인으로 분할

됩니다. 이를 통해 브로드캐스트 수신 빈도를 줄일 수 있고, 따라서 네트워크의 성능이 개선됩니다.

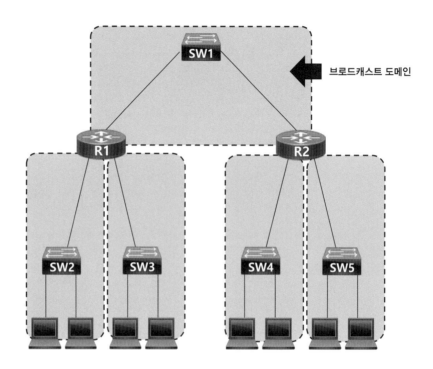

[그림 3-12] 라우터와 브로드캐스트 도메인 분할

이제 [표 3-4]와 같이 스위치와 라우터의 마지막 차이점을 찾았습니다.

[표 3-4] 스위치와 라우터의 공통점/차이점

구분	스위치 (2계층 장치)	라우터 (3계층 장치)
공통점	스위칭	
차이점 ❶	2계층(MAC) 주소를 보고 스위칭한다.	3계층(IP) 주소를 보고 스위칭한다.
차이점 ❷	네트워크를 나누지 못한다.	네트워크를 나눈다.
차이점 ❸	(플랫 주소로 스위칭 테이블을 만들기 때문에) 스위칭 테이블이 길다.	(하이어라키컬 주소로 라우팅 테이블을 만들기 때문에) 라우팅 테이블이 짧다.
차이점 ❹	(프레임의 목적지 주소가 스위칭 테이블에 없으면) 플러딩한다.	(패킷의 목적지 주소가 라우팅 테이블에 없으면) 버린다.
차이점 ❺	(브로드캐스트를 차단하지 못한다. 즉,) 브로드캐스트 도메인을 나누지 못한다.	(브로드캐스트를 차단한다. 즉,) 브로드캐스트 도메인을 나눈다.

WAN 설계 모델

WAN 설계를 위해서는 허브 앤 스포크(Hub & Spoke), 풀 메시(Full Mesh), 파샬 메시(Partial Mesh) 설계 모델들을 사용합니다. [그림 3–13]은 허브 앤 스포크 설계 모델에 기반을 둔 WAN 구성도입니다. 허브 앤 스포크 모델은 백업 루트가 존재하지 않으므로 가용성이 낮습니다. 반면, 최소 회선으로 연결하기 때문에 회선 비용을 최소화할 수 있습니다.

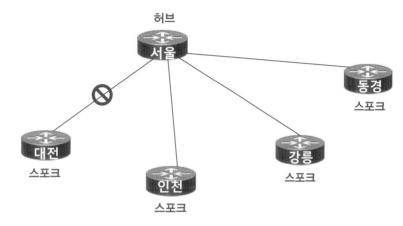

[그림 3-13] 허브 앤 스포크 WAN 설계 모델

[그림 3–14]는 풀 메시 설계 모델에 기반을 둔 WAN 구성도입니다. 풀 메시 모델은 허브 앤 스포크 모델과 정반대의 특성을 갖습니다. 모든 사이트를 직접 연결하므로 가장 많은 수의 회선이 필요하며, 따라서 회선 비용도 가장 많이 듭니다. 반면, 다양한 백업 루트가 존재하기 때문에 가용성은 가장 우수합니다.

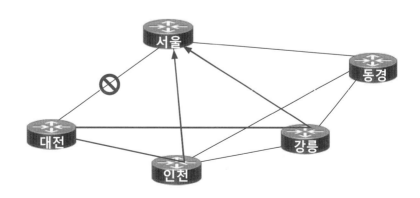

[그림 3-14] 풀 메시 WAN 설계 모델

[그림 3-15]는 파샬 메시(Partial mesh) 설계 모델로 허브 앤 스포크 모델과 풀 메시 모델의 중간적인 특성을 가집니다. 즉, 주요 지사만 백업 링크를 갖기 때문에 회선 비용과 가용성은 중간 수준입니다.

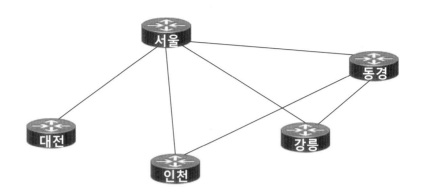

[그림 3-15] 파샬 메시 WAN 설계 모델

세 가지 WAN 설계 모델을 비용과 가용성 측면에서 비교하면 [표 3-5]와 같습니다.

[표 3-5] WAN 설계 모델 비교

WAN 설계 모델	비용	가용성
허브 앤 스포크	100점	0점
풀 메시	0점	100점
파샬 메시	50점	50점

LAN과 WAN 구성도 그리기

02 LESSON

LAN 이중화의 개념을 이해하고, LAN과 WAN을 포함하는 네트워크 구성도를 그려봅시다.

01 LAN 이중화

티어드 3 레이어(Tiered 3 layer) 모델에 기초한 [그림 3-16]의 구성도를 살펴봅시다. 빌딩 A의 인터넷-SW1 연결 링크, WAN-SW1 연결 링크, R1-SW1 연결 링크나 R1-SW2 연결 링크가 다운되거나 SW1이나 R1 장치가 다운되면 일부 사용자들은 고립돼 통신이 불가능할 것입니다. 이를 해결하기 위해 다운되면 안 된다고 판단되는 장치와 링크를 이중화합니다.

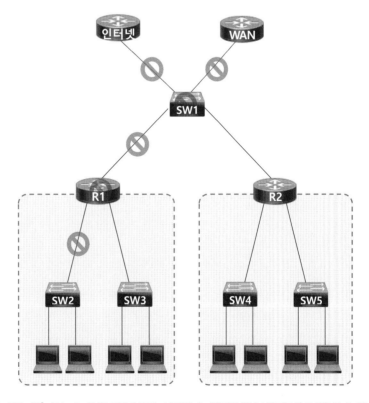

[그림 3-16] 티어드 3 레이어 모델에서 링크나 장치가 다운되면 일부 사용자들의 통신은 불가능하다.

[그림 3-17]의 구성도는 [그림 3-16]의 구성도에서 코어 계층 장치와 디스트리뷰션 계층 장치를 이중화한 것입니다. 즉, 인터넷–SW1 연결 링크, WAN–SW1 연결 링크, R1–SW1 링크나 R1–SW2 링크가 다운되거나 SW1이나 R1 장치가 다운되더라도 인터넷–SW1 연결 링크, WAN–SW1 연결 링크, R1'–SW1' 링크, R1'–SW2 링크, SW1'나 R1' 장치를 통해 계속 통신할 수 있습니다.

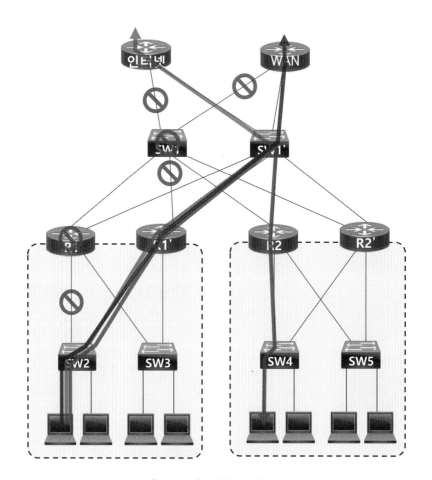

[그림 3-17] 장치/링크의 이중화

이중화되지 않은 구성과 이중화된 구성을 [표 3-6]과 같이 비교할 수 있습니다. 네트워크를 이중화하면 장치와 포트가 두 배로 필요하므로 비용은 나빠집니다. 네트워크를 이중화하면 백업 루트가 생기기 때문에 가용성이 좋아지고, 트래픽은 2개 이상의 경로들을 통해 전송할 수 있으므로 성능(다운로드 속도)이 좋아집니다. 그러나 다양한 경로를 통해 공격당할 수 있으므로 보안은 나빠지고, 네트워크가 훨씬 복잡해졌으므로 관리하기 힘들어집니다.

[표 3-6] 이중화되지 않은 구성과 이중화된 구성

구분	이중화되지 않은 구성	이중화된 구성
비용	좋음	나쁨
가용성	나쁨	좋음
성능	나쁨	좋음
보안	좋음	나쁨
관리 용이성	좋음	나쁨

LAN, WAN, 인터넷을 포함하는 네트워크 구성도를 그려봅시다. [그림 3-18]과 같이 서울 본사는 3개의 5층 건물, 대전 지사는 1개의 5층 건물, 인천 지사는 1개의 5층 건물로 구성됩니다. 서울 본사, 대전 지사, 인천 지사 간의 WAN 연결은 풀 메시 모델을 적용해야 합니다. 인터넷 접속은 서울 본사에서만 가능합니다. 액세스 스위치는 각 층마다 1대씩, 디스트리뷰션 라우터는 각 건물마다 1대씩 두고 코어 스위치는 서울 본사에만 1대를 두면 됩니다. 지사는 1개의 건물로 구성됐기 때문에 건물을 연결시키는 코어 계층이 필요하지 않습니다.

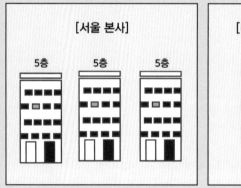
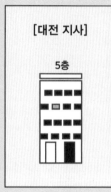
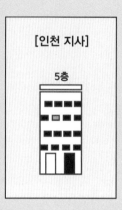

[그림 3-18] 건물 구성

1. 필요 장치 수를 산정해 [표 3-7]을 완성하시오.

[표 3-7] 장치 수 산정

구분	배치 장치	필요한 장치 수
액세스 계층	스위치	
디스트리뷰션 계층	라우터	
코어 계층	스위치	
기타	WAN 접속 라우터	
	인터넷 접속 라우터	

2, 산정한 장치들이 배치된 네트워크 구성도를 [그림 3-19]에 그려보시오.

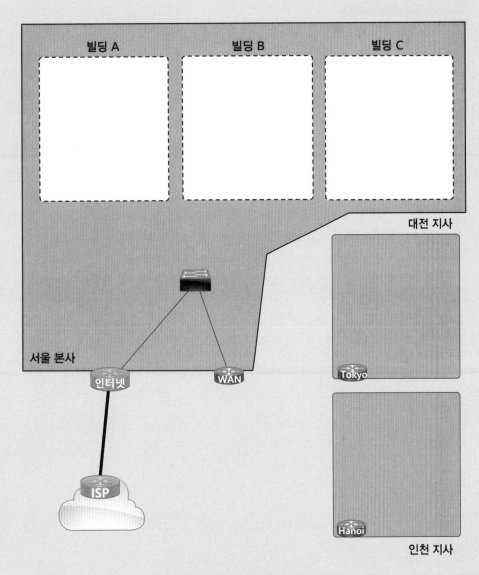

[그림 3-19] 네트워크 구성도 연습

솔루션

1. 필요 장치 수를 산정해 [표 3–7]을 완성하시오.

필요 장치 수는 [표 3–8]과 같습니다. 액세스 계층 스위치는 빌딩의 층마다 1대씩 배치하기로 했습니다. 서울 본사가 5개층 × 3빌딩, 대전 지사가 5개층, 인천 지사가 5개층을 갖습니다. 이 사이트는 총 25층을 가지며, 따라서 모두 25대의 액세스 계층 스위치가 필요합니다. 디스트리뷰션 계층 라우터는 건물마다 1대씩 배치하기로 했습니다. 서울 본사는 3동의 빌딩, 대전과 인천 지사는 각각 1동의 빌딩을 가집니다. 따라서 모두 5대의 디스트리뷰션 계층 라우터가 필요합니다. 코어 계층 장치는 서울 본사에만 1대가 필요합니다. 대전과 인천 지사는 1개의 건물만 존재하기 때문에 건물을 연결하는 코어 계층이 필요 없습니다. 이외에 서울 본사에는 WAN 접속 라우터와 인터넷 접속 라우터도 별도로 필요합니다.

[표 3–8] 장치 수 산정

구분	배치 장비	필요한 장비 수
액세스 계층	스위치	서울 + 대전 + 인천 = (5층 × 3동) + 5층 + 5층 = 25대
디스트리뷰션 계층	라우터	서울(3동) + 대전(1동) + 인천(1동) = 5대
코어 계층	스위치	1대[서울 본사에만]
기타	WAN 접속 라우터	1대[서울 본사에만 별도로 필요]
	인터넷 접속 라우터	1대[서울 본사에만]

2, 산정한 장치들이 배치된 네트워크 구성도를 [그림 3-19]에 그려보시오.

조건과 일치하는 네트워크 구성도는 [그림 3-20]과 같습니다.

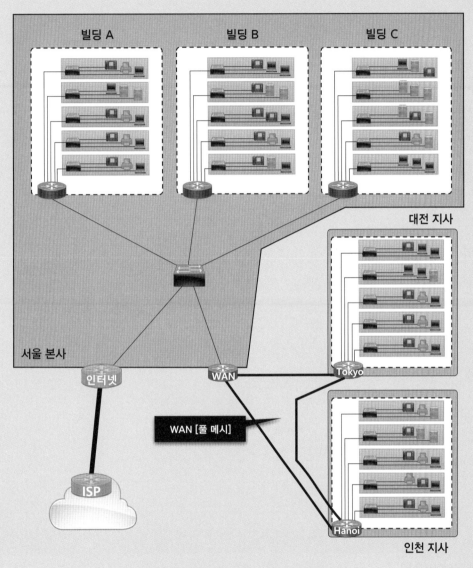

[그림 3-20] 조건을 충족하는 네트워크 구성도

두 번째 연습은 일부 장치와 링크들을 이중화해야 합니다. 다음 조건에서 필요한 장치 수를 산정하고, 구성도를 그리시오.

○ LAN

❶ 건물 구성은 [표 3-9]와 같습니다.

[표 3-9] 건물 구성

사이트	건물 구성
서울 본사	3층 건물 1동 2층 건물 1동
홍콩 지사	2층 건물
마카오 지사	2층 건물
싱가포르 지사	2층 건물

❷ 기본적으로, 액세스 계층 장치는 각 층마다 1대씩, 디스트리뷰션 장치는 각 건물마다 1대씩, 코어 장치는 필요시에만 배치함.

❸ 이중화: 서울 본사의 3층 건물의 디스트리뷰션 계층은 이중화할 것, 서울 본사의 코어 계층을 이중화할 것

○ WAN : 파샬 메시 모델을 적용한다.

❶ 서울 본사와 홍콩/마카오/싱가폴 지사를 각각 연결할 것.

❷ 백업 루트를 위해 홍콩 지사와 마카오 지사를 연결할 것.

❸ 인터넷 접속은 서울 본사에서만 가능함.

1. 필요 장치 수를 산정해 [표 3-10]을 완성하시오.

[표 3-10] 장치 수 산정

구분		필요 장치 수	필요 장치 총 수
액세스 계층	서울		
	홍콩	2층 = 2 대	
	마카오	2층 = 2 대	
	싱가포르	2층 = 2 대	
디스트리뷰션 계층	서울		
	홍콩	1동 = 1 대	

디스트리뷰션 계층	마카오		
	싱가포르	1동 = 1 대	
코어 계층	서울		
WAN 접속 라우터	서울	1 대[서울에만]	
인터넷 접속 라우터	서울	1 대[서울에만]	

2. [표 3-10]의 장치들을 포함하는 네트워크 구성도를 [그림 3-21]에 그려보시오.

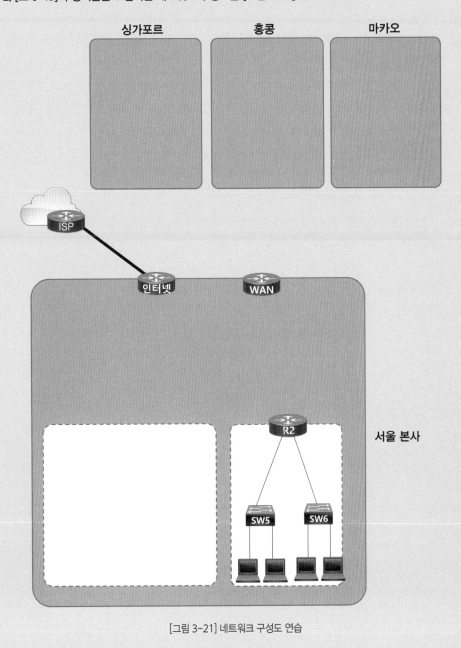

[그림 3-21] 네트워크 구성도 연습

솔루션

> 1. 필요 장치 수를 산정해 [표 3–10]을 완성하시오.

필요 장치 수는 [표 3–11]과 같습니다. 조건에서 액세스 계층 스위치는 층 마다 1대씩 배치하기로 했습니다. 서울 본사는 5층(3층 + 2층), 홍콩 지사는 2층, 마카오 지사는 2층, 싱가폴 지사는 2층으로 구성됐으므로 모두 11개의 층이 존재하며 따라서 11대의 액세스 계층 스위치가 필요합니다. 디스트리뷰션 계층 라우터는 건물마다 배치하기로 했으므로 서울 본사에는 2개의 빌딩, 홍콩, 마카오, 싱가폴 지사는 각각의 1개의 빌딩으로 구성됐으므로 모두 5동의 빌딩이 존재합니다. 그런데 서울 본사의 3층 건물은 디스트리뷰션 계층 라우터를 이중화해야 합니다. 따라서 디스트리뷰션 계층 라우터는 모두 6대가 필요합니다. 또한 코어 계층 장치는 서울 본사에만 필요하며 이중화해야 합니다. 건물이 하나뿐인 홍콩, 마카오, 싱가폴 지사에는 건물을 연결하기 위한 코어 계층 장치가 필요하지 않습니다. 이외에 서울 본사에는 WAN 접속 라우터와 인터넷 접속 라우터가 별도로 필요합니다.

[표 3–11] 필요 장치 수 산정

구분		필요 장치 수	필요 장치 총 수
액세스 계층	서울	2층 + 3층 = 5대	11대
	홍콩	2층 = 2 대	
	마카오	2층 = 2 대	
	싱가포르	2층 = 2 대	
디스트리뷰션 계층	서울	3층 빌딩(이중화) = 2대 2층 빌딩 = 1대	6대
	홍콩	1동 = 1 대	
	마카오	1동 = 1 대	
	싱가포르	1동 = 1 대	
코어 계층	서울	2대(이중화)[서울에만]	2대
WAN 접속 라우터	서울	1대[서울에만]	1대
인터넷 접속 라우터	서울	1대[서울에만]	1대

2. [표 3-10]의 장치들을 포함하는 네트워크 구성도를 [그림 3-21]에 그려보시오.

조건을 충족하는 구성도는 [그림 3-22]와 같습니다. 참고로 ISP(Internet Service Provider) 라우터는 우리 회사 라우터가 아닌 인터넷 서비스 제공업자(예를 들어 KT)의 라우터입니다.

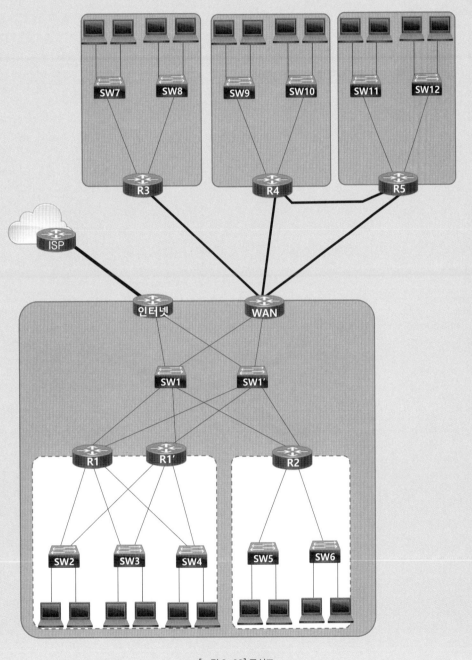

[그림 3-22] 구성도

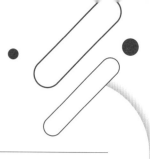

LESSON 03 밴드위스 산정

밴드위스의 적정성을 판단하는 사람은 네트워크 전문가가 아니라 네트워크 사용자입니다. 밴드위스를 어떻게 결정하고, 사용자의 불만이 접수되면 어떻게 해결해야 할까요?

01 일반적인 트래픽 패턴

트래픽 경로는 대체로 다음 두 가지 경우에 속합니다.

ⓐ PC에서 시작해 액세스 계층 스위치(SW3), 디스트리뷰션 계층 라우터(R1), 코어 계층 스위치(SW1)를 거쳐 인터넷으로 가는 경우

ⓑ PC에서 시작해 액세스 계층 스위치(SW3), 디스트리뷰션 계층 라우터(R1), 코어 계층 스위치(SW1)를 거쳐 데이터 센터로 가는 경우

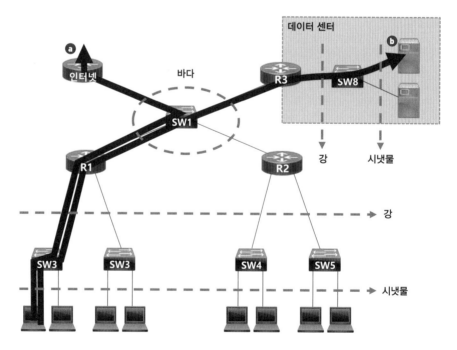

[그림 3-23] 대체적인 트래픽 패턴

02 밴드위스 결정

이러한 트래픽 패턴 때문에 [그림 3-24]와 같이 시냇물, 강물, 바다 구간이 생깁니다. PC와 액세스 스위치 사이의 구간은 트래픽이 시작하는 구간으로 시냇물 구간이라 합니다. 액세스 스위치와 디스트리뷰션 라우터 사이의 구간은 시냇물이 합쳐지는 구간으로 강물 구간, 디스트리뷰션 라우터와 코어 스위치 사이의 구간은 강물이 합쳐지는 구간으로 바다 구간이라 합니다.

밴드위스를 적용하는 방법은 의외로 간단합니다. 이더넷 프로토콜은 10Mbps, 100Mbps, 1Gbps, 10Gbps, 100Gbps, 200Gbps, 400Gbps의 속도를 제공하는데, 시냇물 구간에 100Mbps를 할당했다면, 강물 구간에는 그 이상의 밴드위스인 1Gbps를 할당합니다. 강물 구간에 1Gbps를 할당했기 때문에 바다 구간에는 그 이상의 밴드위스인 10Gbps를 할당합니다. 일반적인 경우, PC가 연결된 시냇물 구간에는 최소 100Mbps, 서버가 연결된 시냇물 구간에는 최소 1Gbps를 할당합니다. 더 높은 밴드위스를 할당하면 속도는 개선되겠지만, 비용이 올라가므로 적당한 밴드위스를 선택해야 합니다.

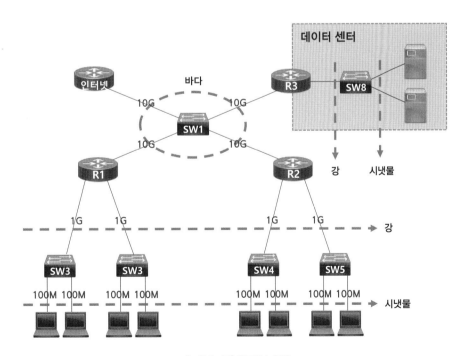

[그림 3-24] 밴드위스 할당

다음과 같이 네트워크 사용자들의 불만을 기초로 문제 구간을 찾습니다.

ⓐ 영역에 속하는 사용자들이 인터넷 접속 속도와 데이터 센터 접속 속도가 느리다고 호소하면 이 영역의 사용자들에서 출발한 트래픽이 공통적으로 통과하는 R1-SW3 구간에 문제가 있습니다. 즉, 이 링크의 밴드위스 사용률이 너무 높다는 것입니다.

ⓑ 영역에 속하는 사용자들이 인터넷 접속 속도와 데이터 센터 접속 속도가 느리다고 호소하면, 이 영역의 사용자들에서 출발한 트래픽이 공통적으로 통과하는 SW1-R2 구간에 문제가 있습니다. 즉, 이 링크의 밴드위스 사용률이 너무 높다는 것입니다.

ⓒ 서버에 대한 접속 속도가 느리다고 호소하면 서버 자체나 SW8-서버 연결 링크의 밴드위스 사용률이 너무 높다는 것입니다.

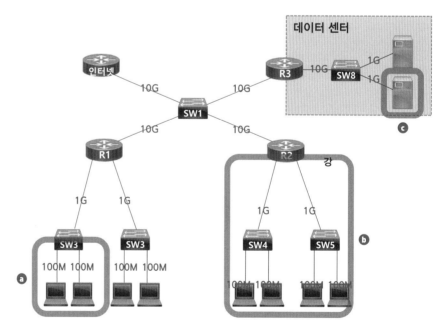

[그림 3-25] 속도 불만과 문제 구간을 발견하는 방법

밴드위스 부족 문제를 해결하려면 밴드위스를 업그레이드하면 됩니다. 그런데 이더넷의 밴드위스는 10배씩 차이가 나기 때문에 1Gbps를 10Gbps, 10Gbps를

100Gbps로 업그레이드해야 합니다. 그런데 강물 구간을 10Gbps로 업그레이드하면 상위 구간인 바다 구간은 그보다 높은 밴드위스를 할당해야 하므로 바다 구간도 100Gbps로 업그레이드해야 합니다. 그러나 기존의 스위치나 라우터가 해당 포트를 보유하고 있지 않을 수도 있으며, 보유하고 있다 하더라도 일반적으로 밴드위스를 10배까지 올릴 필요는 없습니다. 이 문제를 해결하는 솔루션이 이더채널입니다. 이더채널은 2개 이상의 링크를 논리적으로 1개의 링크로 만들기 때문에 밴드위스는 2배 이상이 됩니다. 실제로는 [그림 3-26]과 같이 라우터와 스위치 사이에 설정할 수 없고, L3 스위치(라우터를 대체하는 장치)-스위치, 스위치-스위치나 PC-스위치 연결 링크에 적용합니다. 이더채널은 '7장. *이더채널과 FHRP*'에서 자세히 설명하겠습니다.

ⓐ 영역에 속하는 사용자들이 인터넷 접속 속도와 데이터 센터 접속 속도가 느리다고 호소하면, R1-SW3 구간에 이더채널(EtherChannel)을 적용합니다.

ⓑ 영역에 속하는 사용자들이 인터넷 접속 속도와 데이터 센터 접속 속도가 느리다고 호소하면, SW1-R2 구간에 이더채널을 적용합니다.

ⓒ 서버에 대한 접속 속도가 느리다고 호소하면 서버를 업그레이드하거나 SW8-서버 연결 링크에 이더채널을 적용합니다.

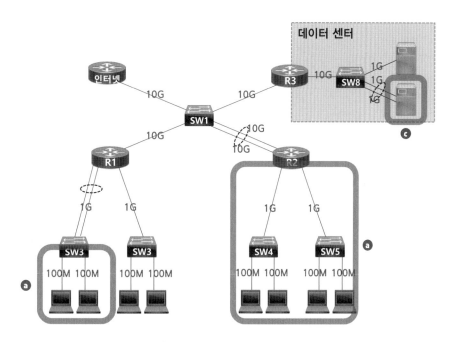

[그림 3-26] 해결책은 이더채널

1. [그림 3-27]과 같이 연결하시오.

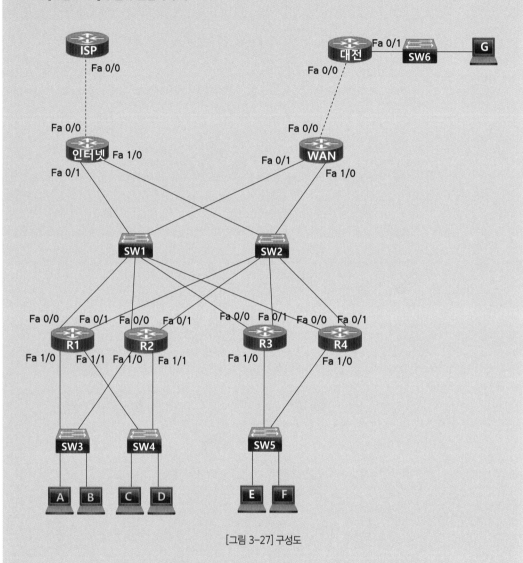

[그림 3-27] 구성도

2. [표 3-12]의 조건에 따라 IP 주소를 할당하고 라우팅 프로토콜을 설정하시오. 모든 IP 주소를 가진 장치에서 모든 IP 주소를 가진 장치와 통신이 되는지 핑을 활용해 확인하시오.

[표 3-12] IP 디자인 조건

구분	조건
서브넷 마스크	255.255.255.0
적용할 IP 주소 범위	10.X.X.X [10.0.0.0 ~ 10.255.255.255]

1. [그림 3-27]과 같이 연결하시오.

ISP-인터넷 라우터 연결 링크와 대전-WAN 라우터 연결 링크에는 크로스오버 케이블로 연결해야 하고, 나머지는 구간은 스트레이트 스루(straight-through) 케이블로 연결해야 합니다(부록 B를 참조하기 바랍니다).

2. [표 3-12]의 조건에 따라 IP 주소를 할당하고 라우팅 프로토콜을 설정하시오. 모든 IP 주소를 가진 장치에서 모든 IP 주소를 가진 장치와 통신이 되는지 핑을 활용해 확인하시오.

A. 네트워크 수

스위치는 [그림 3-28]과 같이 네트워크를 나눌 수 없으므로 SW1에 연결된 장치들은 동일한 네트워크에 속합니다.

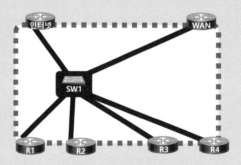

[그림 3-28] SW1에 연결된 하나의 네트워크

[그림 3-29]와 같이 SW2에 연결된 장치들도 동일한 네트워크에 속합니다.

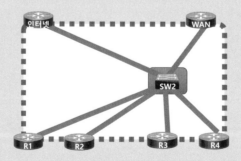

[그림 3-29] SW2에 연결된 하나의 네트워크

[그림 3-30]의 SW3, SW4와 SW5도 각 스위치에 연결된 장치들이 모두 같은 네트워크에 속합니다. 네트워크 수를 셀 때는 라우터 중심의 시각도 필요하고, 스위치 중심의 시각도 필요합니다.

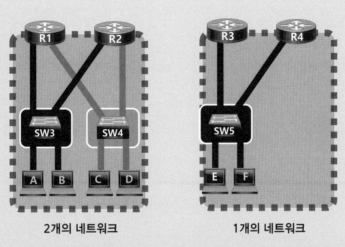

2개의 네트워크　　　　　**1개의 네트워크**

[그림 3-30] 스위치는 네트워크를 나눌 수 없으므로 스위치에 연결된 장치들은 모두 같은 네트워크에 속한다.

[그림 3-30]의 스위치는 네트워크를 나눌 수 없으므로 스위치에 연결된 장치들은 모두 같은 네트워크에 속한다. 결과적으로 네트워크 총 수는 [그림 3-31]과 같이 8개입니다.

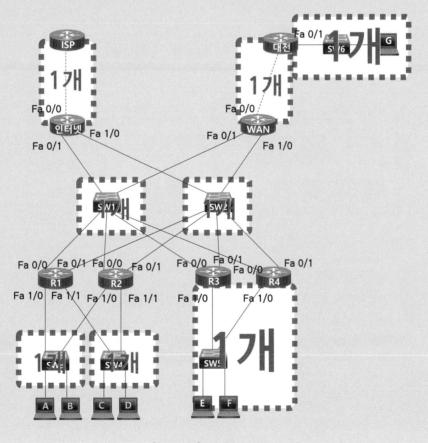

[그림 3-31] 네트워크 수는 8개

B. IP 할당

스위치는 10.0.0.0 /8 범위의 IP 주소를 사용해야 하고, 서브넷 마스크는 255.255.255.0을 적용해야 합니다. [그림 3-32]는 중복된 네트워크와 호스트 자리 없이 적정하게 할당한 사례입니다.

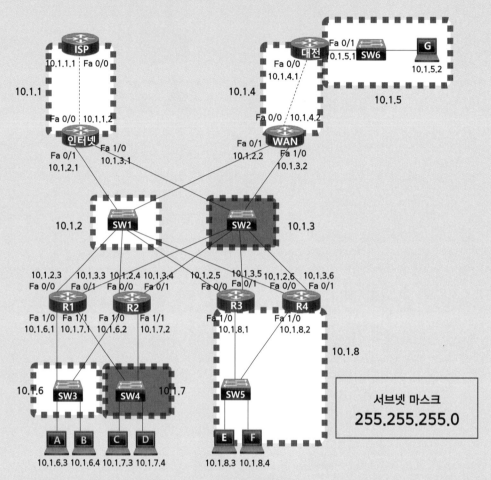

[그림 3-32] IP 주소의 할당 사례

C. 라우터와 PC 설정

라우터에 대한 IP 주소와 라우팅 프로토콜 설정은 [표 3-13]과 같습니다.

[표 3-13] 라우터 설정

라우터	명령어
ISP	Router>enable Router#configure terminal Router(config)#hostname ISP ISP(config)#interface fastethernet 0/0 ISP(config-if)#no shutdown

ISP	ISP(config-if)#ip address 10.1.1.1 255.255.255.0 ISP(config-if)#exit ISP(config)#router eigrp 100 ISP(config-router)#network 10.0.0.0
인터넷	Router>enable Router#configure terminal Router(config)#hostname INTERNET INTERNET(config)#interface fastethernet 0/0 INTERNET(config-if)#no shutdown INTERNET(config-if)#ip address 10.1.1.2 255.255.255.0 INTERNET(config-if)#exit INTERNET(config)#interface fastethernet 0/1 INTERNET(config-if)#no shutdown INTERNET(config-if)#ip address 10.1.2.1 255.255.255.0 INTERNET(config-if)#exit INTERNET(config)#interface fastethernet 1/0 INTERNET(config-if)# no shutdown INTERNET(config-if)#ip address 10.1.3.1 255.255.255.0 INTERNET(config-if)#exit INTERNET(config)#router eigrp 100 INTERNET(config-router)#network 10.0.0.0
WAN	Router>enable Router#configure terminal Router(config)#hostname WAN WAN(config)#interface fastethernet 0/0 WAN(config-if)#no shutdown WAN(config-if)#ip address 10.1.4.2 255.255.255.0 WAN(config-if)#exit WAN(config)#interface fastethernet 0/1 WAN(config-if)#no shutdown WAN(config-if)#ip address 10.1.2.2 255.255.255.0 WAN(config-if)#exit WAN(config)#interface fastethernet 1/0 WAN(config-if)# no shutdown WAN(config-if)#ip address 10.1.3.2 255.255.255.0 WAN(config-if)#exit WAN(config)#router eigrp 100 WAN(config-router)#network 10.0.0.0
대전	Router>enable Router#configure terminal Router(config)#hostname DJ DJ(config)#interface fastethernet 0/0 DJ(config-if)#no shutdown DJ(config-if)#ip address 10.1.4.1 255.255.255.0 DJ(config-if)#exit DJ(config)#interface fastethernet 0/1

3

대전	DJ(config–if)#no shutdown DJ(config–if)#ip address 10.1.5.1 255.255.255.0 DJ(config–if)#exit DJ(config)#router eigrp 100 DJ(config–router)#network 10.0.0.0
R1	Router〉enable Router#configure terminal Router(config)#hostname R1 R1(config)#interface fastethernet 0/0 R1(config–if)#no shutdown R1(config–if)#ip address 10.1.2.3 255.255.255.0 R1(config–if)#exit R1(config)#interface fastethernet 0/1 R1(config–if)#no shutdown R1(config–if)#ip address 10.1.3.3 255.255.255.0 R1(config–if)#exit R1(config)#interface fastethernet 1/0 R1(config–if)#no shutdown R1(config–if)#ip address 10.1.6.1 255.255.255.0 R1(config–if)#exit R1(config)#interface fastethernet 1/1 R1(config–if)#no shutdown R1(config–if)#ip address 10.1.7.1 255.255.255.0 R1(config–if)#exit R1(config)#router eigrp 100 R1(config–router)#network 10.0.0.0
R2	Router〉enable Router#configure terminal Router(config)#hostname R2 R2(config)#interface fastethernet 0/0 R2(config–if)#no shutdown R2(config–if)#ip address 10.1.2.4 255.255.255.0 R2(config–if)#exit R2(config)#interface fastethernet 0/1 R2(config–if)#no shutdown R2(config–if)#ip address 10.1.3.4 255.255.255.0 R2(config–if)#exit R2(config)#interface fastethernet 1/0 R2(config–if)#no shutdown R2(config–if)#ip address 10.1.6.2 255.255.255.0 R2(config–if)#exit R2(config)#interface fastethernet 1/1 R2(config–if)#no shutdown R2(config–if)#ip address 10.1.7.2 255.255.255.0 R2(config–if)#exit R2(config)#router eigrp 100 R2(config router)#network 10.0.0.0

R3	Router)enable Router#configure terminal Router(config)#hostname R3 R3(config)#interface fastethernet 0/0 R3(config-if)#no shutdown R3(config-if)#ip address 10.1.2.5 255.255.255.0 R3(config-if)#exit R3(config)#interface fastethernet 0/1 R3(config-if)#no shutdown R3(config-if)#ip address 10.1.3.5 255.255.255.0 R3(config-if)#exit R3(config)#interface fastethernet 1/0 R3(config-if)#no shutdown R3(config-if)#ip address 10.1.8.1 255.255.255.0 R3(config-if)#exit R3(config)#router eigrp 100 R3(config-router)#network 10.0.0.0
R4	Router)enable Router#configure terminal Router(config)#hostname R4 R4(config)#interface fastethernet 0/0 R4(config-if)#no shutdown R4(config-if)#ip address 10.1.2.6 255.255.255.0 R4(config-if)#exit R4(config)#interface fastethernet 0/1 R4(config-if)#no shutdown R4(config-if)#ip address 10.1.3.6 255.255.255.0 R4(config-if)#exit R4(config)#interface fastethernet 1/0 R4(config-if)#no shutdown R4(config-if)#ip address 10.1.8.2 255.255.255.0 R4(config-if)#exit R4(config)#router eigrp 100 R4(config-router)#network 10.0.0.0

PC에 대한 IP 주소, 서브넷 마스크, 디폴트 게이트웨이 설정은 [표 3-14]와 같습니다.

[표 3-14] PC 설정

PC	설정		
	IP 주소	서브넷 마스크	디폴트 게이트웨이
PC A	10.1.6.3	255.255.255.0	10.1.6.1 또는 10.1.6.2
PC B	10.1.6.4	255.255.255.0	10.1.6.1 또는 10.1.6.2
PC C	10.1.7.3	255.255.255.0	10.1.7.1 또는 10.1.7.2
PC D	10.1.7.4	255.255.255.0	10.1.7.1 또는 10.1.7.2
PC E	10.1.8.3	255.255.255.0	10.1.8.1 또는 10.1.8.2
PC F	10.1.8.4	255.255.255.0	10.1.8.1 또는 10.1.8.2
PC G	10.1.5.2	255.255.255.0	10.1.5.1

CHAPTER

Lesson 1 | **통신 모델**
　　　　1. 홀로 살아남은 TCP/IP 통신 모델
　　　　2. LAN 설계 모델

Lesson 2 | **단말에 옷을 입히는 과정**
　　　　1. HTTP
　　　　2. TCP
　　　　3. UDP
　　　　4. TCP와 UDP
　　　　5. IP
　　　　6. 이더넷

Lesson 3 | **패킷 트래블**
　　　　1. PC A
　　　　2. SW3의 동작
　　　　3. R2의 동작
　　　　4. SW2의 동작
　　　　5. R1의 동작
　　　　6. SW1의 동작
　　　　7. 웹 서버

Lesson 4 | **패킷 트랜잭션 리뷰**
　　　　1. 다섯 가지 패킷 트랜잭션

TCP/IP와
패킷 트래블

TCP/IP 모델에서 4계층 이상은 라우터와 무관합니다. 또한 3계층 이상도 스위치와 무관합니다. 흔히, 초심자들이 헷갈리는 이유는 무관한 계층과의 연관성을 애써 찾기 때문입니다.

통신 모델

TCP/IP 통신 모델은 통신에 필요한 기능을 5개의 모듈로 쪼개 놓은 것입니다. 이를 통해 제조사나 연구소는 특정 계층에 올인할 수 있기 때문에 전문화할 수 있습니다. 이와 같이 통신 모델의 필요성은 명확하기 때문에 누구라도 만들었어야 합니다.

01 홀로 살아남은 TCP/IP 통신 모델

통신 모델을 만들 때는 [그림 4-1]의 ISO(International Standard Organization)에서 지정한 OSI(Open System Interconnection) 7계층 기준 모델을 참고합니다. 각 계층에서 지원돼야 할 기능을 정의하는 기준 모델이기 때문이죠. 처음에는 보다 다양한 모델들(노벨, 애플, 반얀, DEC 모델 등)이 존재했지만, 미국 국방부에서 만든 TCP/IP 통신 모델이 대세가 됐습니다. 통신 모델마다 구체적인 기능을 구현한 프로토콜들을 정의하기 때문에 모델이 많을수록 구성은 복잡해지고 비용은 늘어납니다. 따라서 네트워크 관리자와 소유자의 소원은 '제발 통신 모델들아! 없어져라. 하나만 살아남거라.'였죠. 현재는 거의 TCP/IP 모델만 사용합니다. TCP/IP 모델의 4계층에서 정의된 프로토콜이 TCP와 UDP, 3계층에서 정의된 프로토콜이 IPv4와 IPv6, 2계층에서 정의된 프로토콜이 이더넷과 PPP입니다. 1계층에서는 미디어(케이블), 시그널링 방식, 커넥터 타입에 대한 프로토콜이 정의됩니다.

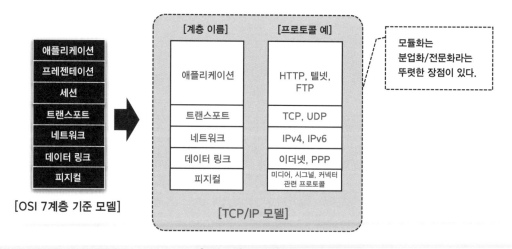

[그림 4-1] OSI 7계층 모델과 TCP/IP 모델

02 LAN 설계 모델

PC, 서버, IP 폰, 프린터, TV와 같은 단말들은 7계층 장치입니다. 7계층 장치는 7
계층 기능만을 수행하는 것이 아니라 7계층을 포함해 7계층 이하, 모든 계층의 기능
들을 수행합니다. 패킷은 송신 장치에서 [그림 4-2]와 같이 7계층에서 1계층으로 내
려오면서 옷, 즉 헤더를 추가하는 인캡슐레이션(encapsulation) 과정을 거칩니다. 수
신 장치에서는 1계층에서 7계층으로 올라가면서 옷, 즉 헤더를 벗기고 데이터만 추
출하는 디-인캡슐레이션(de-encapsulation) 과정을 거칩니다. 옷에는 성공적인 데이
터 전송을 위해 필요한 주소, 타입과 순서 번호 등의 정보들이 포함됩니다. 일반적으
로 4계층, 3계층, 2계층에서 옷을 입습니다. 4계층 옷까지 입은 데이터 덩어리를 세
그먼트(segment), 3계층 옷까지 입은 데이터 덩어리를 패킷(packet), 2계층 옷까지 입
은 2계층 데이터 덩어리를 '프레임(frame)'이라고 부릅니다.

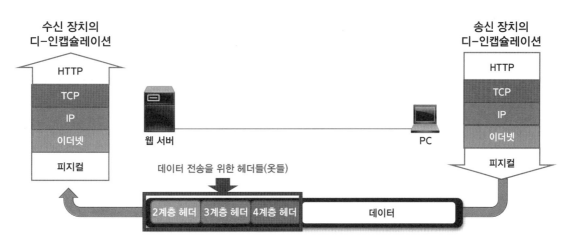

[그림 4-2] 인캡슐레이션과 디-인캡슐레이션

02 단말에 옷을 입히는 과정
LESSON

출발지 장치에서는 7계층에서 1계층으로 톱다운 프로세스를 거치면서 4계층, 3계층, 2계층에서 옷을 입는 과정이 일어납니다. 즉, 출발 준비를 하는 것이죠. 이 강의는 옷 입히기 과정을 설명합니다.

01 HTTP

HTTP(Hyper Text Transfer Protocol)는 애플리케이션 계층 프로토콜로, HTML 문서를 교환하기 위한 요청(request)과 응답(response) 메시지들을 정의합니다. 이 메시지들이 패킷의 데이터 필드에 들어갑니다. 요청 메시지는 클라이언트가 서버에게 보내는 메시지, 응답 메시지는 서버가 클라이언트에게 보내는 메시지입니다. 요청 메시지 중에서 Get 메시지는 문서를 다운로드하고자 할 때, Post 메시지는 업로드할 때, Delete 메시지는 문서를 삭제할 때 보냅니다. Get과 Delete 메시지에는 가져오거나 삭제하고자 하는 문서명, POST 메시지에는 웹 서버의 게시판, 뉴스 그룹, 메일링 리스트에 업로드할 문서가 들어 있습니다.

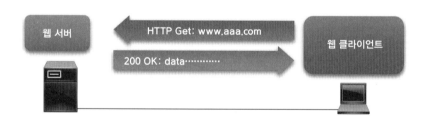

[그림 4-3] 일반적인 통신의 경우, Get 리퀘스트 메시지와 200 리스펀스 메시지가 목격된다.

리스펀스 메시지 중에서 200 OK 메시지는 모든 요청이 성공적이라는 것을 의미하며, Get에서 요청했던 문서를 포함합니다. 즉, 일반적인 웹 통신의 경우, 클라이언트가 서버에게 Get 메시지를 보내고 서버는 클라이언트에게 200 OK 메시지를 보냅니다. 그러나 3xx는 클라이언트가 원하는 문서가 다른 곳으로 이동했다는 것, 4xx는 클라이언트 에러, 5xx는 서버 에러를 의미합니다. 이러한 HTTP 메시지는 코딩(coding) 과정을 거친 후에 4계층으로 내려갑니다. 코딩이란 문자, 음성과 같은 데이터를 이진 부호로 변경하는 것입니다.

02 TCP

7계층에서 메시지를 만든 단말은 [그림 4-4]와 같이 성공적인 통신을 위해 필요한 4계층 옷, 3계층 옷, 2계층 옷을 입힙니다. 이를 '캡슐레이션'이라 합니다. 4계층 옷은 3계층 장치인 라우터나 2계층 장치인 스위치가 보거나 처리할 수 없습니다. 4계층 옷인 TCP(Transmission Control Protocol) 헤더를 처리할 수 있는 장치는 7계층 장치인 PC와 서버와 같은 단말뿐입니다.

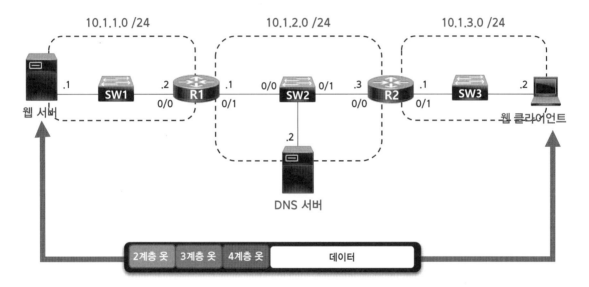

[그림 4-4] TCP 헤더를 보거나 처리하는 장치는 4계층 이상의 장치인 단말뿐이다.

[그림 4-5]는 TCP 헤더의 포맷입니다. 4계층 헤더를 포함한 4계층 데이터 단위를 '세그먼트'라 합니다.

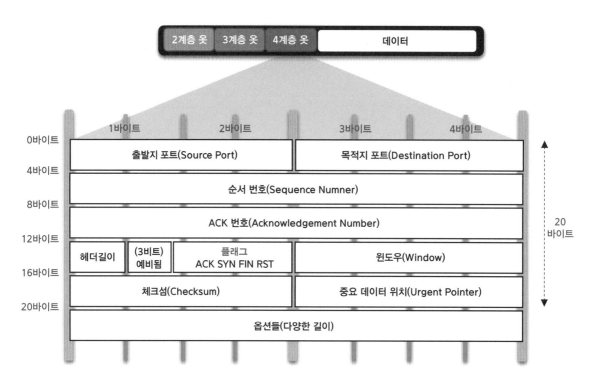

[그림 4-5] TCP 헤더 포맷

TCP 헤더의 각 필드들에 대해 살펴보겠습니다.

❶ **목적지 포트**(Destination Port): 데이터 자리에 어떤 7계층 프로토콜이 정의하는 메시지가 실려 있는지를 표시합니다. 그런데 이러한 표시는 4계층 헤더에만 포함된 것이 아닙니다. [그림 4-6]과 같이 3계층 헤더의 '프로토콜' 필드에는 4계층 프로토콜을 구분하는 숫자가 들어가고, 2계층 헤더의 '타입' 필드에는 3계층 프로토콜을 구분하는 숫자가 들어갑니다. 즉, '타입, 프로토콜, 목적지 포트는 안에 뭐가 들어 있는지, 즉 위에 뭐가 들어 있는지를 표시한다'라고 할 수 있습니다.

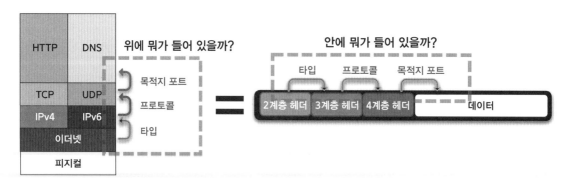

[그림 4-6] 안에 뭐가 들어 있을까? = 위에 뭐가 들어 있을까?

[표 4-1]은 각각의 계층에서 주로 사용되는 프로토콜들의 번호들을 보여줍니다.

[표 4-1] 계층별 프로토콜들의 번호

계층	필드	구분	번호
4	목적지 포트	HTTP	80
		FTP	20/21
		텔넷	23
		DNS	53
		TFTP	69
3	프로토콜	TCP	6
		UDP	17
2	타입	IPv4	0x0800
		IPv6	0x86DD

그렇다면 위에 뭐가 들어 있는지는 왜 표시해야 할까요? 수신 장치에서는 [그림 4-7]과 같이 바텀 업 프로세스가 일어납니다. 수신 장치 내부의 하위 계층에서 상위 계층으로 발생하는 이동도 통신의 일부입니다. 이때 하위 계층 프로세스는 각각 타입, 프로토콜, 목적지 포트를 보고 프레임을 상위 계층의 프로세스로 스위칭합니다. 만약, 이러한 필드들이 없다면 하나의 하드웨어 서버는 계층별로 하나의 프로토콜만 지원할 수 있습니다. 따라서 HTTP-TCP-IPv4-이더넷, DNS-UDP-IPv6-이더넷 등 조합 수만큼 별도의 하드웨어를 필요로 하기 때문에 구축 비용이 대폭 상승하게 될 것입니다.

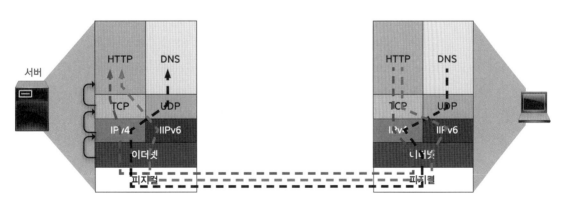

[그림 4-7] 바텀 업 프로세스에서 상위 계층 프로세스들을 구분하기 위한 타입, 프로토콜, 목적지 포트

❷ 출발지 포트(Source Port): 통신 커넥션이 시작될 때, 보통 1025~65535 범위 중 하나가 랜덤하게 선택됩니다. [그림 4-8]에서 PC(33.1.1.1)는 1개의 서버(11.1.1.1)와

2개의 커넥션을 생성했습니다. 여기서 웹 클라이언트는 웹 서버(11.1.1.1)와 2개의 HTTP 커넥션을 연결했고, 출발지 포트로 각각 1045와 6700을 선택했습니다. 이와 동시에 이 웹 클라이언트는 다른 웹 서버(22.1.1.1)와 1개의 HTTP 커넥션을 생성했고, 이때 출발지 포트로 8300을 선택했습니다.

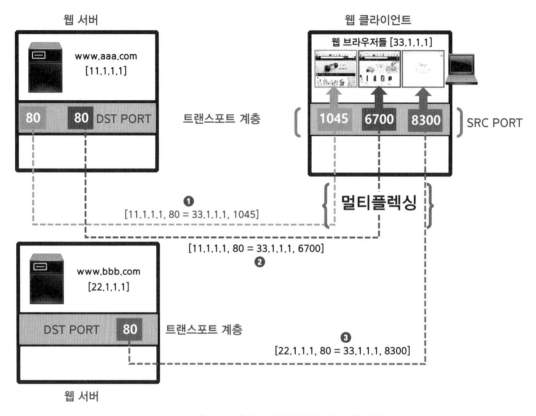

[그림 4-8] TCP 커넥션들을 구분하기 위한 출발지 포트

[그림 4-8]에서 3개의 커넥션은 [표 4-2]와 같이 출발지 IP 주소, 목적지 IP 주소, 출발지 포트 번호, 목적지 포트 번호에 의해 구분됩니다. 이 중 하나라도 다르면 다른 TCP 커넥션에 속합니다. 예를 들어, 내 PC에서 동일한 웹 서버(예를 들어, www.naver.com 주소를 갖는 네이버 웹 서버)에 대해 2개의 웹 페이지 창을 열게 하는 것은 출발지 포트 덕분입니다. 동일한 두 장치 사이에 동일한 두 HTTP 커넥션을 연결했을 때 커넥션의 출발지 IP 주소, 목적지 IP 주소, 목적지 포트 번호(80)는 동일하지만, 두 커넥션을 구분하는 것은 출발지 포트가 유일하기 때문입니다.

[표 4-2] 커넥션을 구분을 위한 출발지/목적지 IP 주소, 출발지/목적지 포트 번호

구분	TCP 커넥션
❶	33.1.1.1[1045]–11.1.1.1[80]
❷	33.1.1.1[6700]–11.1.1.1[80]
❸	33.1.1.1[8300]–22.1.1.1[80]

⌐⌐⌐⌐⌐ SRC PORT가 없다면 두 커넥션을
⌐⌐⌐⌐⌐ 구분할 수 없습니다.

❸ **순서 번호**(Sequence number): 상위 계층에서 내려온 데이터 덩어리를 TCP는 자르고 UDP는 자르지 않습니다. 자르는 것은 출발지 장치에서 일어나고, 조립은 목적지 장치의 몫입니다. 그런데 [그림 4-9]와 같이, 세그먼트들은 다양한 경로를 통해 목적지에 도착하기 때문에 도착 순서가 아니라 원래의 순서대로 조립해야 합니다. 따라서 순서 번호가 필요합니다. 즉, TCP나 IP와 같이 데이터를 자르는 프로토콜은 헤더에 순서 번호를 포함합니다.

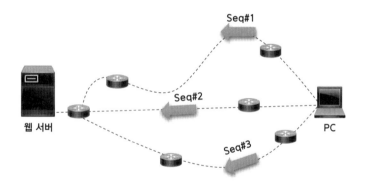

[그림 4-9] TCP 순서 번호가 필요한 이유

❹ **플래그**: 플래그 필드는 SYN, ACK, FIN, RST 비트를 포함합니다. TCP는 데이터 전송 전에 플래그 필드를 활용해 데이터가 전송 가능한지를 확인한 후 커넥션을 오픈하고, 커넥션을 유지하고, 전송 완료 후에는 커넥션을 종결합니다. 이와 같이 커넥션 중심의 프로토콜을 커넥션-오리엔티드(connection-oriented) 프로토콜이라 부릅니다.

● **커넥션 오픈 과정**

최초에 PC는 [그림 4-10]과 같이 TCP SYN 세그먼트(플래그의 SYN 비트 = 1인 세그먼트)를 보내 원하는 서비스를 제공하는지 묻습니다. 이 경우, DST(목적지) 포트가 80이라는 것은 HTTP 서비스가 가능한지를 묻는 것입니다. 이때 WIN(Window)의 크기가 1,000바이트라는 것은 1,000바이트씩 보내라는 뜻입니다. SYN/ACK:

SYN/ACK 세그먼트는 SYN과 ACK 비트를 '1'로 세팅해 표시합니다. 서버는 자신이 HTTP 서비스를 지원할 수 있고, 새로운 커넥션을 위한 메모리(버퍼) 자원이 있을 때, TCP SYN/ACK 세그먼트(플래그의 SYN과 ACK 비트 = 1인 세그먼트)를 보냅니다. SYN이 '보내도 좋은지?'에 해당한다면 'SYN/ACK'는 '보내도 좋다'에 해당합니다. 이때 WIN(Window)의 크기가 3,000바이트라는 것은 3,000바이트씩 보내라는 뜻입니다. TCP ACK 세그먼트(플래그의 ACK 비트 = 1)는 '보낼게'에 해당합니다. ACK가 '보낼게'에 해당하므로 ACK 세그먼트를 뒤따라가는 패킷이 HTTP Get입니다. 또한 두 장치는 1부터 시작하는 SEQ#를 사용하는 대신, 커넥션 설정 과정에서 선택한 SEQ#를 사용합니다.

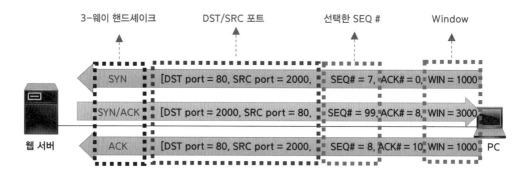

[그림 4-10] SYN/ACK에 의한 3-웨이 핸드셰이크

● 커넥션 종결 과정

커넥션을 시작할 때 커넥션 설정 과정을 거치는 것과 마찬가지로 통신 종료 시에는 FIN과 ACK 세그먼트를 교환해 커넥션 종료 과정을 거칩니다. 이를 통해 커넥션에 할당한 메모리를 회수하게 됩니다. FIN 세그먼트는 정상적인 종료를 위해 사용하지만, RST 세그먼트는 비정상적인 종료를 위해 사용합니다.

❺ Acknowledgement #(플래그의 ACK비트와 다름): TCP는 SEQ#와 ACK#를 활용해 송신 실패 시 재전송합니다. 따라서 TCP를 믿음직한(reliable) 프로토콜이라 합니다. TCP의 오류 복구 과정에 대한 이해를 위해 [그림 4-11]과 [표 4-3]의 설명을 봐야 합니다. 설명에서는 순서 번호(SEQ#)로 세그먼트 번호를 사용했는데 실제로는 바이트 단위를 사용합니다. [그림 4-12]에서 플로우 컨트롤을 설명할 때는 바이트 단위를 사용합니다.

[표 4-3] TCP의 에러 복구 과정

순서	설명
(a)~(c)	SYN, SYN/ACK, ACK의 3-웨이 핸드셰이크에 의한 커넥션 설정. 이 과정을 통해 송·수신 장치는 DST/SRC 포트 번호, DST/SRC IP 주소에 의해 구분되는 커넥션을 오픈합니다. 첫 번째 SEQ#로 7을 선택했습니다.
(b)	송신 장치는 첫 번째 SEQ#로 99를 선택했습니다.
(c)	ACK# 100은 수신 장치가 SEQ# 99를 잘 수신했고, 다음으로 SEQ# 100을 보내라는 의미입니다.
(d)	송신 장치는 SEQ# 100을 보냅니다.
(e)	ACK# 101은 수신 장치가 SEQ# 100을 잘 수신했고, 다음으로 SEQ# 101을 기대한다는 의미입니다.
(f)	송신 장치가 SEQ# 101을 보냈지만, 전송 도중에 유실됐습니다.
(g)	수신 장치는 SEQ# 101을 수신하지 못했습니다. 이 때, 수신 장치는 TCP 재전송 타이머 동안 기다립니다. 재전송 타이머 이후에 ACK# 101을 다시 보내 재전송을 요구합니다.
(h)	송신 장치는 SEQ# 101을 재전송합니다.

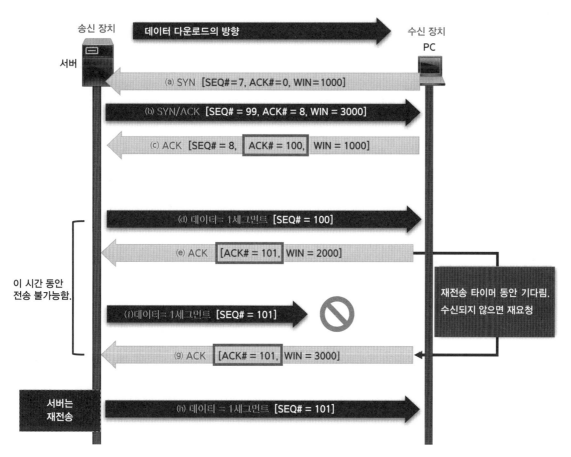

[그림 4-11] TCP의 SEQ#/ ACK #에 의한 신뢰성 있는 전송

❻ Window size: 이 필드를 활용해 한꺼번에 수신할 수 있는 데이터 양을 송신 장치에게 알려줍니다. 데이터량은 수신 장치의 여건에 따라 바뀌는데, 이를 플로우 컨트롤 기능이라 합니다. TCP 플로우 컨트롤 과정은 [그림 4-12]와 [표 4-4]를 참조하기 바랍니다.

[표 4-4] TCP 플로우 컨트롤

순서	설명
(c)	수신 장치가 한꺼번에 처리할 수 있는 바이트 수는 1,000바이트입니다. 따라서 ACK 세그먼트를 통해 WIN = 1000을 보냅니다.
(d)	송신 장치는 1,000바이트의 세그먼트를 보냅니다.
(e)	수신 장치는 수신한 모든 세그먼트를 처리하고, 다시 1,000바이트를 요구합니다.
(f)	송신 장치가 보낸 패킷이 유실됩니다.
(g)	수신 장치는 4,000바이트를 요구합니다.
(h)	송신 장치는 4,000바이트를 보냅니다.
(i)	수신 장치는 수신한 세그먼트들을 아직 처리 중이고, 세그먼트를 수신할 수 없으므로 수신 장치는 WIN = 0을 보냅니다.
(j)	수신 장치는 3,000바이트를 요구합니다.
(k)	송신 장치는 3개의 세그먼트를 보냅니다.

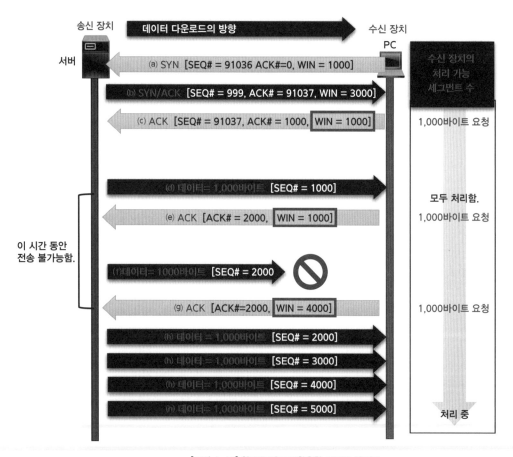

[그림 4-12] 윈도우 필드를 활용한 플로우 컨트롤

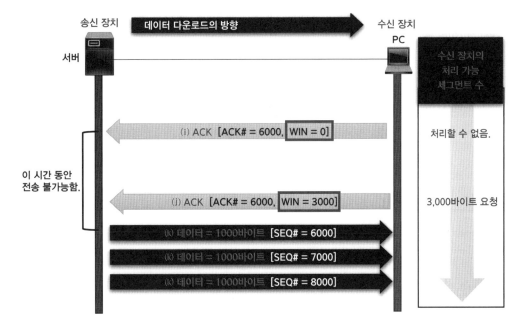

⑦ Checksum: 이 필드는 수신한 데이터의 완전성을 체크하기 위해 사용합니다. 체크섬 값은 데이터 필드를 입력 값으로 계산되기 때문에 송신 장치와 수신 장치가 계산한 체크섬 값은 동일해야 합니다. 수신 장치에서 계산한 체크섬 값이 체크섬 필드에 표시된 체크섬 값과 일치하지 않는다면 세그먼트는 깨진 것이므로 버려지고 ACK 응답을 보내주지 않습니다. 송신 장치는 ACK 응답을 받지 못하므로 재전송해줍니다.

⑧ Urgent pointer: 중요 데이터의 위치를 표시합니다.

03 UDP

7계층의 DNS, RTP 등의 메시지들은 코딩 후에 4계층으로 내려갑니다. DNS, RTP 등의 메시지는 TCP 대신 UDP(Transmission Control Protocol)를 사용합니다. [그림 4-13]은 UDP 헤더 포맷입니다.

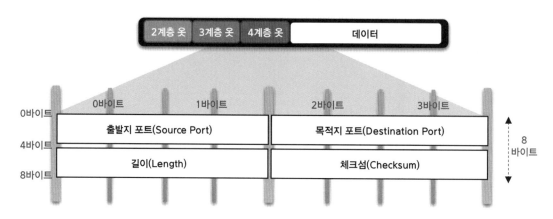

[그림 4-13] UDP 헤더 포맷

[그림 4-13]의 UDP 필드들도 살펴보겠습니다.

❶ DST/SRC 포트: TCP의 설명과 동일합니다.

❷ 길이(Length): 데이터를 포함한 전체 길이

❸ 체크섬(Checksum): TCP와 동일합니다.

04 TCP와 UDP

[표 4-5]를 살펴보겠습니다. UDP는 TCP처럼 다양한 기능을 제공하지 않습니다. 하지만 [그림 4-11]에서 '이 시간 동안 전송 불가능'이라 표시된 전송 지연 문제를 피할 수 있습니다.

[표 4-5] TCP와 UDP 비교

비교 필드	TCP	UDP	설명
SYN/ACK/FIN	O	X	이 필드가 있는 TCP는 커넥션-오리엔티드 프로토콜, 이 필드가 없는 UDP는 커넥션리스 프로토콜입니다.
Sequence # Acknowledgement #	O	X	TCP는 이 필드를 활용해 에러 복구(error control) 기능을 제공합니다. 따라서 TCP는 신뢰성이 있습니다(reliable). 이 필드가 없는 UDP는 에러 복구 기능을 제공할 수 없습니다. 따라서 UDP는 신뢰성이 없습니다(unreliable).
윈도우 사이즈 (window)	O	X	TCP는 이 필드를 활용해 플로우 컨트롤 기능을 제공합니다. 이 필드가 없는 UDP는 플로우 컨트롤 기능을 제공할 수 없습니다.

DST/SRC 포트	O	O	앞서 설명한 이 필드는 반드시 필요한 필드들로 TCP와 UDP도 이 필드들을 가집니다. 따라서 TCP와 UDP 모두, 동일 장치에 동일 서비스를 중복적으로 사용할 수 있습니다.

7계층의 애플리케이션이 생성하는 데이터의 성격과 통신 환경에 따라 TCP나 UDP 중 하나를 선택합니다.

[표 4-6] TCP와 UDP를 선택하는 이유

비교 필드	TCP	UDP
❶ 메시지 길이	긴 경우	짧은 경우
	HTTP/FTP/SMTP	DHCP/SNMP/SYSLOG
❷ 통신 단말 간의 거리	먼 경우	짧은 경우
	HTTP/FTP/SMTP/텔넷	DHCP/SNMP/SYSLOG/DNS
❸ 실시간/비실시간	비실시간	실시간/비실시간
	HTPP/FTP/SMTP	VoIP(Voice over IP)
❹ 유니캐스트/ 멀티캐스트/ 브로드캐스트	유니캐스트만	유니캐스트/멀티캐스트 /브로드캐스트
	HTTP, FTP, SMTP 등 대부분의 애플리케이션 계층 프로토콜	멀티캐스팅/브로드캐스팅 애플리케이션 계층 프로토콜

[표 4-6]에 대한 설명은 다음과 같습니다.

❶ **메시지의 길이:** 메시지가 긴 경우에는 TCP, 짧은 경우에는 UDP를 선택합니다. 메시지가 긴 경우에 UDP로 보내면 메시지 전송이 완료될 때까지 네트워크를 독점할 수 있기 때문입니다. 웹 서버(HTTP), 파일 서버(FTP), 메일 서버(SMTP)에서 다운로드한 메시지는 얼마든지 길어질 수 있습니다. 따라서 TCP를 사용합니다. 반면, IP를 자동 할당하는 DHCP, 네트워크 관리를 위한 SNMP나 SYSLOG의 경우에 생성되는 메시지의 길이가 짧은 편이므로 (전송 지연이 생기는) TCP 대신 UDP를 활용합니다.

❷ **통신 단말 간의 거리:** HTTP(웹 서비스), FTP(파일 전송 서비스), 텔넷과 같이 통신 장치 간의 거리가 먼 경우에는 통신 오류가 발생할 확률이 높다고 보고, 신뢰성 있는 TCP를 선택합니다. DHCP(IP 할당은 우리 회사 직원이나 고객에게 하는 것이지 다른 회사 직원이나 고객에게 하지 않습니다), SNMP/SYSLOG(네트워크 관리는 우리 회사 장치를 관리하는 것이지 남의 회사 장치를 관리하기 위한 것이 아닙니다)와 같이 통신의 목적지와 출발지가 사이트 내부에서 짧은 거리에 위치하는 경우에는 (전송 지연이 생기는) TCP 대신 UDP를 활용합니다.

❸ **실시간/비실시간:** 보이스 패킷은 실시간으로 전달돼야 합니다. 즉, 400ms 내에 내가 말한 것이 상대에게 들려야 자연스런 통화가 가능합니다. 실시간 통신이 필요한 경우에는 전송 확인 과정 때문에 지연이 발생하는 TCP를 사용할 수 없습니다.

❹ **유니캐스트/멀티캐스트/브로드캐스트:** 수신 장치 수가 유니캐스트는 1대, 멀티캐스트는 특정 그룹, 브로드캐스트는 모든 장치들입니다. TCP에서 송신 장치는 수신 장치의 컨트롤 정보(ACK 번호나 Window 값에 의해)에 맞춰 전송합니다. 즉, 수신 장치가 ACK #7을 보내면 순서 번호 7에 해당하는 세그먼트를 보내고, 수신 장치가 WIN = 3000(Window size = 3,000바이트)을 보내면 3,000바이트를 보내고 WIN=0를 보내면 보낼 수 없습니다. 멀티캐스트나 브로드캐스트처럼 수신 장치가 다수인 경우, 송신 장치는 어떤 수신 장치의 지시를 따를 것인지 결정할 수 없습니다. 예를 들어, 브로드캐스트 통신에서 수신 장치 A는 ACK# 1000번과 WIN = 1000을 보내고, 수신 장치 B는 ACK# 3540번과 WIN = 0를 보내면 어떤 장단에 춤을 춰야 할지 결정할 수 없기 때문입니다. 결과적으로 TCP는 컨트롤 하는 장치, 즉 수신 장치가 1대인 유니캐스트 통신에만 적용합니다.

05 IP

4계층 인캡슐레이션 후에 3계층으로 내려갑니다. 3계층 헤더를 포함한 3계층 데이터 단위를 '패킷(packet)'이라 합니다. [그림 4-14]는 IP 헤더를 보여줍니다.

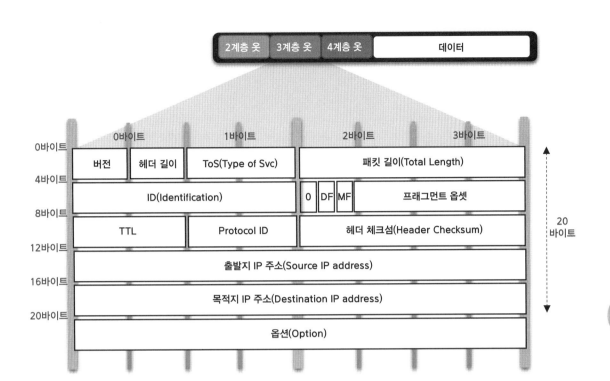

| 2계층 옷 | 3계층 옷 | 4계층 옷 | 데이터 |

[그림 4-14] IP 헤더

[그림 4-14]의 필드들에 대한 설명은 다음과 같습니다.

❶ **버전**: IPv4 인지, IPv6인지를 구분합니다.

❷ **ID, 프레그멘테이션 옵셋**: IP 패킷 사이즈가 MTU(Max Transmission Unit)를 초과할 경우에 자릅니다. ID와 프래그멘테이션 옵셋(Fragmentation Offset) 필드는 순서 번호를 표시하기 위해 사용됩니다. [그림 4-15]에서 서버 ⓐ의 MTU가 ❶ 3,000바이트이므로 3,000바이트짜리 패킷을 전송했습니다. 그런데 라우터 ⓑ 의 Fa 0/0 인터페이스의 MTU가 ❷ 1,500바이트라면 패킷은 분할됩니다. 이때 생선과 비유하면 ID(여기서는 81904)는 생선의 순서 번호입니다. ❸ 첫 번째 프래 그먼트(조각)에는 0~1,499번째 바이트, 프래그먼테이션 옵셋 자리에는 첫 번째 바이트 번호인 '0'이 들어갑니다. 이와 마찬가지로, ❹ 두 번째 프래그먼트에는 1,500~2,999번째 바이트, 프래그먼테이션 옵셋 자리에는 첫 번째 바이트 번호 인 '1500'이 들어갑니다. 즉, 프래그먼테이션 옵셋 필드의 '0'은 생선의 앞부분, '1500'은 생선의 뒷부분임을 표시합니다. 두 번째 생선이 내려오면 ID 자리에 는 81905, 프래그먼테이션 옵셋 자리에는 0과 1500이 들어갑니다. TCP와 IP 는 자르는 프로토콜입니다. TCP 분할은 7계층 장치인 송신 장치에서 일어날 것 입니다. 중간에는 3계층 장치인 라우터와 2계층 장치인 스위치뿐이기 때문이죠.

IP 분할은 중간에 거치는 라우터에서 일어날 수 있습니다. 반면, TCP나 IP 조립은 항상 목적지 장치에서 일어납니다.

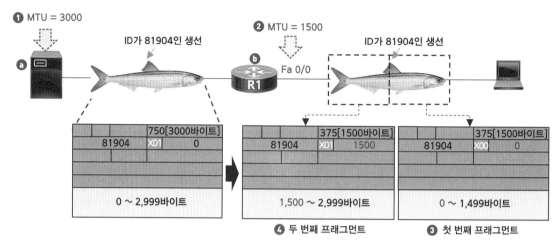

[그림 4-15] 패킷 분할 시에 순서 번호 역할을 하는 ID와 프래그먼테이션 옵셋

❸ DF/MF: DF와 MF를 포함하는 필드를 플래그 필드라고 하며, 용도는 [표 4-7]과 같습니다.

[표 4-7] DF/MF를 포함하는 플래그 필드

플래그 필드	명칭	설명
첫 번째 비트	항상 '0'	현재는 사용하지 않음.
두 번째 비트	DF(Don't Fragment) 플래그	'1'로 세팅되면 이 패킷을 분할할 수 없고, 이와 반대로 '0'이면 분할할 수 있음을 의미합니다.
세 번째 비트	MF(More Fragment) 플래그	'1'이면 마지막 프래그먼트(조각)가 아님을, '0'이면 마지막 프래그먼트임을 표시합니다.

❹ TTL(Time To Live): TTL 필드는 라우터를 통과할 때마다 '1'씩 카운트 다운됩니다. 디폴트 값은 OS(Operating System)에 따라 다른데, 라우터는 '255'입니다. 255로 시작한 TTL 값이 255대의 라우터를 통과하면 0이 되는데, TTL 값이 0인 패킷은 라우터에 의해 버려집니다. 일반적인 경우, 지구상에서 255대의 라우터를 통과할 때까지 도달하지 못한 네트워크는 존재하지 않습니다. TTL 값이 0이 될 수 있는 경우는 [그림 4-16]과 같이 라우팅 룹(routing loop)이 일어났을 때입니다. R2와 R3의 라우팅 테이블을 보면 R2는 1.0.0.0 /8 네트워크에 대해 R3(3.3.3.1)을 베스트 루트로 생각하고, R3는 같은 네트워크에 대해 R2(3.3.3.2)를 베스트 루트로 생각합니다. 따라서 1.0.0.0 /8 네트워크를 향하는 패킷은 두 라우터 사이에서 영원히 순환하면서 CPU, 밴드위스와 같은 네트워크 자원을 소모할 것입니다. 이 문제를 라우팅 룹이라 하고, 네트워크의 성능을 떨어뜨리

는 원인이 됩니다. 이 문제를 해결하는 솔루션이 바로 TTL 필드입니다.

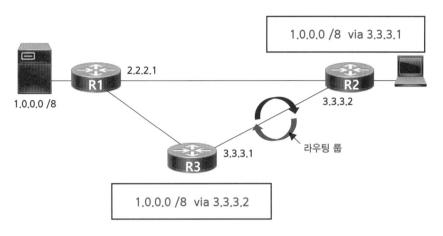

[그림 4-16] 라우팅 룹을 방지하는 TTL

❺ **프로토콜 ID**: 상위 계층의 프로토콜을 구분하는 번호. 17이면 UDP, 6이면 TCP를 의미합니다.

❻ **헤더 체크섬**: 패킷 헤더의 완전성을 검사합니다.

❼ **출발지 IP 주소**: 패킷의 출발지 IP 주소가 입력됩니다.

❽ **목적지 IP 주소**: PC는 사용자가 입력한 도메인 네임(예를 들어, www.google. com)만 압니다. 이 문제를 해결하는 서비스가 DNS(Domain Name Service)입니다. PC는 [그림 4-17]과 같이, DNS 서버에게 DNS 쿼리(query) 패킷을 보내 www.google.com의 IP 주소를 묻고, DNS 서버는 www.google.com의 IP 주소(1.1.1.1)를 포함한 DNS 앤서(answer) 패킷으로 응답합니다. 즉, PC는 DNS 서비스에 의해 목적지 IP 주소 자리를 입력할 수 있습니다.

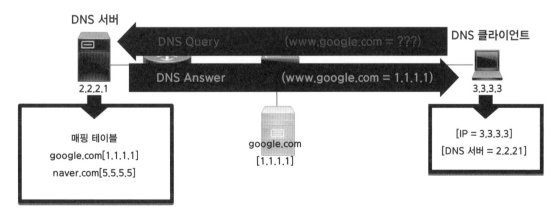

[그림 4-17] DNS 쿼리/앤서(query/answer)

❾ ToS(Type of Service): 패킷의 중요도를 표시합니다. 라우터의 인터페이스는 인풋 큐와 아웃풋 큐를 가집니다. 수신 패킷은 인바운드 인터페이스의 인풋 큐에 쌓입니다. 인풋 큐에서 대기하던 패킷은 메인 메모리(main memory)로 이동해 라우팅과 옷을 갈아입는 과정을 거칩니다. 이후에 송신을 위해 [그림 4-18]과 같이 아웃바운드 인터페이스의 아웃풋 큐에서 대기합니다. 검은색 'P'는 아웃풋 큐에 줄 서 있는 패킷들입니다. 이때 ⓟ로 표시한 ToS 값이 높은 패킷이 도착하면 줄의 앞에 새치기를 시켜줍니다. 이 새치기 서비스를 통해 패킷은 우선 처리되므로 지연을 줄일 수 있습니다. 이러한 서비스를 QoS(Quality of Service)라 하고, VoIP(Voice of IP)와 같은 실시간 통신이 필요한 서비스에 적용합니다.

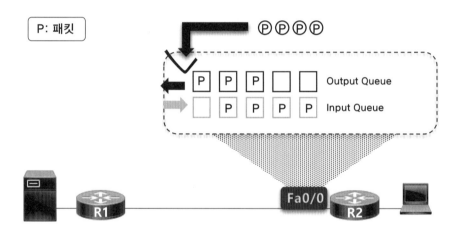

[그림 4-18] ToS 필드를 통한 지연 개선

06 이더넷

2계층 프로토콜은 한 네트워크 내부가 세상의 전부라고 생각하는 우물 안의 개구리와 같은 프로토콜입니다. 따라서 네트워크마다 다른 2계층 프로토콜을 적용해도 괜찮습니다. 또한 모든 네트워크에 동일한 2계층 프로토콜을 적용한다 하더라도 다른 네트워크의 2계층 프로토콜과 독립적으로 동작합니다. 2계층 옷(헤더)도 하나의 네트워크를 통과하기 위한 것입니다. 2계층 주소는 네트워크 내부의 장치들을 구분하기 위해 사용합니다. 2계층 장치도 프레임의 네트워크 내 이동을 책임집니다. [그림 4-19]에는 3개의 네트워크가 있으며, 각 네트워크마다 다른 2계층 프로토콜을 적용하고 있습니다. 참고로 FDDI는 지금은 사용하지 않는 프로토콜입니다.

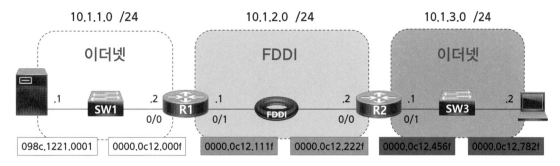

[그림 4-19] 하나의 네트워크가 세상의 전부라고 생각하는 우물 안 개구리와 같은 2계층 프로토콜들

[그림 4-30]은 A, B, C 네트워크 모두에 이더넷 프로토콜을 적용한 경우입니다. 2계층 옷은 하나의 네트워크를 통과하기 위한 것이므로 네트워크를 통과할 때마다 갈아입어야 합니다. [그림 4-20]에서 ❶ 짙은 분홍색 2계층 옷은 오직 C 네트워크를 통과하기 위한 것, ❷ 연분홍색 2계층 옷은 오직 B 네트워크를 통과하기 위한 것, ❸ 하얀색 2계층 옷은 A 네트워크를 통과하기 위한 것입니다. 네트워크를 통과할 때마다 2계층 옷을 갈아입어야 하는데, 이는 네트워크들의 경계 장치인 라우터의 역할입니다.

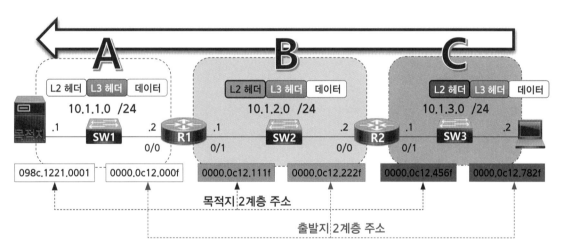

[그림 4-20] 2계층 옷은 네트워크를 통과할 때마다 갈아입어야 합니다.

2계층 주소는 네트워크 내부에서 사용하는 주소이므로 네트워크마다 전혀 다른 형식의 2계층 주소를 사용해도 됩니다. [그림 4-20]에서 프레임이 네트워크를 통과하면서 변경되는 2계층 목적지와 출발지 주소는 [표 4-8]과 같습니다. 이에 반해, 3계층 주소는 변화가 없습니다.

[표 4-8] [그림 4-20]의 3 네트워크를 통과하면서 바뀌는 2계층 출발지/목적지 주소

구분	A 네트워크		B 네트워크		C 네트워크	
	목적지 주소	출발지 주소	목적지 주소	출발지 주소	목적지 주소	출발지 주소
2계층 주소	098c.1221.0001	0000.0c12.000f	0000.0c12.111f	0000.0c12.222f	0000.0c12.456f	0000.0c12.782f
3계층 주소	10.1.1.1	10.1.3.2	10.1.1.1	10.1.3.2	10.1.1.1	10.1.3.2

이더넷 스위치는 2계층 장치로 프레임의 네트워크 내부 이동을 책임집니다. 즉,
스위칭 테이블에는 [그림 4-21]과 같이 네트워크 내부의 2계층 주소만 올라옵니
다. SW1의 스위칭 테이블에는 A 네트워크의 MAC 주소들, SW2의 스위칭 테이블
에는 B 네트워크의 MAC 주소들, SW3의 스위칭 테이블에는 C 네트워크의 MAC
주소들만 보입니다. 스위치는 도착한 프레임의 출발지 MAC 주소를 보고 스위칭
테이블을 만드는데, 다른 네트워크에서 출발한 프레임이 우리 네트워크에 들어오
면서 장치의 MAC 주소로 변환되기 때문입니다.

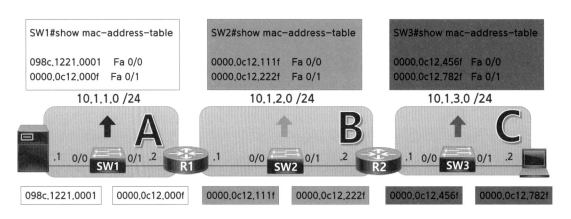

[그림 4-21] 네트워크 내부의 MAC 주소들만 올라오는 스위칭 테이블

[그림 4-22]는 이더넷 헤더입니다.

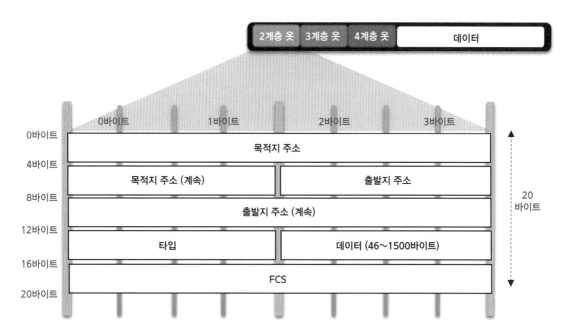

[그림 4-22] 이더넷 헤더

이더넷 헤더 필드들을 하나하나 알아보겠습니다.

❶ **목적지 주소**: 프레임의 목적지 MAC(2계층) 주소

❷ **출발지 주소**: 프레임의 출발지 MAC(2계층) 주소

❸ **타입**(type): 3계층 프로토콜을 표시합니다. 0x0800은 IPv4, 0x86DD는 IPv6를 표시합니다.

❹ **데이터**: 데이터를 포함합니다.

❺ **FCS**(Frame Check Sequence): 프레임이 깨졌는지 확인하는 데 사용합니다.

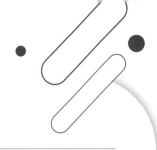

패킷 트래블

03
LESSON

LESSON 02에서는 PC A의 옷 입히기 과정을 설명했습니다. LESSON 03에서는 패킷이
네트워크를 통과하는 과정을 설명합니다.

01 PC A

[그림 4-23]에서 출발지 PC A의 IP 주소는 10.1.3.2고, 서브넷 마스크는
255.255.255.0이므로 PC는 10.1.3 네트워크에 속합니다. 그런데 목적지는 다른
네트워크에 속합니다. 목적지는 10.1.1 네트워크에 속하는 서버(10.1.1.1)이기 때문
입니다. 이때 생성한 프레임의 목적지 2계층 주소는 어디일까요? 2계층 주소는
PC A와 같은 네트워크에 속한 장치의 주소여야 하는데, 최종 목적지가 다른 네트
워크이기 때문에 우리 네트워크에 속한 장치 중에서 다른 네트워크에 대한 정보를
가진 장치에 보내야 합니다. 이때 다른 네트워크에 대한 정보를 가진 장치는 누구
일까요? 바로 라우팅 테이블을 만든 라우터입니다. PC A에서 설정된 라우터의 주
소는 10.1.3.1이며, 라우터가 바로 이 네트워크의 출입구 역할을 하는 디폴트 게이
트웨이입니다. 따라서 PC A에서 디폴트 게이트웨이 주소를 누락하거나 잘못 설정
하면 다른 네트워크와 통신할 수 없습니다. 패킷의 목적지가 PC A와 같은 네트워
크에 속한다면 라우터가 아니라 해당 장치에게 직접 보내야겠죠. 만약, PC A에서 서
브넷 마스크를 255.255.255.0 대신, 255.255.0.0으로 잘못 설정했다면 PC A도
10.1 네트워크에 속하고, 목적지도 10.1 네트워크에 속하므로 라우터에 보내지 않
을 것입니다. 목적지는 R2 라우터를 경유해야 하는 다른 네트워크에 있기 때문에
이 경우에도 통신은 불가능합니다. 그 이유를 명확하게 알기 위해서 다음 학습이
필요합니다.

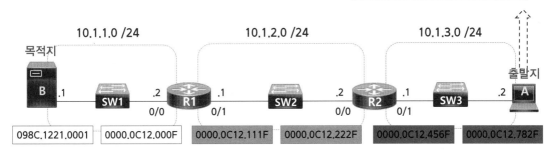

IP 주소	10.1.3.2
서브넷 마스크	255.255.255.0
디폴트 게이트웨이	10.1.3.1

[그림 4-23] 라우터에게 보내야 하는 상황

그런데 여기서 다음과 같은 문제점이 있습니다. 즉,

❶ PC A는 라우터에 프레임을 보내야 합니다.

❷ PC A는 라우터의 3계층 주소만 알고 있습니다(여러분이 지금까지 라우터의 주소로 라우터의 IP 주소를 입력했기 때문이죠).

❸ PC A가 2계층 옷을 입히기 위해서는 라우터의 2계층 주소를 알아야 합니다.

이 문제에 대한 솔루션이 ARP(Address Resolution Protocol)입니다. 이 문제를 해결하기 위해 PC는 [그림 4-24]와 같이 ARP 리퀘스트(ARP request) 프레임을 보냅니다. ARP 리퀘스트가 바로 대표적인 브로드캐스트 패킷입니다. 스위치는 브로드캐스트를 차단하지 못하므로 연결된 모든 장치에 ARP 리퀘스트를 전달할 것입니다. 스위치에 연결된 다른 장치들은 이 ARP 리퀘스트를 무시하지만, 타깃 장치인 라우터는 자신의 2계층 주소(0000.0C12.456F)를 포함하는 ARP 리플라이로 응답합니다. PC A는 라우터가 보낸 ARP 리플라이를 통해 라우터의 2계층 주소를 알게 됩니다.

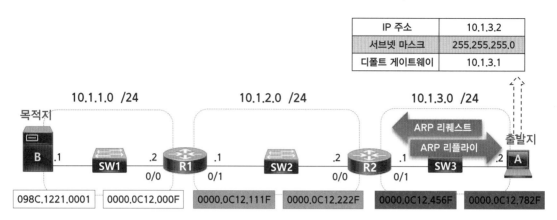

[그림 4-24] ARP 리퀘스트와 리플라이를 통해 라우터의 2계층 주소를 알게 된다.

[그림 4-25]는 ARP 리퀘스트 프레임의 포맷입니다. ARP 리퀘스트 프레임의 목적지 MAC 주소 자리에는 2계층 브로드캐스트 주소인 FFFF.FFFF.FFFF가 보입니다. 타깃 IP 주소 자리에 목표 장치의 IP 주소(10.1.3.1)가 입력돼 있습니다. 타깃 이더넷 주소가 PC가 알고자 하는 2계층 주소인데, 0000.0000.0000과 같은 무의미한 MAC 주소가 입력돼 있습니다.

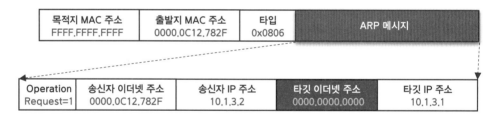

[그림 4-25] ARP 리퀘스트

[그림 4-26]은 ARP 리플라이 프레임입니다. 송신자 이더넷 주소 필드에 PC가 알고자 하는 2계층 주소가 포함돼 있습니다. 즉, 라우터(10.1.3.1)의 MAC 주소(0000.0C12.456F)가 포함됐습니다.

[그림 4-26] ARP 리플라이

PC는 ARP에 의해 알게된 3계층 주소와 2계층 주소에 대한 매핑 정보를 저장합니다. PC의 ARP 테이블을 보는 명령은 arp - a입니다. PC A는 ARP의 도움을 받아 2계층 목적지 주소(라우터의 주소)를 알게 됐고, 그제서야 완벽한 2계층 헤더를 포함하는 프레임을 만들 수 있습니다. 마지막으로 1계층에서는 이진수에 상응하는 시그널을 만들어 스위치에게 전송합니다.

02 SW3의 동작

SW3은 PC A가 보낸 프레임을 수신해 다음 두 작업을 수행합니다.

❶ 2계층에서 스위칭 또는 플러딩

❷ 1계층에서 증폭

스위치는 [그림 4-27]과 같은 스위칭 테이블을 보고 스위칭합니다. 목적지가 R2 라우터의 2계층 주소(0000.0C12.456F)이므로 Fa 0/1 인터페이스로 스위칭할 것입니다. 만약, 스위칭 테이블에 프레임의 목적지 주소가 존재하지 않는다면, 플러딩합니다. 스위치는 피지컬 계층에서 약해진 신호를 증폭합니다.

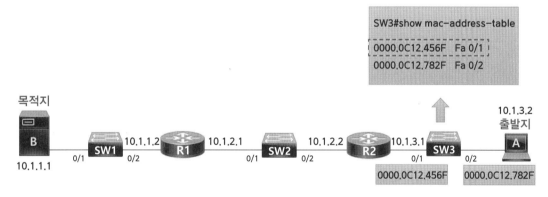

[그림 4-27] SW3의 스위칭/플러딩과 증폭

03 R2의 동작

SW3이 보낸 프레임이 R2에 도착했습니다. R2가 프레임을 수신하면 가장 먼저 [그림 4-28]과 같이 입고 온 2계층 옷을 버립니다. 2계층 옷은 네트워크를 통과하기 위한 것이기 때문입니다.

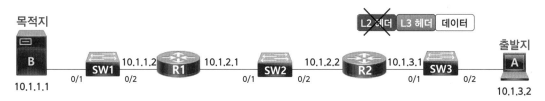

[그림 4-28] 패킷이 도착하면 라우터는 제일 먼저 2계층 헤더를 버린다.

다음으로 R2는 세 가지 작업을 수행합니다. 즉,

❶ 3계층에서 라우팅

❷ 2계층에서 옷 갈아입히기

❸ 1계층에서 증폭

라우팅 프로토콜을 설정하면 라우터들은 커넥티드된 네트워크와 다른 라우터로부터 수신한 네트워크 정보들을 교환해 라우팅 테이블을 만듭니다. [그림 4-29]에서 R2는 R1이 보낸 네트워크 정보를 활용해 라우팅 테이블을 만듭니다. 즉, R1은 '10.1.1.0 /24 from 10.1.2.1(R1)' 정보를 보내고 있는데, 이는 10.1.1.0 /24 네트워크 (R1에 커넥티드된 네트워크)정보를 10.1.2.1 이 보낸다는 의미를 갖습니다. 이 정보를 받은 R2는 ❶ 'from' 을 'via'로 바꾸고 정보를 수신한 ❷ 인터페이스(Fa 0/0)를 포함하는 라우팅 테이블을 만듭니다. 결과적으로, R2의 라우팅 테이블은 패킷의 목적지가 10.1.1.0 /24일 때, 다음 라우터는 10.1.2.1이고, Fa 0/0이 아웃바운드 인터페이스임을 보여줍니다.

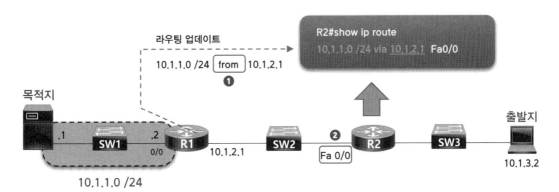

[그림 4-29] R2의 라우팅 테이블

라우터는 다음 네트워크를 통과하기 위해, 2계층 옷을 갈아입혀야 합니다. 2계층 헤더의 출발지 MAC 주소는 R2의 ❶ Fa 0/0의 0000.0C12.222F이고, 목적지 MAC 주소는 R1의 Fa 0/1의 0000.0C12.111F입니다. 그런데 [그림 4-30]에서 R2의 라우팅 테이블에는 R1의 2계층 주소가 아니라 ❷ 3계층 주소(10.1.2.1)가 보입니다. 즉, 3계층 주소는 알지만 2계층 주소는 알지 못합니다. 이 문제는 누가 해결할까요? 바로 ARP입니다. R2는 R1과 ARP 메시지들을 교환해 R1의 2계층 주소(0000.0C12.111F)를 압니다.

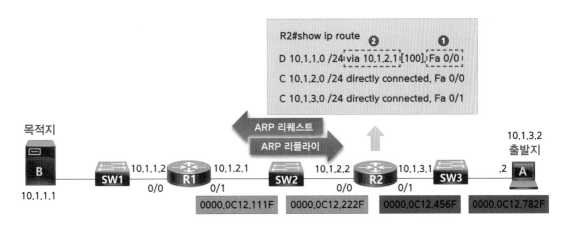

[그림 4-30] ARP에 의한 2계층 옷 갈아입히기

리우터는 ARP에 의해 알게된 3계층 주소와 2계층 주소를 포함하는 ARP 테이블을 만듭니다. ARP 테이블을 보는 명령은 [그림 4-31]과 같이 show ip arp입니다. 라우터는 ARP 리퀘스트를 보내기 전에 ARP 테이블을 찾아보고, 매핑 정보가 존재하지 않을 때만 ARP 리퀘스트를 보냅니다. 마지막으로 라우터도 1계층에서 시그널 증폭을 수행합니다.

Router#**show ip arp**					
Protocol	Address	Age(min)	Hardware Addr	Type	Interface
Internet	10.1.2.1	3	0000.0c12.111f	ARPA	FastEthernet0/0
Internet	10.1.2.2	0	00000.0c12.222f	ARPA	FastEthernet0/0
Internet	10.1.3.1	0	0000.0c12.456f	ARPA	FastEthernet0/1
Internet	10.1.3.2	9	0000.0c12.782f	ARPA	FastEthernet0/1

[그림 4-31] 라우터의 ARP 테이블

 04 SW2의 동작

SW2도 스위칭 테이블을 참조해 2계층에서 스위칭 또는 플러딩, 1계층에서 증폭을 합니다. 도착한 프레임의 2계층 목적지 주소가 0000.0C12.111F이므로 Fa 0/1 인터페이스로 스위칭될 것입니다.

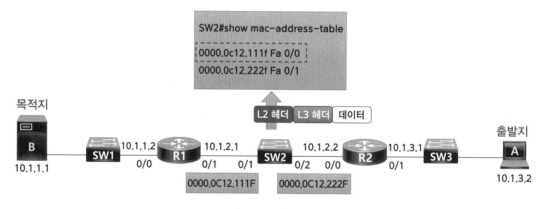

[그림 4-32] SW2의 스위칭/플러딩과 증폭

 05 R1의 동작

패킷을 수신한 R1은 가장 먼저 2계층 옷을 쓰레기통에 버립니다. 그 다음으로 라우터는 라우팅을 하기 위해 라우팅 테이블을 뒤집니다. 패킷의 목적지인 10.1.1.0 /24 네트워크는 [그림 4-33]과 같이 R1에 커넥티드됐으므로 패킷은 최종 목적지 네트워크에 도착했습니다. 다음으로 리우디는 옷 갈아입히기를 합니다. 프레임의 출발지 주소는 R1의 ❶ Fa 0/0의 2계층 주소인 0000.0C12.000F입니다.

프레임의 목적지 주소는 최종 목적지(10.1.1.1)의 2계층 주소인 098C.1221.0001이 돼야 합니다. 라우터는 패킷의 목적지 주소인 10.1.1.1에 대한 2계층 주소를 알기 위해 ARP 테이블을 뒤집니다. ARP 테이블에 매핑 정보가 존재하지 않는다면 ARP 리퀘스트와 ARP 리플라이의 교환이 일어납니다. 라우터는 ARP에 의해 2계층 옷을 갈아입힙니다. 마지막으로 약해진 신호를 증폭합니다.

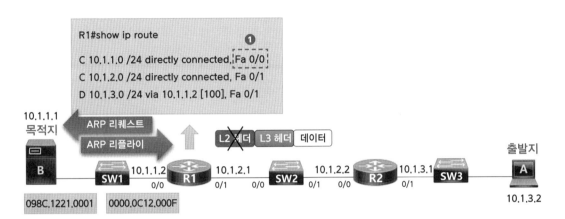

[그림 4-33] R1 동작

06 SW1의 동작

SW1이 R1이 보낸 프레임을 수신하면 SW1은 2계층에서 스위칭 또는 플러딩, 1계층에서 증폭합니다. 도착한 프레임의 2계층 목적지 주소가 098C.1221.0001이므로 [그림 4-34]의 스위칭 테이블이 가리키는 Fa 0/1 인터페이스로 스위칭될 것입니다.

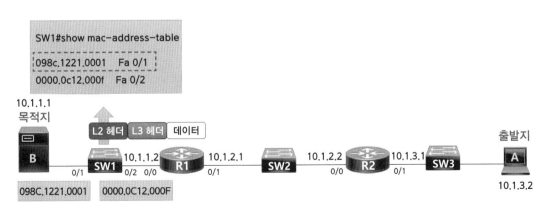

[그림 4-34] SW1의 스위칭/플러딩과 증폭

07 웹 서버

통신은 출발지 장치의 7계층과 목적지 장치의 7계층 사이에서 일어납니다. 목적지 장치인 서버 B에서는 [그림 4-35]와 같이 바텀 업 프로세스가 일어납니다. 즉, 1계층에서 시그널을 수신해 2계층에서 프레임을 만듭니다. 그 다음으로 2계층 헤더의 타입, 3계층 헤더의 프로토콜, 4계층 헤더의 목적지 포트를 참조해 상위 계층의 프로토콜에게 스위칭합니다. TCP 프로토콜일 경우, 송신 장치와 수신 장치는 SEQ#와 ACK#를 교환해 오류를 복구하고, 윈도우를 활용해 플로우 컨트롤을 합니다. 서버 B의 7계층 프로토콜인 HTTP는 클라이언트가 보낸 Get 등의 리퀘스트 메시지를 해석하고, 200 OK와 같은 리스펀스 메시지를 보냅니다.

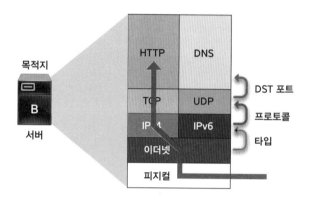

[그림 4-35] 목적지 장치인 서버 B의 바텀 업 프로세스

255.255.255.255는 로컬 브로드캐스트 주소입니다. 로컬 브로드캐스트는 라우터에 의해 차단됩니다. 네트워크의 마지막 IP 주소는 서브넷 브로트캐스트(subnet broadcast) 또는 다이렉티드 브로드캐스트(direct broadcast) 주소로 사용합니다. 서브넷 브로드캐스트 주소가 목적지인 패킷은 유니캐스트처럼 라우터에 의해 라우팅돼 목적지에 도착합니다. [그림 4-36]에서 목적지 네트워크에 연결된 라우터, 즉 R2에 도착하면 라우터는 입고 온 2계층 옷을 쓰레기통에 버립니다. 새로운 2계층 옷으로 갈아입혀야 하는데, 이때 2계층 출발지 주소는 R2의 Fa 0/1 인터페이스의 MAC 주소입니다. 한편, 도착한 패킷의 3계층 목적지 주소가 198.1.2.0 /24 네트워크의 마지막 주소인 198.1.2.255라는 것을 계산을 통해 안 R2는 2계층 목적지 주소 자리에 2계층 브로드캐스트 주소인 FFFF.FFFF.FFFF를 입력합니다. SW0 스위치는 도착한 패킷의 2계층 목적지 주소가 브로드캐스트 주소이므로 모든 포트들로 포워딩하고 198.1.2.0 /24 네트워크 내의 모든 장치들은 동일한 패킷을 수신할 수 있습니다.

이와 같이, 서브넷 브로드캐스트는 동일한 패킷을 한 네트워크에 속하는 다수의 장치에 보낼 때 사용하면 유용합니다. 동일한 패킷을 한 네트워크에 속하는 5,000대의 장치들에 유니캐스트로 보낸다면 5000번 보내야 하지만, 서브넷 브로드캐스트로 보내면 1번만 보내도 되기 때문에 밴드위스의 낭비를 막습니다.

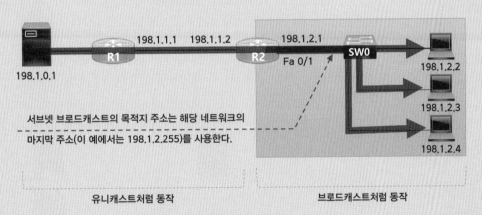

[그림 4-36] 네트워크의 대표 주소와 서브넷 마스크

이와 같이 각 네트워크의 마지막 주소는 서브넷 브로드캐스트 주소로 예비돼 있으므로 장치에 할당할 수 없습니다. 또한 각 네트워크의 첫 번째 주소도 네트워크를 대표하는 ID로 라우팅 테이블에 올라오기 때문에 장치에 할당할 수 없습니다.

04 패킷 트랜잭션 리뷰

통신을 위해 5가지 기본 트랜잭션이 발생합니다. 이 트랜잭션을 정리함으로써 4장을 리뷰해 봅니다.

01 다섯 가지 패킷 트랜잭션

DHCP는 IP 주소, 서브넷 마스크, 디폴트 게이트웨이, DNS 서버 주소 등의 IP 파라미터들을 자동으로 설정하게 하는 서비스입니다. [그림 4-37]은 DHCP 서버가 포함된 경우입니다. DHCP가 적용됐다면 PC A는 DHCP 서버, [그림 4-38]과 같이 디스커버(Discover), 오퍼(Offer), 리퀘스트(Request), ACK 메시지를 교환해 자신의 IP 주소, 디폴트 게이트웨이, DNS 서버 주소, 서브넷 마스크를 받습니다. DHCP 메시지들은 브로드캐스트로 보내집니다. IP 브로드캐스트 주소는 255.255.255.255이고, MAC 브로드캐스트 주소는 FFFF.FFFF.FFFF로 이미 지정돼 있으므로 MAC 주소를 알기 위한 ARP 교환은 필요 없습니다.

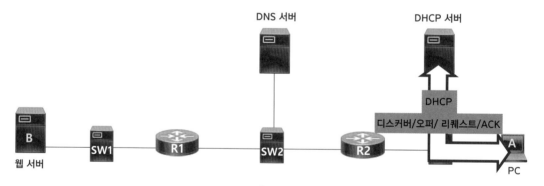

[그림 4-37] DHCP 트랜잭션

DHCP 메시지들의 역할은 [표 4-9]를 참조하기 바랍니다.

[표 4-9] DHCP 메시지들과 역할

메시지	역할
디스카버 [클라이언트→서버]	클라이언트가 DHCP 서버를 찾기 위해 보냅니다.
오퍼 [서버→클라이언트]	(DHCP 서버가 클라이언트에게 할당 가능한) IP 주소, 서브넷 마스크, 디폴트 게이트웨이, DNS 서버 주소 등의 IP 관련 파라미터들을 포함합니다.
리퀘스트 [클라이언트→서버]	할당받은 IP 주소를 다른 장치가 이미 사용 중인지 확인하기 위해 ARP 패킷을 활용합니다. 예를 들어, 1.1.1.1을 할당받았다면 1.1.1.1의 2계층 주소를 묻는 ARP 리퀘스트를 보냅니다. 이때, ARP 리플라이가 도착한다면 다른 누군가가 해당 IP 주소를 사용하고 있다는 뜻입니다. ARP 리플라이가 도착하지 않았다면 해당 IP 주소를 사용하기 위해 DHCP 리퀘스트를 보내 최종 할당을 요청합니다.
ACK [서버→클라이언트]	DHCP 서버가 클라이언트에게 IP 관련 파라미터들을 최종 할당하고, IP 풀에서 할당한 IP 주소를 제외합니다.

이제 PC A는 통신할 수 있습니다. PC A가 구글 웹 서버에 접속한다고 가정해보겠습니다. PC A는 www.google.com에 해당하는 IP 주소를 묻는 DNS 쿼리 메시지를 보내야 합니다. 그런데 DNS 쿼리 패킷을 보내기 위해서는 프레임의 목적지 MAC 주소를 알아야 합니다. DNS 패킷도 ARP의 도움을 받아 2계층 옷을 입습니다. DNS 쿼리 패킷도 라우터에 도착하면 다음 네트워크에서도 ARP 교환을 통해 2계층 옷을 갈아입힙니다. [그림 4-38]과 같이, 네트워크마다 ARP 트랜잭션이 일어난 후 DNS 쿼리와 DNS 앤서 트랜잭션이 성공할 수 있습니다.

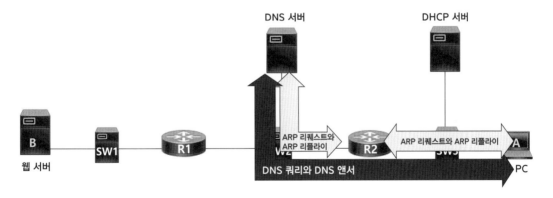

[그림 4-38] ARP & DNS 트랜잭션

PC A는 DNS 앤서 메시지를 통해 www.google.com에 해당하는 IP 주소를 알게 됐습니다. 즉, 이제서야 목적지가 어딘지 알게 됐습니다. 따라서 PC A는 TCP 3-웨이 핸드셰이크를 통해 목적지인 웹 서버와의 통신 가능성을 확인합니다. 그 전에 TCP SYN/ACK 패킷이 네트워크를 통과할 때 2계층 인캡슐레이션을 위해 [그림 4-39]

와 같이 ❶ ARP 트랜잭션이 추가로 일어납니다. 그러나 첫 번째 네트워크에서는 ARP 트랜잭션이 생략됩니다. 왜냐하면 PC A가 DNS 쿼리 메시지를 보낼때, 이미 디폴트 게이트웨이인 R2와 ARP 트랜잭션이 발생해 PC A의 ARP 테이블에 해당 정보가 만들어져 있기 때문입니다.

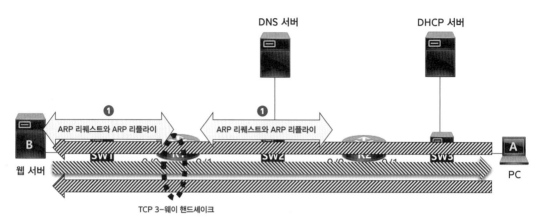

[그림 4-39] ARP와 TCP 3-웨이 핸드셰이크

PC A가 보낸 TCP ACK는 '보낼게'에 해당합니다. 따라서 TCP ACK 뒤에 따라가는 패킷이 HTTP Get 패킷입니다. 이에 대한 응답으로 웹 서버는 200 OK 패킷으로 응답합니다.

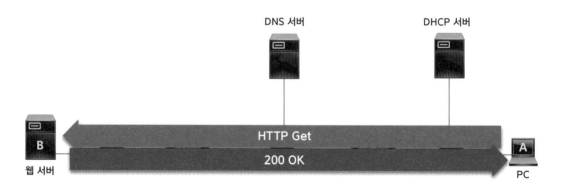

[그림 4-40] HTTP Get/200 OK 트랜잭션

4장에서 배운 것은 다음 다섯 가지 트랜잭션입니다.

❶ DHCP DORA

IP 파라미터들을 할당하기 위해 DHCP DORA 트랜잭션이 일어납니다. DORA 는 Discover, Offer, Request, ACK를 외우기 좋게 요약한 것입니다. DHCP 메시지들은 브로드캐스트 주소를 활용하기 때문에 3계층 주소를 알지만, 2계층 주소를 모르는 문제는 발생하지 않습니다. 즉, 3계층의 브로드캐스트 주소는 255.255.255.255, 2계층의 브로드캐스트 주소는 FFFF.FFFF.FFFF이기 때문입니다. 따라서 2계층 주소를 알기 위한 ARP 트랜잭션은 필요하지 않습니다.

❷ ARP 리퀘스트와 ARP 리플라이

송신 장치가 프레임을 만들때, IP 주소를 알고 MAC 주소를 모를 때 이를 해결합니다. MAC 주소와 같은 2계층 주소는 네트워크 내부에서 사용하기 때문에 네트워크를 통과할 때마다 변경돼야 합니다. 즉, 패킷이 각각의 네트워크를 통과할 때마다 ARP 트랜잭션이 발생합니다. ARP 트랜잭션 후에는 ARP 테이블이 생성됩니다.

❸ DNS 쿼리와 앤서

www.google.com과 같은 도메인 네임을 입력하면 IP 헤더의 목적지 주소 필드를 채워넣기 위해 도메인 네임에 해당하는 IP 주소를 알아야 합니다. 이를 해결하는 것이 DNS입니다. PC가 DNS 서버에 도메인 네임을 포함하는 DNS 쿼리를 보내면 DNS 서버가 IP 주소를 포함한 DNS 앤서를 보냅니다. DNS 쿼리와 앤서 트랜잭션이 끝난 후에야 목적지의 IP 주소를 알게 됩니다.

❹ TCP 3-웨이 핸드셰이크(SYN, SYN/ACK, ACK)

TCP는 DNS 서버가 알려준 IP 주소를 가진 목적지 장치와 TCP 3-웨이 핸드셰이크를 수행합니다. 이 과정은 데이터 전송 전에 데이터 통신의 성공 여부를 미리 확인해 불필요한 데이터 전송을 막게 합니다.

❺ HTTP Get와 200 OK

HTTP Get 메시지는 TCP ACK 세그먼트 뒤에 보냅니다. HTTP Get 메시지에는 다운로드할 파일 이름이 들어 있습니다. 서버의 응답이 200 OK라면 성공입니다. 데이터는 200 OK 메시지 내부에 들어 있습니다.

5
CHAPTER

Lesson 1 | **VLAN과 트렁크는 왜 필요할까?**
　　　　　1. VLAN
　　　　　2. 트렁크

Lesson 2 | **LAN과 트렁크 설정**
　　　　　1. 설정 방법
　　　　　2. 설정 확인

Lesson 3 | **스위치 스태킹**
　　　　　1. 스위치 스태킹의 필요성

VLAN과
트렁크

VLAN은 1대의 스위치를 다수의 스위치로 쪼개는 솔루션, 트렁크는 다수의 링크들을 하나의 링크로 합치는 솔루션입니다.

VLAN과 트렁크는 왜 필요할까?

VLAN(Virtual LAN)은 1대의 스위치를 다수의 스위치로 분리하는 솔루션입니다. 스위치는 브로드캐스트를 차단하지 못하지만, 스위치가 VLAN에 의해 쪼개지면 브로드캐스트를 차단할 수 있습니다. 트렁크는 다수의 링크를 하나의 링크로 대신하게 하는 솔루션입니다.

VLAN

[그림 5-1]에서 브로드캐스트 도메인은 몇 개일까요? 브로드캐스트 도메인은 라우터에 의해 분할되기 때문에 2개의 브로드캐스트 도메인으로 나뉩니다. 일A (일반 직원 A) PC는 연A(연구원 A) PC에게 브로드캐스트를 보낼 수 있습니다.

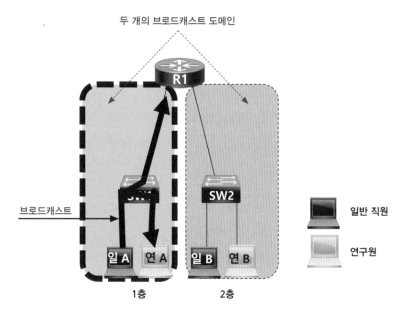

[그림 5-1] 장소에 따라 나뉜 브로드캐스트 도메인

유니캐스트를 활용한 공격도 다양하지만, 브로드캐스트를 활용한 공격도 다양합니다. 가장 단순한 방법으로 대량의 브로드캐스트를 들여보내 동일한 브로드캐스트 도메인 내에 속하는 모든 장치의 CPU 자원을 고갈시킬 수 있습니다. 브로드캐스트를 활용한 공격으로부터 보호하기 위해 같은 층에 근무하는 일반 직원들과 연구원들을 다른 브로드캐스트 도메인에 소속시키는 방법은 없을까요? 즉, 장소에 관계 없이 마음대로 브로드캐스트 도메인을 나눌 수는 없을까요? 이 과제를 해결하는 네트워크 구성도를 그려봅시다. 힌트는 6대의 스위치가 필요하다는 것입니다. 이 문제를 해결하기 위해서는 [그림 5-2]와 같이 6대의 스위치를 배치하면 됩니다. 장소와 상관 없이 일반 직원들과 연구원들이 다른 브로드캐스트 도메인에 속하기 때문에 일반 직원의 PC에서 발생한 브로드캐스트는 연구원 PC에 도달할 수 없습니다. 따라서 브로드캐스트를 활용한 공격을 무력화할 수 있습니다.

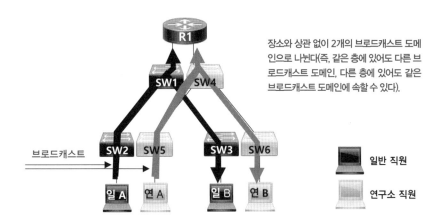

[그림 5-2] 장소와 상관 없이 나뉜 일반 직원이 속한 브로드캐스트 도메인과 연구원이 속한
브로드캐스트 도메인으로 나뉜다.

[그림 5-2]는 장소와 상관 없이 브로드캐스트 도메인이 나뉘긴 하지만, 새로운 문제가 발생합니다. 즉, 6대의 스위치를 필요로 하기 때문에 비용 문제가 발생합니다. 만약, 일반 직원 그룹, 연구원 그룹, 방문객 그룹으로 나뉜다면 9대의 스위치가 필요할 것입니다. 비용 문제를 해결하는 것이 바로 VLAN입니다. VLAN은 [그림 5-3]과 같이 1대의 스위치를 다수의 스위치로 쪼개는 기술입니다. VLAN은 번호로 구분하며, [그림 5-3]에는 VLAN 10과 VLAN 20의 VLAN이 보입니다.

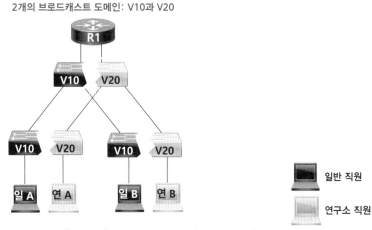

[그림 5-3] 1대의 스위치를 다수의 스위치로 쪼개는 VLAN

02 트렁크

2개의 VLAN으로 나뉘면 VLAN 수만큼의 링크, 1,000개의 VLAN으로 나뉘면 1,000개의 링크가 필요합니다. 1,000포트를 가진 스위치는 존재하지도 않을 뿐 아니라 만든다 하더라도 그 비용이 매우 비쌀 것입니다. 즉, VLAN으로 나눠도 늘어난 링크 수 때문에 여전히 비용 문제가 남습니다.

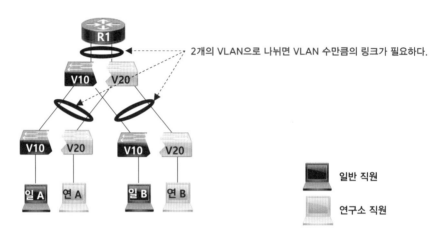

[그림 5-4] 2개의 VLAN으로 나뉘면 VLAN 수만큼의 링크가 필요하다.

이 문제를 해결하는 것이 L3 스위치와 트렁크(Trunk)입니다. 라우터와 스위치의 역할을 모두 수행할 수 있는 장치입니다. [그림 5-5]의 ⓐ 부분은 라우터와 스위치로 구성됐는데, 이 부분을 1대의 L3 스위치로 대체하면 라우터와 스위치를 연결하는 링크 수 문제를 해결할 수 있습니다. L3 스위치에 대해서는 7장에서 다루므로 6장까지는 ⓐ 부분은 그냥 라우터와 스위치로 남겨둘 것입니다. ⓑ 부분은 트렁크로 해결합니다. 트렁크는 VLAN 10과 VLAN 20에 속하는 모든 트래픽이 통과할 수 있는 링크이므로 하나의 링크로 다수의 링크를 대체합니다.

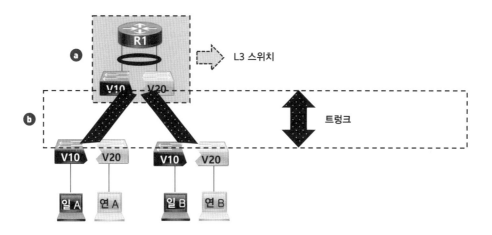

[그림 5-5] 링크 수를 줄이기 위해 L3 스위치와 트렁크를 적용한다.

[그림 5-6]에서 라우터와 스위치를 연결하는 링크와 스위치와 PC들을 연결하는 링크는 1 VLAN이 통과하는 링크로, 이를 액세스 링크(access link)라고 부릅니다. 스위치와 스위치를 연결하는 링크는 모든 VLAN이 통과하는 링크로, 트렁크라고 부릅니다.

2개의 브로드캐스트 도메인: V10과 V20

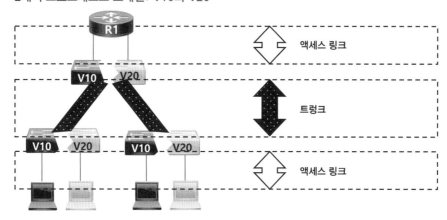

[그림 5-6] 1 VLAN이 통과하는 액세스 링크와 모든 VLAN이 통과하는 트렁크

트렁크를 통해서는 모든 VLAN에 속하는 프레임이 도착할 것입니다. 그러면 수신한 프레임이 몇 번 VLAN에 속하는지 어떻게 알 수 있을까요? 이 문제를 해결하기 위해 네 번째 헤더를 사용합니다. 네 번째 헤더에는 [그림 5-7]과 같이 VLAN 번호와 프레임의 중요도를 나타내는 프라이오리티(priority)가 포함됩니다.

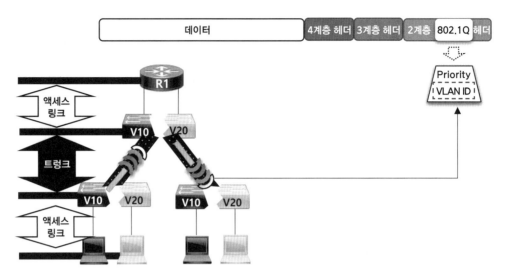

[그림 5-7] VLAN 번호를 포함한 네 번째 헤더

IEEE 802.1Q는 이 네 번째 헤더를 정의하는 프로토콜이며, 줄여서 dot1q 프로토
콜이라고 합니다. 4바이트의 IEEE 802.1Q 헤더는 [그림 5-8]과 같이, 이더넷의
출발지 주소(Source)와 타입(Type) 필드 사이에 삽입됩니다. 여기에는 VLAN 번호
필드와 프레임의 중요도를 표시하는 프라이오리티(Priority) 필드를 포함합니다. 프
라이오리티 값은 QoS(Quality of Service)를 위해 사용합니다. QoS는 새치기 서비스
입니다. 즉, 프라이오리티(우선 순위)가 높은 프레임을 우선 처리하게 함으로써 중
요한 프레임의 지연을 줄이는 솔루션입니다.

[그림 5-8] IEEE 802.1Q 헤더의 위치와 구성

1. 일반 직원과 연구원을 다른 브로드캐스트 도메인에 소속시키려 합니다. 다음 그림에서 액세스 링크와 트렁크를 찾으시오.

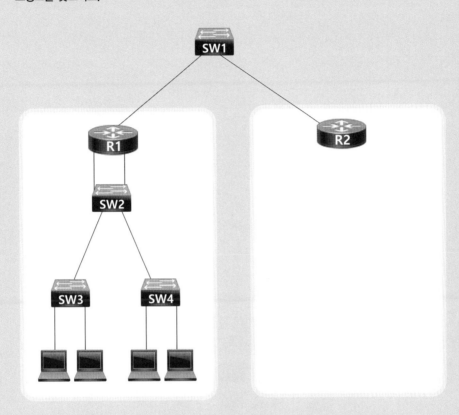

[그림 5-9] 액세스 링크와 트렁크를 찾아라!

2. 일반적으로 코어 스위치인 SW1에 VLAN이 필요할까요? 그 이유를 설명하시오.

솔루션

1. 일반 직원과 연구원을 다른 브로드캐스트 도메인에 소속시키려고 합니다. 다음 그림에서 액세스 링크와 트렁크를 찾으시오.

트렁크는 [그림 5-10]과 같이 SW2–SW3 링크와 SW2–SW4 링크입니다. 나머지는 모두 액세스 링크입니다.

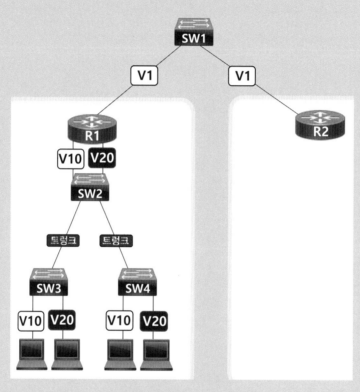

[그림 5-10] 액세스 링크와 트렁크

2. 일반적으로 코어 스위치인 SW1에 VLAN이 필요할까요? 그 이유를 설명하시오.

일반적으로 코어 스위치에는 VLAN을 적용하지 않습니다. VLAN을 적용하는 목적은 다음 두 가지입니다. 첫째, 보안입니다. 보통 브로드캐스트를 활용한 공격은 단말에서 시작되는데, 코어 스위치에 연결된 장치는 모두 라우터뿐이기 때문입니다. 둘째, 성능 개선입니다. 코어 스위치에 연결된 장치는 각 건물의 라우터나 인터넷 접속 라우터와 WAN 접속 라우터 정도이기 때문에 우려할 만한 수준의 브로드캐스트가 발생한다고 보기 어렵습니다. 스위치에 VLAN을 설정하지 않으면 디폴트로 모든 포트들은 1번 VLAN에 속합니다.

미니 과제 ② 액세스 링크와 트렁크 찾기 2

1. 빌딩 A에서는 일반 직원, 연구원, 고객 그룹, 빌딩 B에서는 인사팀과 기술 지원팀 그룹으로 브로드캐
   스트 도메인을 나누려 합니다. [그림 5-11]에서 액세스 링크와 트렁크를 찾고 VLAN 번호를 표시하시
   오(VLAN 번호는 10, 20, 30을 사용하시오).

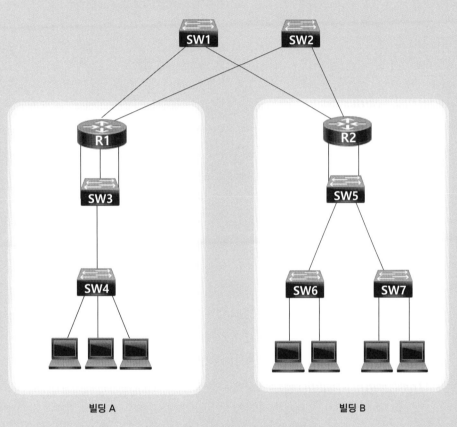

[그림 5-11] 액세스 링크와 트렁크를 찾아라!

2. 빌딩 A에도 VLAN 10과 VLAN 20이 있고, 빌딩 B에도 VLAN 10과 VLAN 20이 있습니다. 문제가 없
   을까요? 그 이유를 설명하시오.

1. 빌딩 A에서는 일반 직원, 연구원, 고객 그룹, 빌딩 B에서는 인사팀과 기술지원팀 그룹으로 브로
   드캐스트 도메인을 나누려 합니다. [그림 5-11]에서 액세스 링크와 트렁크를 찾고 VLAN 번호를
   표시하시오(VLAN 번호는 10, 20, 30을 사용하시오).

트렁크는 [그림 5-12]와 같이 SW3-SW4 링크와 SW5-SW6 링크와 SW5-SW7 링크입니다. 나머지는 모
두 액세스 링크입니다.

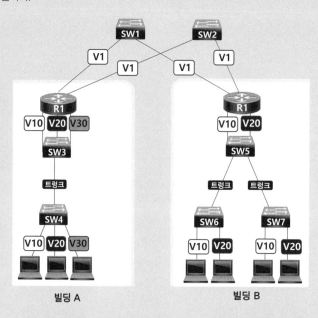

빌딩 A   빌딩 B

[그림 5-12] 액세스 링크와 트렁크를 찾고 VLAN 번호를 표시한 모습

2. 빌딩 A에도 VLAN 10과 VLAN 20이 있고, 빌딩 B에도 VLAN 10과 VLAN 20이 있습니다. 문제
   가 없을까요? 그 이유를 설명하시오.

VLAN은 라우터에 의해 나뉜 브로드캐스트 도메인을 스위치에 의해 한 번 더 나누는 솔루션입니다.
VLAN은 라우터와 완전히 무관하며, 스위치와 관련된 솔루션입니다. 즉, 라우터를 다수로 쪼개는 솔루션
이 아니라 스위치를 다수로 쪼개는 솔루션입니다. 스위치에 적용하는 솔루션이나 프로토콜은 2계층 프
로토콜이며, 2계층 프로토콜의 동작 범위는 네트워크 내부입니다. 즉, VLAN 번호도 네트워크 내부에서
만 의미가 있으므로 다른 네트워크에 동일한 VLAN 번호를 사용하든, 상이한 VLAN 번호를 사용하든 아
무런 상관이 없습니다. SW1과 SW2에 연결된 네트워크도 이와 마찬가지입니다. SW1과 SW2는 R1과 R2 라
우터에 의해 분리되는 다른 브로드캐스트 도메인(네트워크)에 속하는 장치입니다. 다른 브로드캐스트 도
메인에 동일한 VLAN 1을 사용하고 있는데, 이 또한 아무런 문제가 없습니다.

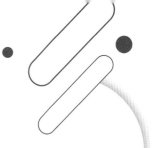

VLAN과 트렁크 설정

02
LESSON

VLAN과 트렁크는 스위치에 적용하는 가장 기본적인 솔루션입니다. VLAN과 트렁크를 설정할 때는 VLAN 선언, 트렁크 포트 설정, 액세스 포트를 설정에 관련된 명령이 필요합니다. 이를 '스위치의 세 가지 기본 명령이라고 합니다.

01 설정 방법

VLAN을 적용하면 네트워크 링크(선)는 [그림 5-13]과 같이 한 VLAN에 속하는 프레임들만을 통과시키는 링크와 전체 VLAN에 속하는 모든 프레임들을 통과시키는 링크로 구별됩니다.

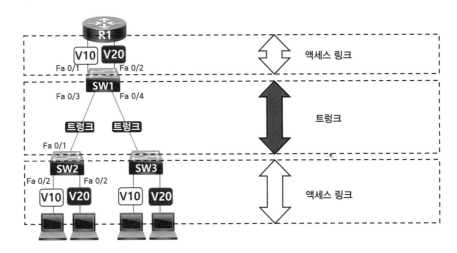

[그림 5-13] VLAN을 적용하면 액세스 링크와 트렁크가 생긴다.

스위치의 VLAN 설정은 [표 5-1]과 같이 3단계로 구성됩니다. [표 5-1]은 [그림 5-13]의 SW2에 대한 설정입니다.

[표 5-1] VLAN 설정을 위한 3단계 명령

VLAN 설정	명령어	설명
VLAN 선언	Switch〉enable Switch#configure terminal Switch(config)#**vlan 10** Switch(config-vlan)#**vlan 20**	VLAN은 스위치를 쪼개는 기술인데, 몇 개의 스위치로 쪼갤 것인지를 표시합니다. VLAN 10에 속하는 스위치와 VLAN 20에 속하는 스위치로 쪼갠다면 두 VLAN을 선언해야 합니다. VLAN 10을 선언하면 프롬프트가 Switch(config-vlan)#와 같이 길어지는데, 이 위치에서 부수적인 설정을 할 수 있습니다. 무시하고 VLAN 20을 추가로 선언하면 됩니다.
트렁크 포트	Switch(config)#interface fastethernet 0/1 Switch(config-if)#**switchport mode trunk**	트렁크 포트로 설정합니다. 네 번째 옷인 802.1q 옷을 입혀 프레임이 속한 VLAN 번호를 표시하게 됩니다.
액세스 포트	Switch(config)#interface fastethernet 0/2 Switch(config-if)#**switchport access vlan 10** Switch(config)#interface fastethernet 0/3 Switch(config-if)#**switchport access vlan 20**	액세스 포트로 설정합니다. 액세스 포트는 한 VLAN에 속한 포트인데, 디폴트로 1번 VLAN에 속해 있습니다. 이를 변경하는 명령입니다.

ARP 때문에 브로드캐스트 도메인과 네트워크의 범위는 항상 일치해야 합니다. [그림 5-14]에서 브로드캐스트 도메인이 2개 있으므로 네트워크도 2개가 할당돼야 합니다. VLAN 10에는 10.1.1.0 /24, VLAN 20에는 10.1.2.0 /24가 할당됐습니다. SW1과 SW2에도 SNMP, 텔넷과 같은 애플리케이션을 적용할 때는 IP 주소가 필요합니다. 이때는 스위치에 할당한다고 생각하면 헷갈리므로 스위치 안에 숨어 있는 단말이 있는데 그 단말에 IP 주소를 할당한다고 생각하기 바랍니다. 그 단말도 다른 단말처럼 VLAN 10에 속할 수도 있고, VLAN 20에 속할 수도 있습니다. 즉, 스위치에 IP 주소를 할당할 때는 VLAN 10에 속한 IP를 할당할 수도 있고, VLAN 20에 속한 IP 주소를 할당할 수도 있습니다.

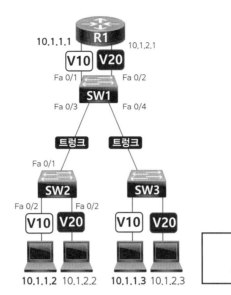

[그림 5-14] IP 할당

 설정 확인

선언된 VLAN과 액세스 링크 및 트렁크를 확인하기 위한 명령을 살펴보겠습니다.

❶ show vlan

스위치에서 선언된 VLAN 번호와 각 VLAN에 속한 포트를 확인할 수 있습니다.
[표 5-2]는 [그림 5-14]의 SW2에 대한 확인 결과입니다.

[표 5-2] VLAN 확인 명령: show vlan

스위치	명령어		
SW2	SW2#**show vlan**		
	VLAN Name	Status	Ports
	―――――――――――――	―――	―――――――――――――――――――
	1 default	active	Fa0/4, Fa0/5, Fa0/6, Fa0/7, Fa0/8, Fa0/9, Fa0/10, Fa0/11 Fa0/12, Fa0/13, Fa0/14, Fa0/15 Fa0/16, Fa0/17, Fa0/18, Fa0/19 Fa0/20, Fa0/21, Fa0/22, Fa0/23 Fa0/24, Gig0/1, Gig0/2
	10 VLAN0010	active	Fa 0/2
	20 VLAN0020	active	Fa 0/3

❷ show interface trunk

트렁킹 상태, 사용 중인 인캡슐레이션 타입 등을 보여줍니다. [표 5-3]은 [그림 5-14]의 SW1에 대한 확인 결과입니다.

[표 5-3] 트렁크 확인 명령어

스위치	명령어				
SW1	SW1#show interface trunk				
	Port	Mode	Encapsulation	Status	Native vlan
	Fa0/3	auto	n−802.1q	trunking	1
	Fa0/4	auto	n−802.1q	trunking	1

VLAN 설정은 스위치의 가장 기본적이고 핵심적인 것이므로 VLAN 선언, 트렁크 포트 설정, 액세스 포트 설정의 세 가지 명령을 '스위치의 세 가지 기본 명령어'라 부릅니다.

[표 5-4] 네트워크 구축을 위한 아홉 가지 기본 명령어

순서	라우터의 세 가지 기본 명령어	스위치의 세 가지 기본 명령어	단말의 세 가지 기본 설정
1	no shutdown	vlan 10	IP 주소
2	ip address 200.1.1.1 255.255.255.0	switchport mode trunk	서브넷 마스크
3	router eigrp 100 network 200.1.1.0	switchport access vlan 10	디폴트 게이트웨이

1. [그림 5-15]와 같이 VLAN을 설정하시오.

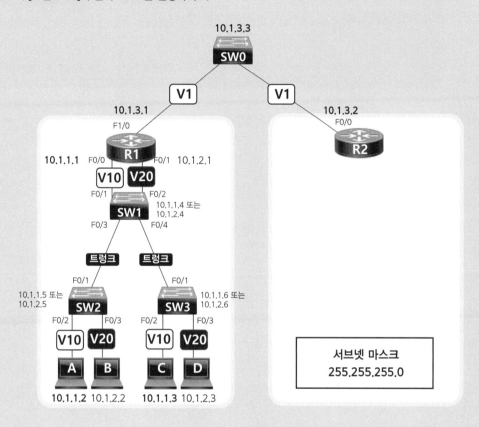

[그림 5-15] VLAN 설정 환경

2. IP 주소와 라우팅 프로토콜을 설정하면 통신이 되는지 핑을 활용해 확인하시오.

솔루션

1. [그림 5-15]와 같이 VLAN을 설정하시오.

[표 5-5]를 참조하기 바랍니다.

[표 5-5] VLAN 설정

스위치	명령어
SW0	SW0에는 VLAN을 설정하지 않습니다. 스위치의 모든 포트들은 디폴트로 VLAN 1에 속합니다.
SW1	Switch)enable Switch#configure terminal Switch(config)#vlan 10 Switch(config-vlan)#vlan 20 Switch(config-vlan)#exit Switch(config)#interface fastethernet 0/3 Switch(config-if)#switchport mode trunk Switch(config-if)#exit Switch(config)#interface fastethernet 0/4 Switch(config-if)#switchport mode trunk Switch(config-if)#exit Switch(config)#interface fastethernet 0/1 Switch(config-if)#switchport access vlan 10 Switch(config-if)#exit Switch(config)#interface fastethernet 0/2 Switch(config-if)#switchport access vlan 20
SW2	Switch)enable Switch#configure terminal Switch(config)#vlan 10 Switch(config-vlan)#vlan 20 Switch(config-vlan)#exit Switch(config)#interface fastethernet 0/1 Switch(config-if)#switchport mode trunk Switch(config-if)#exit Switch(config)#interface fastethernet 0/2 Switch(config-if)#switchport access vlan 10 Switch(config-if)#exit Switch(config)#interface fastethernet 0/3 Switch(config-if)#switchport access vlan 20
SW3	Switch)enable Switch#configure terminal Switch(config)#vlan 10 Switch(config-vlan)#vlan 20 Switch(config-vlan)#exit Switch(config)#interface fastethernet 0/1

SW3	Switch(config-if)#switchport mode trunk Switch(config-if)#exit Switch(config)#interface fastethernet 0/2 Switch(config-if)#switchport access vlan 10 Switch(config-if)#exit Switch(config)#interface fastethernet 0/3 Switch(config-if)#switchport access vlan 20

---

2. IP 주소와 라우팅 프로토콜을 설정하면 통신이 되는지 핑을 활용해 확인하시오.

라우터의 설정은 [표 5-6]을 참조하기 바랍니다.

[표 5-6] 라우터의 IP 주소와 라우팅 프로토콜 설정

라우터	명령어
R1	Router>enable Router#configure terminal Router(config)#interface fastethernet 0/0 Router(config-if)#no shutdown Router(config-if)#ip address 10.1.1.1 255.255.255.0 Router(config-if)#exit Router(config)#interface fastethernet 0/1 Router(config-if)#no shutdown Router(config-if)#ip address 10.1.2.1 255.255.255.0 Router(config-if)#exit Router(config)#interface fastethernet 1/0 Router(config-if)#no shutdown Router(config-if)#ip address 10.1.3.1 255.255.255.0 Router(config-if)#exit Router(config)#router eigrp 100 Router(config-router)#network 10.0.0.0
R2	Router>enable Router#configure terminal Router(config)#interface fastethernet 0/0 Router(config-if)#no shutdown Router(config-if)#ip address 10.1.3.2 255.255.255.0 Router(config-if)#exit Router(config)#router eigrp 100 Router(config-router)#network 10.0.0.0

PC의 설정은 다음 페이지의 [표 5-7]을 참조하기 바랍니다.

[표 5-7] PC의 IP 주소와 라우팅 프로토콜 설정

PC 들	IP 주소	서브넷 마스크	디폴트 게이트웨이
PC A	10.1.1.2	255.255.255.0	10.1.1.1
PC B	10.1.2.2	255.255.255.0	10.1.2.1
PC C	10.1.1.3	255.255.255.0	10.1.1.1
PC D	10.1.2.3	255.255.255.0	10.1.2.1

스위치의 IP 주소 설정은 [표 5-8]을 참조하기 바랍니다.

[표 5-8] 스위치의 IP 주소 설정

스위치	명령어
SW0	Switch>enable Switch#configure terminal Switch(config)#interface vlan 1 Switch(config-if)#no shutdown Switch(config-if)#ip address 10.1.3.3 255.255.255.0 Switch(config-if)#exit Switch(config)#ip default-gateway 10.1.3.1 [디폴트 게이트웨이(라우터)는 2대가 있으므로 10.1.3.2로 설정해도 무방하다.]
SW1	Switch>enable Switch#configure terminal Switch(config)#interface vlan 10 Switch(config-if)#no shutdown Switch(config-if)#ip address 10.1.1.4 255.255.255.0 Switch(config-if)#exit Switch(config)#ip default-gateway 10.1.1.1 또는 Switch(config)#interface vlan 20 Switch(config-if)#no shutdown Switch(config-if)#ip address 10.1.2.4 255.255.255.0 Switch(config-if)#exit Switch(config)#ip default-gateway 10.1.2.1
SW2	Switch>enable Switch#configure terminal Switch(config)#interface vlan 10 Switch(config-if)#no shutdown Switch(config-if)#ip address 10.1.1.5 255.255.255.0 Switch(config-if)#exit Switch(config)#ip default-gateway 10.1.1.1 또는 Switch(config)#interface vlan 20 Switch(config-if)#no shutdown Switch(config-if)#ip address 10.1.2.5 255.255.255.0

SW2	Switch(config-if)#exit Switch(config)#ip default-gateway 10.1.2.1
SW3	Switch>enable Switch#configure terminal Switch(config)#interface vlan 10 Switch(config-if)#no shutdown Switch(config-if)#ip address 10.1.1.6 255.255.255.0 Switch(config-if)#exit Switch(config)#ip default-gateway 10.1.1.1 또는 Switch(config)#interface vlan 20 Switch(config-if)#no shutdown Switch(config-if)#ip address 10.1.2.6 255.255.255.0 Switch(config-if)#exit Switch(config)#ip default-gateway 10.1.2.1

1. [그림 5–16]은 코어 계층과 디스트리뷰션 계층을 이중화한 것입니다. R1과 SW3는 1대의 L3 스위치로
   대체됩니다. R2/SW4도 마찬가지입니다. VLAN을 설정하시오.

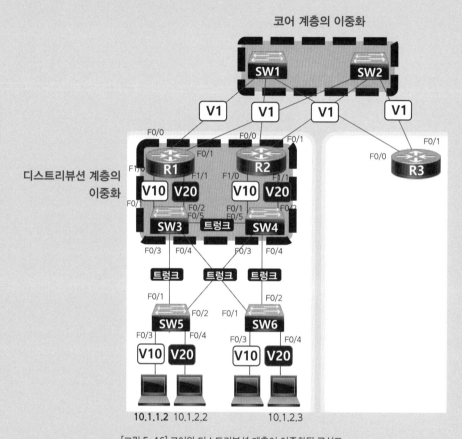

[그림 5–16] 코어와 디스트리뷰션 계층이 이중화된 구성도

2. IP 주소와 라우팅 프로토콜을 설정하면 통신이 되는지 핑을 활용해 확인하시오. 단, [표 5–9]의 IP 주
   소를 활용하고, 스위치에 IP 주소를 설정하지 마시오.

[표 5–9] IP 디자인 조건

구분	조건
서브넷 마스크	255.255.255.0
적용할 IP 주소 범위	10.X.X.X [10.0.0.0 ~ 10.255.255.255]

1. [그림 5-16]은 코어 계층과 디스트리뷰션 계층을 이중화한 것입니다. R1과 SW3는 1대의 L3 스위치로 대체됩니다. R2/SW4도 마찬가지입니다. VLAN을 설정하시오.

[표 5-10]을 참조하기 바랍니다.

[표 5-10] VLAN 설정

스위치	명령어
SW1과 SW2	SW1과 SW2에는 VLAN을 설정하지 않습니다. 스위치의 모든 포트들은 디폴트로 VLAN 1에 속합니다.
SW3	Switch〉enable Switch#configure terminal Switch(config)#vlan 10 Switch(config-vlan)#vlan 20 Switch(config-vlan)#exit Switch(config)#interface fastethernet 0/1 Switch(config-if)#switchport access vlan 10 Switch(config-if)#exit Switch(config)#interface fastethernet 0/2 Switch(config-if)#switchport access vlan 20 Switch(config-if)#exit Switch(config)#interface fastethernet 0/3 Switch(config-if)#switchport mode trunk Switch(config-if)#exit Switch(config)#interface fastethernet 0/4 Switch(config-if)#switchport mode trunk Switch(config-if)#exit Switch(config)#interface fastethernet 0/5 Switch(config-if)#switchport mode trunk
SW4	Switch〉enable Switch#configure terminal Switch(config)#vlan 10 Switch(config-vlan)#vlan 20 Switch(config-vlan)#exit Switch(config)#interface fastethernet 0/1 Switch(config-if)#switchport access vlan 10 Switch(config-if)#exit Switch(config)#interface fastethernet 0/2 Switch(config-if)#switchport access vlan 20 Switch(config-if)#exit Switch(config)#interface fastethernet 0/3 Switch(config-if)#switchport mode trunk Switch(config-if)#exit

SW4	Switch(config)#interface fastethernet 0/4 Switch(config-if)#switchport mode trunk Switch(config-if)#exit Switch(config)#interface fastethernet 0/5 Switch(config-if)#switchport mode trunk
SW5	Switch>enable Switch#configure terminal Switch(config)#vlan 10 Switch(config-vlan)#vlan 20 Switch(config-vlan)#exit Switch(config)#interface fastethernet 0/1 Switch(config-if)#switchport mode trunk Switch(config-if)#exit Switch(config)#interface fastethernet 0/2 Switch(config-if)#switchport mode trunk Switch(config-if)#exit Switch(config)#interface fastethernet 0/3 Switch(config-if)#switchport access vlan 10 Switch(config-if)#exit Switch(config)#interface fastethernet 0/4 Switch(config-if)#switchport access vlan 20
SW6	Switch>enable Switch#configure terminal Switch(config)#vlan 10 Switch(config-vlan)#vlan 20 Switch(config-vlan)#exit Switch(config)#interface fastethernet 0/1 Switch(config-if)#switchport mode trunk Switch(config-if)#exit Switch(config)#interface fastethernet 0/2 Switch(config-if)#switchport mode trunk Switch(config-if)#exit Switch(config)#interface fastethernet 0/3 Switch(config-if)#switchport access vlan 10 Switch(config-if)#exit Switch(config)#interface fastethernet 0/4 Switch(config-if)#switchport access vlan 20

2. IP 주소와 라우팅 프로토콜을 설정하면 통신이 되는지 핑을 활용해 확인하시오. 단, [표 5-9]의
   IP 주소를 활용하고, 스위치에 IP 주소를 설정하지 마시오.

네트워크 수는 [그림 5-17]과 같이 총 4개입니다. 서브넷 마스크는 255.255.255.0이므로 10.1.1, 10.1.2, 10.1.3, 10.1.4 네트워크를 할당했습니다.

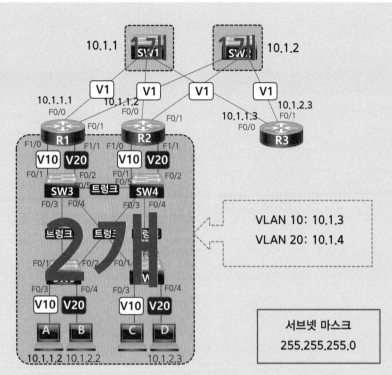

[그림 5-17] 네트워크 수는 총 4개로 10.1.1/10.1.2/10.1.3/10.1.4를 할당했다.

각 장치들의 최종적인 IP 주소는 [그림 5-18]과 같습니다.

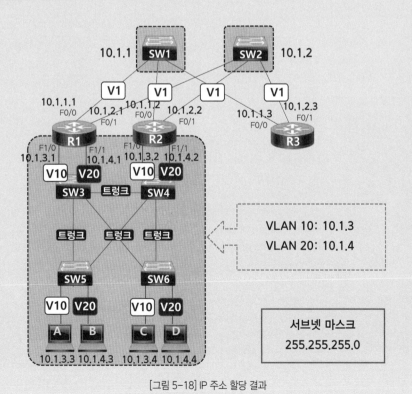

[그림 5-18] IP 주소 할당 결과

라우터에 대한 IP 주소와 라우팅 프로토콜 설정은 [표 5-11]과 같습니다.

[표 5-11] 라우터 설정

라우터	명령어
R1	Router#configure terminal Router(config)#hostname R1 R1(config)#interface fastethernet 0/0 R1(config-if)#no shutdown R1(config-if)#ip address 10.1.1.1 255.255.255.0 R1(config-if)#exit R1(config)#interface fastethernet 0/1 R1(config-if)#no shutdown R1(config-if)#ip address 10.1.2.1 255.255.255.0 R1(config-if)#exit R1(config)#interface fastethernet 1/0 R1(config-if)#no shutdown R1(config-if)#ip address 10.1.3.1 255.255.255.0 R1(config-if)#exit R1(config)#interface fastethernet 1/1 R1(config-if)#no shutdown R1(config-if)#ip address 10.1.4.1 255.255.255.0 R1(config-if)#exit R1(config)#router eigrp 100 R1(config-router)#network 10.0.0.0
R2	Router#configure terminal Router(config)#hostname R2 R2(config)#interface fastethernet 0/0 R2(config-if)#no shutdown R2(config-if)#ip address 10.1.1.2 255.255.255.0 R2(config-if)#exit R2(config)#interface fastethernet 0/1 R2(config-if)#no shutdown R2(config-if)#ip address 10.1.2.2 255.255.255.0 R2(config-if)#exit R2(config)#interface fastethernet 1/0 R2(config-if)#no shutdown R2(config-if)#ip address 10.1.3.2 255.255.255.0 R2(config-if)#exit R2(config)#interface fastethernet 1/1 R2(config-if)#no shutdown R2(config-if)#ip address 10.1.4.2 255.255.255.0 R2(config-if)#exit R2(config)#router eigrp 100 R2(config-router)#network 10.0.0.0

R3	Router#configure terminal Router(config)#hostname R3 R3(config)#interface fastethernet 0/0 R3(config-if)#no shutdown R3(config-if)#ip address 10.1.1.3 255.255.255.0 R3(config-if)#exit R3(config)#interface fastethernet 0/1 R3(config-if)#no shutdown R3(config-if)#ip address 10.1.2.3 255.255.255.0 R3(config-if)#exit R3(config)#router eigrp 100 R3(config-router)#network 10.0.0.0

[표 5-12]는 각 PC들의 IP 설정을 보여줍니다.

[표 5-12] 각 PC들의 IP 설정

단말	IP 주소	서브넷 마스크	디폴트 게이트웨이
PC A	10.1.3.3	255.255.255.0	10.1.3.1 또는 10.1.3.2
PC B	10.1.4.3	255.255.255.0	10.1.4.1 또는 10.1.4.2
PC C	10.1.3.4	255.255.255.0	10.1.3.1 또는 10.1.3.2
PC D	10.1.4.4	255.255.255.0	10.1.4.1 또는 10.1.4.2

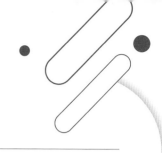

03 스위치 스태킹
LESSON

VLAN은 스위치를 쪼개는 솔루션, 스위칭 스태킹은 스위치를 합치는 솔루션입니다.

01 스위치 스태킹의 필요성

VLAN은 1대의 스위치를 다수의 스위치로 만드는 솔루션인 스위치 스태킹 (Switch Stacking)은 다수의 스위치를 1대로 만드는 솔루션입니다. 이때, 스택 마스터(stack master) 역할을 하는 스위치를 통해 모든 스위치를 설정할 수 있습니다. 스위치들은 스택 포트(A 또는 B 포트)를 통해 연결합니다. 예를 들어, 90포트짜리 스위치 1대를 살 수도 있고, 30포트짜리 스위치 3대를 스위치 스태킹으로 연결할 수도 있습니다. 비용 측면에서 후자가 나은 경우가 많으며, 기존 스위치에 포트 추가를 위해 적용하는 솔루션입니다.

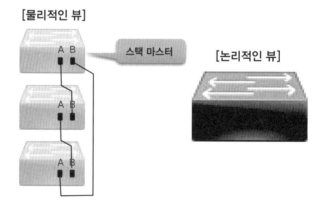

[그림 5-19] 스위치 스태킹

가상화란, 가짜화 솔루션입니다. 즉, 스위치 1대를 2대처럼 사용하거나 스위치 2대를 1대처럼 사용하게 합니다. 또한 링크 1개를 2개 대신 사용하거나 다수의 링크를 하나의 링크처럼 사용하게 합니다. [표 5-12]에서 트렁크는 다수의 링크들을 하나의 링크로 대신하는 솔루션, 이더채널은 다수의 링크를 하나의 링크로 묶는 솔루션입니다. VLAN은 스위치를 쪼개 다수의 스위치로 만드는 솔루션이고, 스태킹은 다수의 스위치들을 합쳐 하나의 스위치처럼 사용하는 솔루션입니다.

[표 5-12] 가상화 솔루션들

구분	分	合
링크	트렁크	이더채널
스위치	VLAN	스태킹

CHAPTER

Lesson 1 | **STP는 어떤 문제를 해결할까?**
    1. 백업 루트의 이점과 문제점
    2. STP와 BPDU

Lesson 2 | **STP의 포트 블로킹**
    1. 루트 스위치의 선정
    2. 루트 포트
    3. 난-데지그네이티드 포트
    4. 데지그네이티드 포트

Lesson 3 | **STP 동작 확인**
    1. show spanning-tree 명령

Lesson 4 | **STP의 약점과 솔루션**
    1. PVST와 MST

STP

스위치를 동그랗게 연결하면 백업 루트가 생깁니다. 그러나 스위치는 브로드캐스트를 차단할 수 없으므로 브로드캐스트가 빠른 속도로 회전해 CPU/메모리/밴드위스와 같은 네트워크 자원을 고갈시켜버립니다. 이 문제를 해결하는 것이 STP입니다.

STP는 어떤 문제를 해결할까?

LESSON 01

스위치로 연결된 네트워크에서 백업 루트를 만들면 가용성은 좋아지지만 스위칭 룹이 일어납니다. 이 문제를 해결하는 프로토콜이 STP(Spanning Tree Protocol)입니다.

01 백업 루트의 이점과 문제점

[그림 6-1]과 같이 디스트리뷰션 계층을 이중화하고 SW1-SW2를 연결하면 백업 루트가 생겨 가용성이 좋아집니다. 즉, PC에서 R2로 갈때, PC-SW3-SW2-R2 경로와 PC-SW3-SW1-SW2-R2 경로를 활용할 수 있기 때문입니다. 이렇게 백업 루트가 만들어지도록 스위치를 동그랗게 연결했을 때, 스위칭 룹(switching loop)이 일어났다고 합니다.

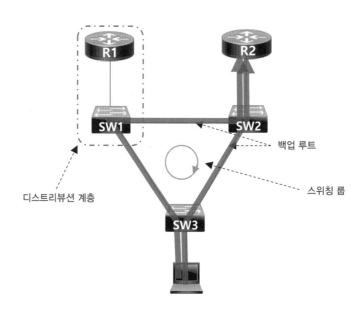

[그림 6-1] 백업 루트가 만들어지도록 스위치를 동그랗게 연결했을 때 스위칭 룹이 일어났다고 한다.

그러나 스위치는 브로드캐스트를 차단하지 못하기 때문에 브로드캐스트 프레임은 [그림 6-2]와 같이 순환하게 됩니다. 또한 유니캐스트의 목적지 주소가 스위칭 테이블에 존재하지 않는다면 스위치는 모든 포트로 프레임을 플러딩하기 때문에 유니캐스트도 순환할 수 있습니다. 이때, 순환하는 프레임의 속도는 밴드위스, CPU,

메모리와 같은 네트워크 자원을 모두 고갈시킬 정도로 빠를 것이므로 결국 네트워크가 다운되는 효과가 발생합니다.

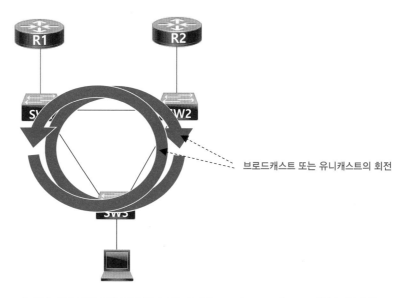

[그림 6-2] 스위칭 룹 환경에서 볼 수 있는 유니캐스트 또는 브로드캐스트 프레임의 빠른 순환

02 STP와 BPDU

스위칭 룹 환경에서 발생하는 브로드캐스트나 유니캐스트의 빠른 회전 문제를 해결하는 것이 STP입니다. STP는 [그림 6-3]과 같이 BPDU(Bridge Protocol Data Unit) 프레임을 교환해 특정 포트를 차단함으로써 브로드캐스트나 유니캐스트 프레임의 순환을 막습니다.

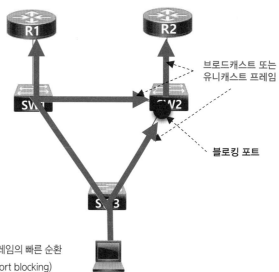

[그림 6-3] 브로드캐스트나 유티캐스트 프레임의 빠른 순환
문제를 해결하는 포트 블로킹(port blocking)

STP가 포트 블로킹을 위해 교환하는 BPDU 프레임의 포맷은 [표 6-1]과 같습니다.

[표 6-1] BPDU 필드

바이트	프로토콜 ID
1	프로토콜 버전
1	BPDU 타입
1	플래그(TC/TCA)
8	루트 스위치 ID
4	패스 코스트(path cost)
8	(BPDU가 방금 통과한) 스위치 ID
2	(BPDU가 방금 통과한) 스위치 포트 ID
2	메시지 에이지(message age)
2	맥스 에이지(max age)
2	헬로 타임(hello time)
2	포워드 딜레이(forward delay)

이 값을 비교해
루트 스위치를 정함.

이 값들을 비교해 포워딩과
블로킹 포트를 정함.

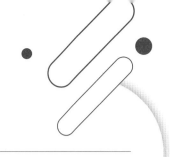

STP의 포트 블로킹

STP가 포트를 블로킹할 때, 제일 먼저 기준 스위치인 루트 스위치(Root switch)를 선정합니다. 난-루트 스위치(Non-Root switch, 루트 스위치가 아닌 일반 스위치)는 루트 스위치가 보낸 BPDU를 비교해 포워딩 포트와 블로킹 포트를 결정합니다.

01 루트 스위치의 선정

스위치 ID는 [그림 6-4]와 같이 2바이트의 프라이오리티와 6바이트의 MAC 주소로 구성되는데, 디폴트 프라이오리티는 32768입니다. STP의 기준 스위치를 루트 스위치라 부릅니다. STP(Spanning Tree Protocol)의 기준 스위치를 루트(root) 스위치라 부르는 이유는 프로토콜의 이름에 나무(Tree)가 들어가기 때문입니다. STP는 낮은 숫자를 좋아하는 프로토콜이므로 스위치 ID가 낮은 스위치가 루트 스위치가 됩니다.

[그림 6-4] 스위치 ID = 프라이오리티.MAC 주소

[표 6-2]에서는 루트 스위치는 누가 될까요? 제일 먼저 스위치 ID의 프라이오리티를 비교하므로 가장 낮은 프라이오리티(4096)를 갖는 스위치 ⓐ가 루트 스위치가 됩니다. 스위치 ⓐ가 다운된다면, 다음으로 낮은 프라이오리티(8192)를 갖는 스위치 ⓓ가 루트 스위치가 됩니다. 스위치 ⓐ와 ⓓ가 다운되면 스위치 ⓑ와 ⓒ가 루트 스위치가 될 수 있는데, 둘 중 보다 낮은 MAC 주소(cafe.1111.a567)를 갖는 스위치 ⓑ가 루트 스위치가 됩니다.

[표 6-2] 어떤 것이 루트 스위치일까?

스위치	스위치 ID	
	프라이오리티	MAC 주소
스위치 **ⓐ**	4096	cafe.1111.A568
스위치 **ⓑ**	32768	cafe.1111.A567
스위치 **ⓒ**	32768	face.1111.A567
스위치 **ⓓ**	8192	face.1111.A568

스위치들을 [그림 6-5]와 같이 연결하고 동시에 전원을 켜면, 처음에는 루트 스위치를 선정하지 못한 상태일 것입니다. 이때 모든 스위치는 자신이 루트 스위치라고 생각합니다. 루트 스위치만이 2초마다 모든 포트로 BPDU를 내보내는데 이때는 모든 스위치가 모든 포트로 2초마다 BPDU를 보냅니다.

즉, [표 6-1]의 BPDU의 루트 스위치 ID 필드에 자신의 ID를 입력해 보냅니다. BPDU를 수신했을 때, 자신보다 낮은 ID를 발견한 스위치는 자신이 더 이상 루트 스위치가 아니라는 것을 알게 됩니다. 따라서 BPDU를 출발시키는 대신, 루트 스위치가 보낸 BPDU를 모든 포트로 전달합니다. SW1의 스위치 ID가 4096으로 가장 낮습니다. SW1이 보낸 BPDU가 SW2와 SW3에 도착하면 SW2와 SW3는 BPDU를 더 이상 출발시키지 않고, SW1이 보낸 BPDU를 SW4에게 전달합니다. SW4도 자신보다 낮은 ID를 포함하는 BPDU를 수신했으므로 더 이상 BPDU를 출발시키지 않고, SW1에서 출발한 BPDU를 SW5에게 전달합니다. 그러면 SW5도 더 이상 BDPU를 출발시키지 않습니다. 루트 스위치를 뽑는 과정은 이와 같이 간단합니다. 즉, 처음에는 모든 루트 스위치들이 자신이 루트 스위치라고 떠듭니다. 떠들다 마는 스위치들은 난-루트(non-root) 스위치가 됩니다. 처음부터 끝까지 떠드는 스위치가 루트 스위치입니다. 루트 스위치를 선정하는 데는 약 2초 정도 걸릴 것입니다. BPDU를 보내는 주기가 2초이므로 2초 정도가 지나면 모든 스위치들은 BPDU를 교환할 수 있기 때문입니다.

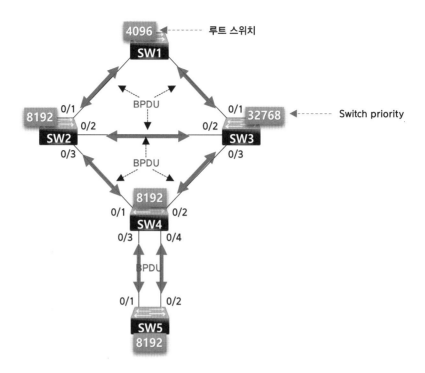

[그림 6-6] 루트 스위치 선정

[그림 6-6]에서 2, 4, 19, 100은 코스트로 밴드위스를 반영합니다. STP는 낮은 숫자를 좋아하는 프로토콜이므로 코스트가 낮을수록 밴드위스는 우수합니다.

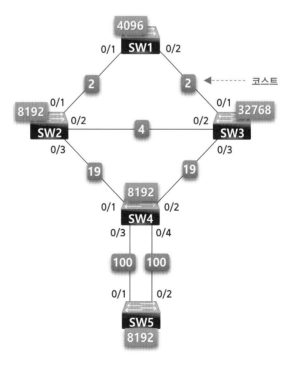

[그림 6-6] 코스트는 밴드위스를 나타낸다.

코스트와 밴드위스의 연관성은 [표 6-3]과 같습니다.

[표 6-3] STP 코스트

밴드위스	코스트
10Mbps	100
100Mbps	19
1Gbps	4
10Gbps	2

02 루트 포트

루트 포트(Root port)는 난-루트 스위치에서 루트 스위치에 대한 베스트 루트를 제공하는 포트로, 난-루트 스위치는 다음 순서대로 비교해 루트 포트를 찾습니다. 루트 스위치인 SW1은 루트 포트를 갖지 않습니다.

첫 번째, 패스 코스트(path cost)
두 번째, (BPDU가 방금 통과한) 스위치 ID
세 번째, (BPDU가 방금 통과한) 스위치의 포트 ID(번호)

SW2에서는 어떤 것이 루트 포트일까요? 루트 포트를 선정할 때 가장 먼저 비교하는 것은 패스 코스트입니다. 패스 코스트는 BPDU가 통과한 링크들의 '코스트 합(合)'입니다. 루트 스위치가 보낸 BPDU들은 [그림 6-7]과 같이 SW2의 모든 포트(0/1, 0/2, 0/3)를 통해 들어올 수 있습니다. 이 BPDU들의 패스 코스트는 각각 2(검은색 선), 6(= 2 + 4, 회색 선)과 40(= 2 + 19 + 19, 회색 선)입니다. 최소 패스 코스트(2)를 제공하는 0/1 포트가 루트 포트입니다. [그림 6-7]에서는 ★로 표시했습니다.

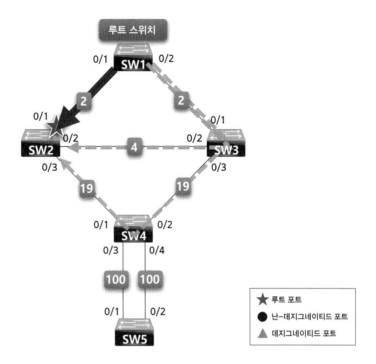

[그림 6-7] SW2의 루트 포트

SW3도 마찬가지입니다. 루트 스위치가 보낸 BPDU들은 [그림 6-8]과 같이 SW3의 모든 포트(0/1, 0/2, 0/3)를 통해 들어올 수 있습니다. 이 BPDU들의 패스 코스트는 각각 2(검은색 선), 6(= 2 + 4, 회색 선)과 40(= 2 + 19 + 19, 회색 선)입니다. 최소 패스 코스트(2)를 제공하는 0/1 포트가 루트 포트가 됩니다.

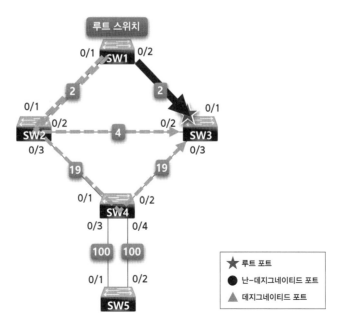

[그림 6-8] SW3의 루트 포트

SW4의 루트 포트도 찾아보겠습니다. 루트 스위치가 보낸 BPDU들은 SW4의 모든 포트(0/1과 0/2)를 통해 들어옵니다. 이 BPDU들의 패스 코스트는 21(= 2 + 19, 2개의 검은색 선)로 동일합니다.

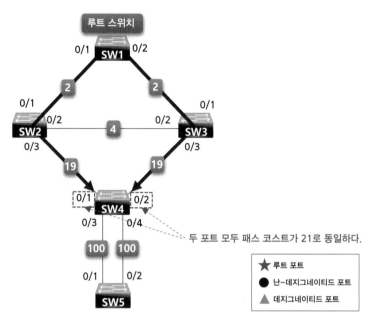

[그림 6-9] SW4의 루트 포트

다음으로 비교하는 것이 BPDU가 방금 통과한 스위치 ID입니다. SW4에 도착한 BPDU가 방금 통과하는 스위치는 [그림 6-10]과 같이 SW2와 SW3입니다. SW2의 ID(4096.----.----.----)가 SW3의 ID(32768.----.----.----)보다 낮기 때문에 방금 통과한 스위치 ID가 낮은 0/1 포트가 루트 포트가 됩니다. BPDU는 항상 방금 통과한 스위치 ID를 포함합니다. 지금 이 순간 필요한 것이지요.

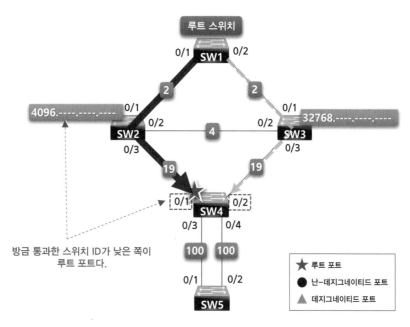

[그림 6-10] SW4의 루트 포트

SW5의 루트 포트는 무엇일까요? 루트 스위치가 보낸 BPDU들은 SW5의 0/1과 0/2 포트를 통해 들어옵니다. 이때 두 경로의 패스 코스트는 [그림 6-11]과 같이 121(= 2 + 19 + 100, 검은색 선)로 동일합니다. 패스 코스트가 동일하기 때문에 SW5 는 BPDU가 방금 통과한 스위치 ID를 비교해야 하는데, 두 BDPU 모두 SW4를 통과했으므로 방금 통과한 스위치의 ID도 동일합니다.

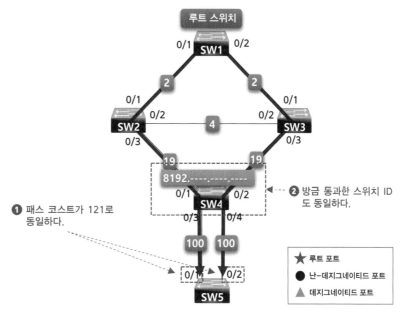

[그림 6-11] SW5의 루트 포트

SW5가 마지막으로 비교하는 것은 BPDU가 방금 통과한 스위치의 포트 ID(번호)입니다. SW5는 방금 통과한 스위치(SW4)의 낮은 포트 ID(0/3)를 가진 쪽 포트(SW5의 0/1)를 선택합니다. BPDU는 항상 방금 통과한 스위치의 포트 ID를 포함합니다. 지금 이 순간 필요한 것이죠.

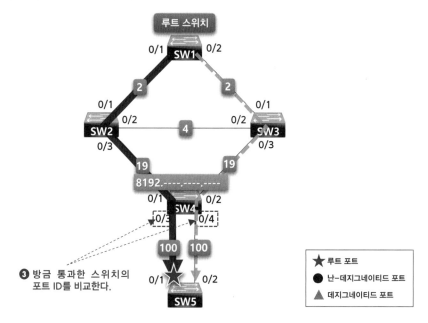

[그림 6-12] SW5의 루트 포트

난-루트 스위치들이 루트 포트를 선정하면, [그림 6-13]과 같이 사용할 링크와 사용하지 않을 링크가 결정됩니다. 루트 포트를 포함하는 링크들은 사용하는 링크, 루트 포트를 포함하지 않는 링크들은 사용하지 않는 링크가 됩니다.

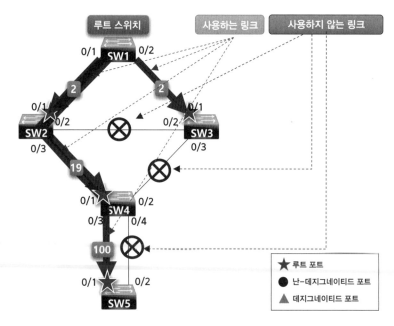

[그림 6-13] 사용하는 링크들과 사용하지 않는 링크들

03 난-데지그네이티드 포트

사용하지 않는 링크를 연결하는 두 포트 중 한 포트만 블로킹하면 됩니다. 이 블로킹 포트를 난-데지그네이티드 포트(Non-designated port) 또는 올터네이트 포트(Alternate port)라고 합니다. 난-데지그네이티드 포트의 선택 기준들과 순서는 루트 포트를 선택할 때와 동일합니다.

첫 번째, 패스 코스트(path cost)
두 번째, (BPDU가 방금 통과한) 스위치 ID
세 번째, (BPDU가 방금 통과한) 스위치의 포트 ID(번호)

SW2-SW3 링크에서 어떤 포트가 난-데지그네이티드 포트일까요? SW2의 0/2 포트의 패스 코스트와 SW3의 0/2 포트의 패스 코스트는 [그림 6-14]와 같이 2로 동일합니다.

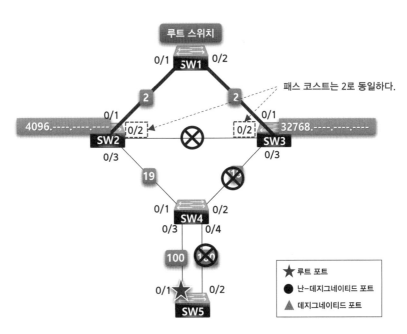

[그림 6-14] SW2-SW3 링크의 난-데지그네이티드 포트

다음으로 BPDU가 방금 통과한 스위치 ID를 비교해야 합니다. [그림 6-16]과 같이 SW3의 ID(32768.----.----.----)는 SW2의 ID(4096.----.----.----)가 보다 높으므로 SW3의 0/2 포트가 난-데지그네이티드 포트가 됩니다. [그림 6-16]에서는 ●로 표시했습니다. STP는 높은 숫자를 싫어하는 프로토콜이기 때

문입니다. 즉, SW2와 SW3는 루트 스위치가 보낸 BPDU들을 교환해 스위치 ID가 높은 쪽 스위치(SW3)가 자신의 포트(0/2)를 난-데지그네이티드 포트로 지정합니다. 난-데지그네이트 포트를 블로킹 상태에 두어 프레임의 회전을 막습니다.

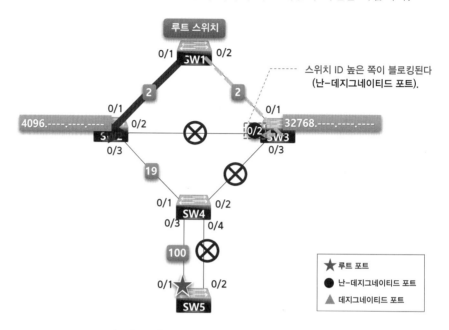

[그림 6-15] SW2-SW3 링크의 난-데지그네이티드 포트

SW3-SW4 링크에서 어떤 포트가 난-데지그네이티드 포트일까요? [그림 6-16] 과 같이 SW3의 0/3 포트의 패스 코스트는 2, SW4의 0/2 포트의 패스 코스트는 21입니다. 따라서 SW4의 0/2 포트가 난-데지그네이티드 포트가 됩니다.

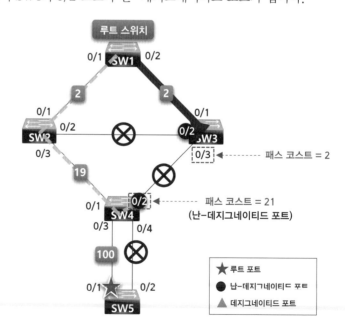

[그림 6-16] SW3-SW4 링크의 난-데지그네이티드 포트

SW4-SW5를 연결하는 링크들 중 오른쪽 링크에서 어떤 포트가 난-데지그네이티드 포트일까요? [그림 6-17]과 같이 SW4의 0/4 포트의 패스 코스트는 21, SW5의 0/2 포트의 패스 코스트는 121입니다. 따라서 SW5의 0/2 포트가 난-데지그네이티드 포트입니다.

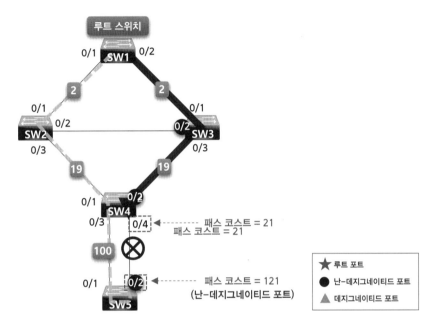

[그림 6-17] SW4-SW5 오른쪽 링크의 난-데지그네이티드 포트

04 데지그네이티드 포트

루트 포트와 난-데지그네이티드 포트를 선정하고 나면, [그림 6-19]에서 ▲로 표시된 나머지 포트들은 데지그네이티드 포트(Designated port)가 됩니다. 루트 포트는 각각의 난-루트 스위치에서 가장 좋은 포트이고, 데지그네이티드 포트는 각각의 링크에서 가장 좋은 포트입니다. 여기서 가장 좋은 포트란, 기준 스위치인 루트 스위치에 가장 가까운 포트를 말합니다.

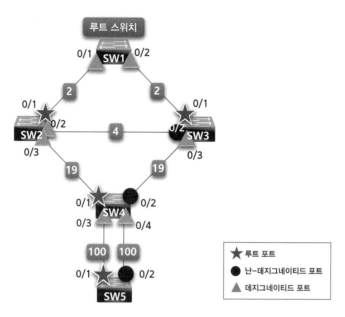

[그림 6-18] 데지그네이티드 포트들

SW1-SW2 링크에서 [그림 6-19]와 같이 SW1의 0/1 포트는 루트 스위치의 포트이므로 패스 코스트가 0, SW2의 0/1 포트의 패스 코스트는 6입니다. 따라서 SW1의 0/1 포트가 데지그네이티드 포트입니다.

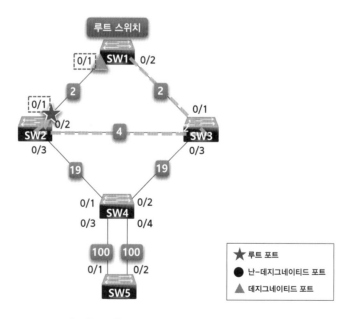

[그림 6-19] SW1-SW2 링크의 데지그네이티드 포트

SW1-SW3 링크에서 [그림 6-20]과 같이 SW1의 0/2 포트는 루트 스위치의 포트이므로 패스 코스트는 0, SW3의 0/1 포트의 패스 코스트는 6입니다. 따라서 SW1의

0/2 포트가 데지그네이티드 포트가 됩니다. 계산상 루트 스위치의 모든 포트들은
데지그네이티드 포트가 될 수밖에 없습니다.

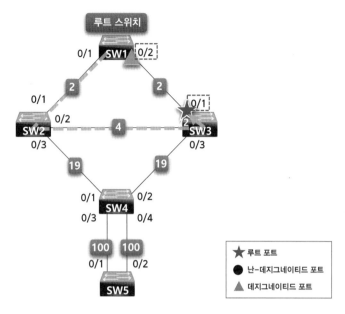

[그림 6-20] SW1-SW3 링크의 데지그네이티드 포트

SW2-SW3 링크에서는 [그림 6-21]과 같이 SW2의 0/2 포트와 SW3의 0/2 포트의
패스 코스트는 2로 동일하기 때문에 다음으로 두 스위치의 ID를 비교해야 합니다.
SW2의 ID(4096.----.----.----)가 SW3의 ID(32768.----.----.----) 보다
낮으므로 SW2의 0/2 포트가 데지그네이티드 포트가 됩니다.

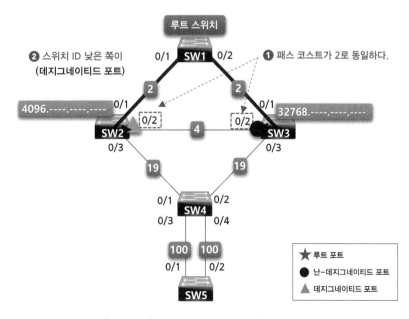

[그림 6-21] SW2-SW3 링크의 데지그네이티드 포트

SW2-SW4 링크에서 [그림 6-23]과 같이 SW2의 0/3 포트의 패스 코스트가 2, SW4의 0/1 포트의 패스 코스트는 21입니다. 따라서 SW2의 0/3 포트가 데지그네이티드 포트가 됩니다.

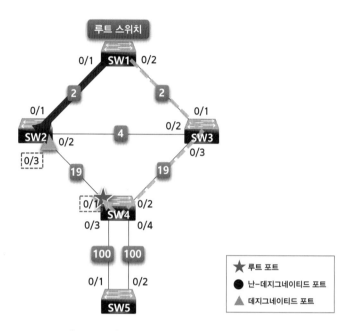

[그림 6-22] SW2-SW4 링크의 데지그네이티드 포트

SW3-SW4 링크에서 [그림 6-23]과 같이 SW3의 0/3 포트의 패스 코스트는 2, SW4의 0/2 포트의 패스 코스트는 21입니다. 따라서 SW3의 0/3 포트가 데지그네이티드 포트가 됩니다.

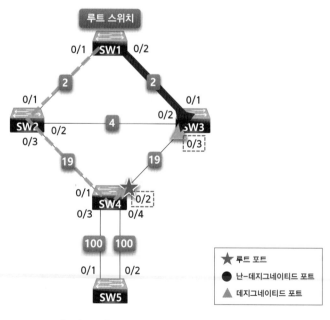

[그림 6-23] SW3-SW4 링크의 데지그네이티드 포트

SW4-SW5를 연결하는 왼쪽 링크에서 [그림 6-25]와 같이 SW4의 0/3 포트의 패스 코스트는 21이고, SW5 0/1 포트의 패스 코스트는 121입니다. 따라서 SW4의 0/3 포트가 데지그네이티드 포트가 됩니다.

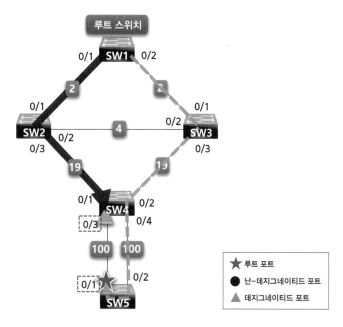

[그림 6-24] SW4-SW5 왼쪽 링크의 데지그네이티드 포트

SW4-SW5 오른쪽 링크에서 [그림 6-25]와 같이 SW4의 0/4 포트의 패스 코스트는 21, SW5의 0/2 포트의 패스 코스트는 121입니다. 따라서 SW4의 0/4 포트가 데지그네이티드 포트가 됩니다.

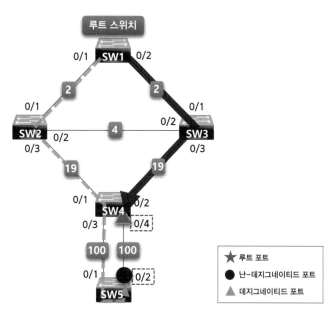

[그림 6-25] SW4-SW5 오른쪽 링크의 데지그네이티드 포트

STP에서 루트와 데지그네이티드 포트는 포워딩 상태에 두고, 난-데지그네이티드 포트는 블로킹 상태에 두어 스위칭 룹 환경에서 발생하는 브로드캐스트와 유니캐스트 프레임의 회전 문제를 해결합니다.

[표 6-4] 포트의 역할과 상태

역할	상태
루트 포트	포워딩
데지그네이티드 포트	포워딩
난-데지그네이티드(또는 올터네이트) 포트	블로킹

이번 사례에서 루트, 데지그네이티드, 난-데지그네이티드 포트의 역할과 상태는 [표 6-5], [그림 6-26]과 같습니다.

[표 6-5] 포트의 역할과 상태

포트		역할	상태
SW1	0/1	데지그네이티드	포워딩
	0/2	데지그네이티드	포워딩
SW2	0/1	루트	포워딩
	0/2	데지그네이티드	포워딩
	0/3	데지그네이티드	포워딩
SW3	0/1	루트	포워딩
	0/2	난-데지그네이티드	블로킹
	0/3	데지그네이티드	포워딩
SW4	0/1	루트	포워딩
	0/2	난-데지그네이티드	블로킹
	0/3	데지그네이티드	포워딩
	0/4	데지그네이티드	포워딩
SW5	0/1	루트	포워딩
	0/2	난-데지그네이티드	블로킹

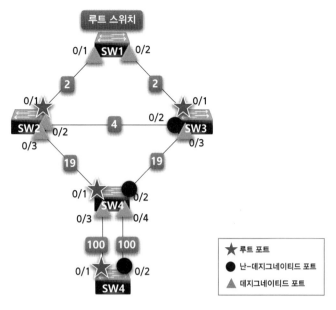

[그림 6-26] 포트의 역할과 상태

STP 포트의 역할 찾기

1. 루트 스위치를 찾으시오. 단, 각 스위치의 스위치 ID는 [표 6–6]과 같습니다.

[표 6–6] 각 스위치의 ID

스위치	스위치 ID		비고
	프라이오리티	MAC 주소	
SW1	32768	0000.0C72.12AB	
SW2	32768	0000.0C72.CAFE	
SW3	4096	0000.0C72.FACE	
SW4	32768	0000.0C72.4783	

2. [그림 6–27]에서 스위치 포트의 역할을 찾으시오.

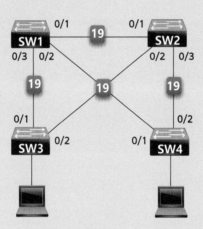

[그림 6–27] 스위치 포트의 역할을 찾아라!

미니 과제

솔루션

> 1. 루트 스위치를 찾으시오. 단, 각 스위치의 스위치 ID는 [표 6-6]과 같습니다.

프라이오리티(4096)가 가장 우수한(낮은) SW3이 루트 스위치입니다.

[표 6-7] 스위치들의 ID

스위치	스위치 ID		비고
	프라이오리티	MAC 주소	
SW1	32768	0000.0C72.12AB	
SW2	32768	0000.0C72.CAFE	
SW3	**4096**	**0000.0C72.FACE**	**루트 스위치**
SW4	32768	0000.0C72.4783	

> 2. [그림 6-28]에서 스위치 포트의 역할을 찾으시오.

정답은 [그림 6-28]과 같습니다. 루트 포트와 데지그네이티드 포트는 포워딩 상태, 난-데지그네이티드 포트는 블로킹 상태에 둡니다.

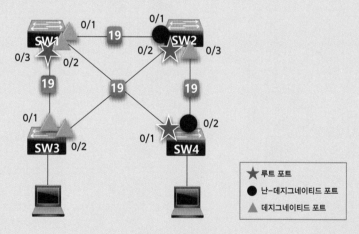

★ 루트 포트
● 난-데지그네이티드 포트
▲ 데지그네이티드 포트

[그림 6-29] 포트의 역할

그 이유는 다음과 같습니다.

❶ 루트 포트

- **SW1:** 루트 스위치에서 출발한 BPDU들은 [그림 6-30]과 같이 SW1의 모든 포트들(0/1, 0/2와 0/3)을 통해 들어옵니다. 이때 BPDU들의 패스 코스트는 각각 19(검은색 선), 57(= 19 + 19 + 19, 회색 점선), 38(= 19 + 19, 회색 실선)인데, 최소 패스 코스트(19)를 제공하는 0/3 포트가 루트 포트입니다. 루트 포트는 난-루트 스위치에서 루트 스위치로 가는 베스트 루트를 제공합니다.

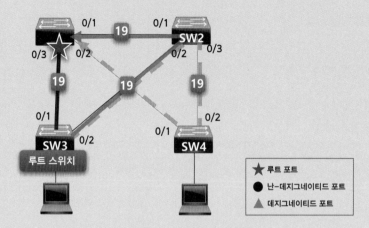

[그림 6-30] SW1의 루트 포트

- **SW2:** 루트 스위치에서 출발한 BPDU들은 [그림 6-30]과 같이 SW2의 모든 포트들(0/1, 0/2와 0/3)을 통해 들어옵니다. 이때, BPDU들의 패스 코스트는 각각 38(= 19 + 19, 회색 실선), 19(검은색 선), 57(= 19 + 19 + 19, 회색 점선)인데, 최소 패스 코스트(19)를 제공하는 0/2 포트가 루트 포트입니다.

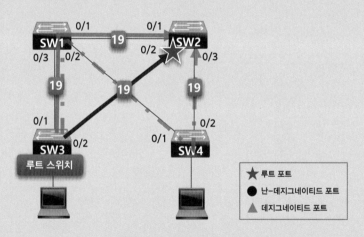

[그림 6-30] SW2의 루트 포트

- **SW3:** 자신이 루트 스위치인 SW3는 루트 포트를 갖지 않습니다.
- **SW4:** 루트 스위치에서 출발한 BPDU들은 [그림 6-31]과 같이 SW4의 0/1, 0/2 포트를 통해 들어옵니다. 그러나 이 BPDU들의 패스 코스트는 모두 38(= 19 + 19)로 동일합니다. STP는 다음으로 BPDU가 방금 통과한 스위치 ID를 비교하는데, 방금 통과한 스위치 ID가 낮은 쪽(32768.0000.0C72.12AB)인 0/1 포트가 루트 포트입니다.

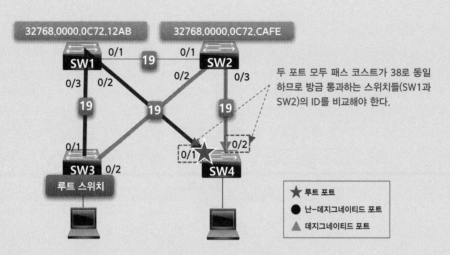

[그림 6-31] SW4의 루트 포트

② 난-데지그네이티드 포트

[그림 6-32]와 같이, 루트 포트를 포함하는 링크는 사용하는 링크, 루트 포트를 포함하지 않는 링크는 사용하지 않는 링크가 됩니다. SW1–SW2 연결 링크와 SW2–SW4 연결 링크가 사용하지 않는 링크로 선정됐고, 이 링크에서 난-데지그네이티드 포트를 찾아야 합니다.

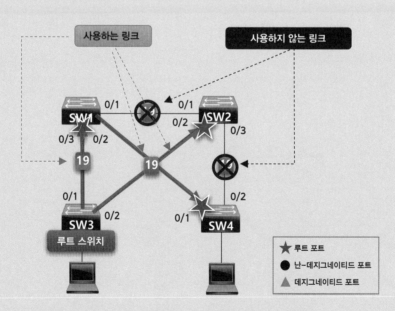

[그림 6-32] 사용할 링크와 사용하지 않을 링크

- **SW1–SW2 링크:** [그림 6-33]과 같이 SW1의 0/1 포트와 SW2의 0/1 포트 모두 패스 코스트는 19로 동일합니다. 다음으로 BPDU가 방금 통과한 스위치 ID를 비교해야 하는데, SW2의 ID(32768.0000.0C72. CAFE)가 SW1의 ID(32768.0000.0C72.12AB)보다 높으므로 SW2의 0/1 포트가 난-데지그네이티드 포트가 됩니다.

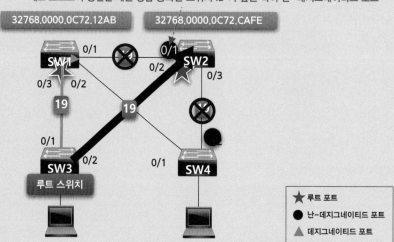

[그림 6-33] SW1-SW2 링크의 난-데지그네이티드 포트

- **SW2–SW4 링크:** [그림 6-34]와 같이 SW2의 0/3 포트의 패스 코스트는 19, SW4의 0/2 포트의 패스 코스트는 38입니다. 따라서 패스 코스트가 높은 SW4의 0/2 포트가 난-데지그네이티드 포트가 됩니다.

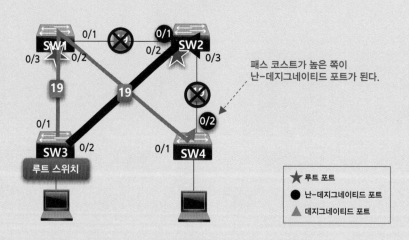

[그림 6-34] SW2-SW4 링크의 난-데지그네이티드 포트

③ 데지그네이티드 포트

루트 포트는 각각의 일반(Non-root) 스위치에서 가장 좋은 포트고, 데지그네이티드 포트는 각 링크에서 가장 좋은 포트입니다. STP에서는 기준 스위치인 루트 스위치에 가까운 것을 가장 좋다고 봅니다. 포트들의 역할은 중복될 수 없습니다. 따라서 [그림 6-36]과 같이 루트 포트와 난-데지그네이티드 포트를 결정하고 난 후, 나머지 포트들은 데지그네이티드 포트들이 됩니다.

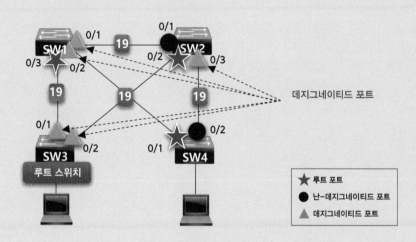

[그림 6-35] 데지그네이티드 포트들

● **SW1-SW3 링크:** [그림 6-36]과 같이 SW3의 0/1 포트는 루트 스위치의 포트이므로 패스 코스트가 0, SW1의 0/3 포트의 패스 코스트는 38(= 19 + 19)이므로 SW3의 0/1 포트가 데지그네이티드 포트가 됩니다.

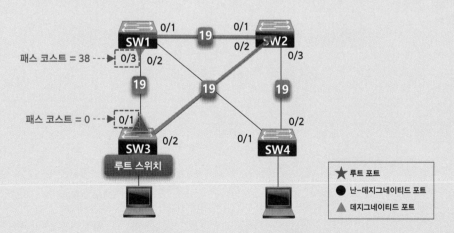

[그림 6-36] SW1-SW3 링크의 데지그네이티드 포트

- **SW2–SW3 링크:** [그림 6–37]과 같이 SW3의 0/2 포트는 루트 스위치의 포트이므로 패스 코스트가 0 입니다. SW2의 0/2 포트의 패스 코스트는 38(= 19 + 19)이므로 SW3의 0/2 포트가 데지그네이티드 포트입니다.

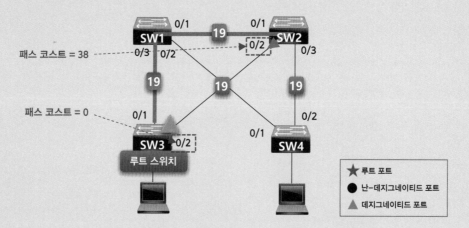

[그림 6–37] SW2–SW3 링크의 데지그네이티드 포트

- **SW1–SW2 링크:** SW1의 0/1 포트와 SW2의 0/1 포트 모두 패스 코스트는 19로 동일하므로 BPDU가 방금 통과한 스위치 ID를 비교해야 합니다. [그림 6–38]과 같이 SW1의 ID(32768.0000.0C72.12AB)가 SW2의 ID(32768.0000.0C72.CAFE)보다 낮으므로 SW1의 0/1 포트가 데지그네이티드 포트가 됩니다.

패스 코스트가 동일할 때는 방금 통과한 스위치 ID가 낮은 쪽이 데지그네이티드 포트다.

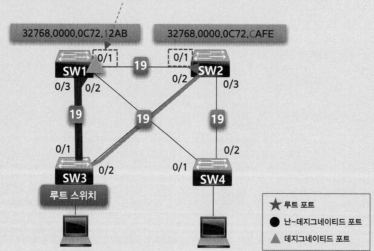

[그림 6–38] SW1–SW2 링크의 데지그네이티드 포트

- **SW1-SW4 링크:** [그림 6-39]와 같이 SW1의 0/1 포트의 패스 코스트는 19, SW4의 0/1 포트의 패스 코스트는 38이므로 SW1의 0/2 포트가 데지그네이티드 포트가 됩니다.

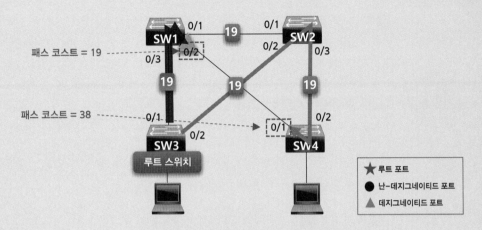

[그림 6-39] SW1-SW4 링크의 데지그네이티드 포트

- **SW2-SW4 링크:** [그림 6-40]과 같이 SW2의 0/3 포트의 패스 코스트는 19, SW4의 0/2 포트의 패스 코스트는 38이므로 SW2의 0/3 포트가 데지그네이티드 포트가 됩니다.

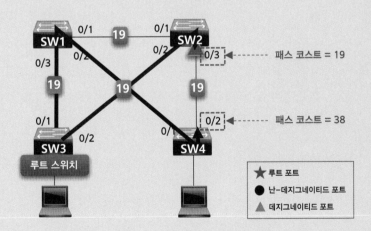

[그림 6-40] SW2-SW4 링크의 데지그네이티드 포트

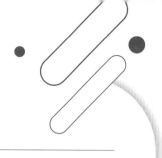

STP 동작 확인

STP의 동작을 확인하기 위해 show spanning-tree 명령을 사용합니다.

01 show spanning-tree 명령

STP의 계산 결과는 show spanning-tree 명령을 통해 확인할 수 있습니다. [표 6-8]에 대한 설명은 다음과 같습니다.

❶ **Root ID**: 루트 스위치의 ID를 보여줍니다.

❷ **Bridge ID**: 브릿지는 스위치를 달리 부르는 말입니다. 이 스위치의 ID를 보여줍니다.

❸ 루트 스위치의 MAC 주소(0001.43D6.D712)와 이 스위치의 MAC 주소(0001.43D6.D712)가 동일하므로 이 스위치는 루트 스위치입니다.

❹ 이 스위치가 루트 스위치라는 것을 다시 명확하게 밝혀줍니다.

❺ 스위치 포트들의 역할(Role)이 무엇인지 보여줍니다. Desg는 데지그네이티드 포트, Root는 루트 포트, Altn는 올터네이트(난-데지그네이티드) 포트라는 것을 표시합니다.

❻ 스위치 포트들의 상태(Sts, Status)를 보여줍니다. FWD는 포워딩(Forwarding), BLK는 블로킹(Blocking) 상태라는 것을 표시합니다.

[표 6-8] STP 계산 결과

스위치	결과
SW1	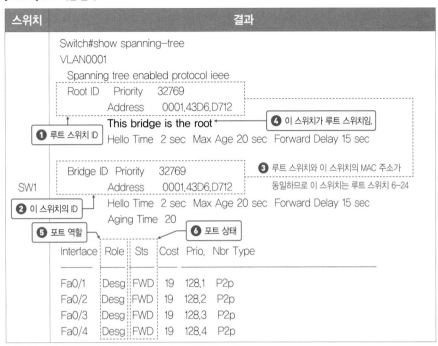

Switch#show spanning-tree
VLAN0001
  Spanning tree enabled protocol ieee
  Root ID   Priority   32769
             Address   0001.43D6.D712
             This bridge is the root
             Hello Time 2 sec Max Age 20 sec Forward Delay 15 sec

  Bridge ID Priority   32769
             Address   0001.43D6.D712
             Hello Time 2 sec Max Age 20 sec Forward Delay 15 sec
             Aging Time 20

Interface Role Sts Cost Prio. Nbr Type

Fa0/1   Desg FWD 19   128.1 P2p
Fa0/2   Desg FWD 19   128.2 P2p
Fa0/3   Desg FWD 19   128.3 P2p
Fa0/4   Desg FWD 19   128.4 P2p

❶ 루트 스위치 ID

❷ 이 스위치의 ID

❺ 포트 역할

❻ 포트 상태

❹ 이 스위치가 루트 스위치임.

❸ 루트 스위치와 이 스위치의 MAC 주소가
동일하므로 이 스위치는 루트 스위치 6-24

STP의 약점과 솔루션

LESSON 04

이번 강의는 STP의 약점과 해당 약점에 대한 솔루션인 PVST와 MST를 다룹니다.

01 PVST와 MST

STP는 스위칭 룹 환경에서 브로드캐스트나 유니캐스트 프레임이 회전하는 것을 방지하기 위해 [그림 6-41]과 같이 특정 포트를 블로킹합니다. 그런데 이 블로킹 포트 때문에 사용할 수 없는 링크가 생깁니다.

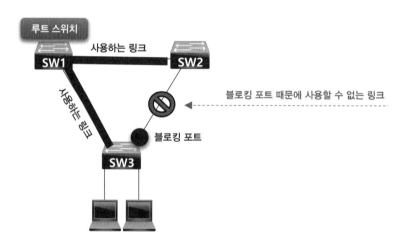

[그림 6-41] 블로킹 포트 때문에 사용할 수 없는 링크가 생긴다.

이 문제를 해결하는 것이 MST(Multiple STP, IEEE 802.1s)와 PVST(Per-VLAN STP)입니다. MST는 표준이고 PVST는 시스코 프로토콜입니다. 두 프로토콜은 VLAN 그룹별로 독립된 STP를 돌립니다. 즉, [그림 6-42]와 같이 SW1은 VLAN 10에 대한 루트 스위치, SW2는 VLAN 20에 대한 루트 스위치로 설정합니다. 결과적으로 VLAN 10에 대해서는 검은색 포트가 블로킹되므로 VLAN 10에 속한 트래픽은 검은색 경로로 다닙니다. VLAN 20에 대해서는 회색 포트가 블로킹되므로 VLAN 20에 속한 트래픽은 회색 경로로 다닙니다. PVST 설정 명령은 다음과 같습니다.

SW1을 VLAN 10에 대한 루트 스위치로 설정하는 명령은 spanning-tree vlan 10 priority 4096입니다. 나머지 스위치들에 VLAN 10에 대한 프라이오리티 설정을 하지 않으면 디폴트 프라이오리티(32768 + 10(VLAN 번호))가 적용되므로 결국 프라이오리티가 가장 낮은 SW1이 VLAN 10에 대한 루트 스위치가 됩니다. SW2를 VLAN 20에 대한 루트 스위치로 설정하는 명령은 spanning-tree vlan 20 priority 4096입니다. 나머지 스위치들에 VLAN 20에 대한 프라이오리티를 설정하지 않으면 디폴트 프라이오리티(32768 + 20(VLAN 번호))가 적용되므로 결국 프라이오리티가 가장 낮은 SW2가 VLAN 20에 대한 루트 스위치가 됩니다.

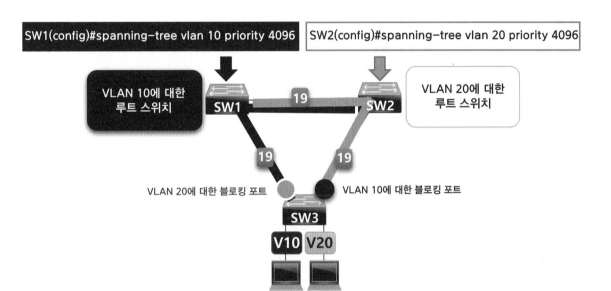

[그림 6-42] PVST를 설정하면 사용할 수 없는 링크가 없어진다.

7
CHAPTER

Lesson 1 | **이더채널**

    1. 이더채널은 왜 필요할까?

    2. 이더채널 설정 방법

Lesson 2 | **FHRP**

    1. FHRP의 필요성과 종류

    2. HSRP 동작 원리와 설정

    3. HSRP와 VRRP 로드 분산

Lesson 3 | **L3 스위치**

    1. L3 스위치 설정 방법

이더채널과
FHRP

이더채널은 2개의 링크들을 하나의 링크로 만드는 솔루션이고, FHRP
(First Hop Redundancy Protocol)는 2대의 라우터들을 하나의 라우터로
만드는 솔루션입니다.

이더채널

이더채널(EtherChannel)은 2개 이상의 링크를 논리적으로 하나의 링크로 만들며 STP와 관련 있는 솔루션입니다.

01 이더채널은 왜 필요할까?

이더넷은 10Mbps, 100Mbps, 1Gbps, 10Gbps, 100Gbps, 200Gbps, 400Gbps 의 속도를 제공하며, 속도가 부족하면 보다 넓은 밴드위스로 변경하면 됩니다. 그러나 밴드위스는 10배씩 늘어나지만 실제로는 갑작스러운 확장이 필요하지 않은 경우가 더 많습니다. 이때의 솔루션이 바로 이더채널입니다. 이더채널은 2개 이상의 링크를 논리적으로 1개의 링크처럼 사용하는 솔루션입니다. [그림 8-1]과 같이 2개의 링크를 연결만 한다고 해서 밴드위스가 2배가 되지는 않습니다. 왜냐하면 SW1과 SW2 사이에 스위칭 룹이 발생하기 때문입니다. 스위칭 룹이 일어나면 STP가 유니캐스트나 브로드캐스트의 회전을 막기 위해 포트를 차단합니다. 결과적으로 두 링크를 동시에 사용할 수 없습니다.

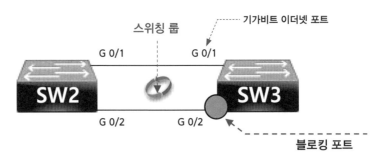

[그림 7-1] 밴드위스가 넓어지지 않는 이유는 STP에 의한 포트 블로킹 때문이다.

STP를 비활성화하면 어떻게 될까요? STP를 비활성화하면 [그림 7-2]와 같이 스위칭 룹 환경이 만들어지고, 브로드캐스트나 유니캐스트의 회전 때문에 밴드위스, CPU와 메모리와 같은 네트워크 자원이 고갈됩니다. 따라서 두 링크 중 어떤 링크도 사용하지 못하는 일종의 네트워크 다운 효과가 발생합니다.

[그림 7-2] STP를 끄면 네트워크 다운 효과가 발생한다.

이 문제에 대한 솔루션이 이더채널입니다. 이더채널을 구성하면 다수의 링크는 논리적으로 하나의 링크가 됩니다. 따라서 스위칭 룹이 더 이상 발생하지 않습니다.

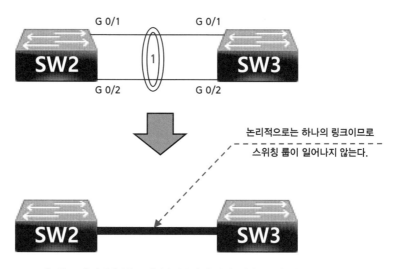

[그림 7-3] 이더채널을 구성하면 다수의 링크는 논리적으로 하나의 링크가 된다.

이더채널에 속한 포트에서 브로드캐스트 프레임이 수신되면 실제로 어떤 일이 벌어질까요? [그림 7-4]를 살펴보겠습니다. SW3의 G0/1 포트에 브로드캐스트 프레임이 도착했습니다. SW3는 브로드캐스트 프레임을 다른 모든 포트들로 보내지만, 이더채널에 속하는 G0/2 포트로는 보내지 않습니다. 결과적으로, 브로드캐스트나 유니캐스트의 회전은 발생하지 않습니다. 따라서 이더채널에 속한 어떤 포트도 블로킹할 필요가 없으며(이더채널에 속한 모든 포트를 사용할 수 있으며), 따라서 밴드위스는 업그레이드됩니다.

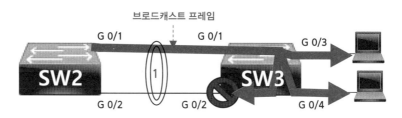

[그림 7-4] 이더채널 그룹에 속한 다른 포트로는 브로드캐스트 프레임을 내보내지 않는다.

이더채널 설정 방법

이더채널은 최대 8개의 링크를 묶을 수 있습니다. 이더채널의 설정 명령은 channel-group 1 mode on입니다. 이 명령어에서 숫자 '1'은 채널 그룹 번호입니다. [그림 7-5]와 같이 채널 그룹 번호는 SW1에 설정된 2개의 이더채널을 구분하는 용도로 사용합니다.

```
SW1(config)#interface fastethernet 0/1
SW1(config-if)#channel-group 1 mode on
SW1(config)#interface fastethernet 0/2
SW1(config-if)#channel-group 1 mode on
```

```
SW2(config)#interface fastethernet 0/1
SW2(config-if)#channel-group 1 mode on
SW2(config)#interface fastethernet 0/2
SW2(config-if)#channel-group 1 mode on
SW2(config)#interface fastethernet 0/3
SW2(config-if)#channel-group 2 mode on
SW2(config)#interface fastethernet 0/4
SW2(config-if)#channel-group 2 mode on
```

```
SW3(config)#interface fastethernet 0/1
SW3(config-if)#channel-group 2 mode on
SW3(config)#interface fastethernet 0/2
SW3(config-if)#channel-group 2 mode on
```

[그림 7-5] 이더채널 설정 명령어

[그림 7-6]은 이더채널을 적용하는 실질적인 사례를 보여줍니다.

첫 번째 사례를 살펴보겠습니다. SW3에 연결된 [A] 영역에 속하는 사용자들은 빌딩 A의 1층에서 근무한다고 가정해보겠습니다. [A] 영역의 사용자들만 네트워크 접속 속도에 불만이 있다면, M1-SW3 연결 링크와 M2-SW3 연결 링크의 밴드위스가 부족하다고 판단됩니다. 그런데 일반적인 경우, M1, M2, SW3는 다수의 1Gbps 포트들을 여유로 갖고 있지만, 10Gbps 포트는 갖고 있지 않거나 설사 갖고 있다 하더라도 밴드위스를 10배까지 업그레이드할 필요도 없습니다. 이때 가장 적정한 솔루션이 이더채널입니다.

두 번째 사례를 살펴보겠습니다. [B] 영역은 빌딩 B에 속한 모든 사용자들을 포함합니다. [B] 영역의 사용자들만 네트워크 접속 속도에 불만이 있다면, SW1-M3, SW2-M3 연결 링크에 밴드위스가 부족하다는 것입니다. 이때에도 해당 링크의 밴드위스를 10배까지 업그레이드할 필요는 없기 때문에 이더채널을 적용하면 됩니다. 여기서 M1, M2, M3는 라우터와 스위치의 역할을 모두 수행할 수 있는 L3 스위치(Layer 3)입니다. L3 스위치에 대해서는 7장 Lesson 03에서 다룹니다.

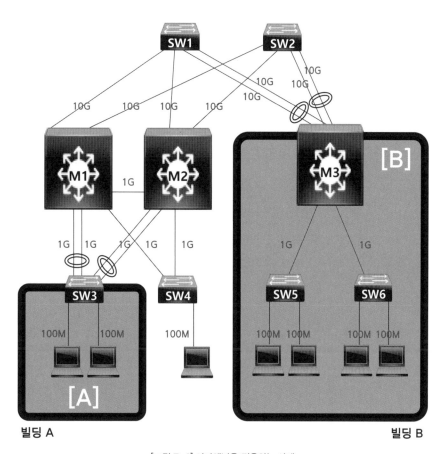

[그림 7-6] 이더채널을 적용하는 사례

02 LESSON

FHRP

FHRP(First Hop Redundancy Protocol)는 2대 이상의 라우터를 1대의 라우터로 만드는
솔루션입니다.

01 FHRP의 필요성과 종류

[그림 7-7]에서 디폴트 게이트웨이 역할을 하는 라우터(R1과 R2)를 이중화했지
만, 서버 A나 PC B와 같은 단말에는 단 하나의 디폴트 게이트웨이만 설정할 수 있
습니다. 디폴트 게이트웨이 주소를 10.1.1.2(R1)로 설정하면 R1이 다운됐을 때, R2
를 사용하기 위해서는 디폴트 게이트웨이 주소를 R2의 주소로 변경해야 합니다.
10.1.1.3(R2)으로 설정해도 이와 마찬가지입니다.

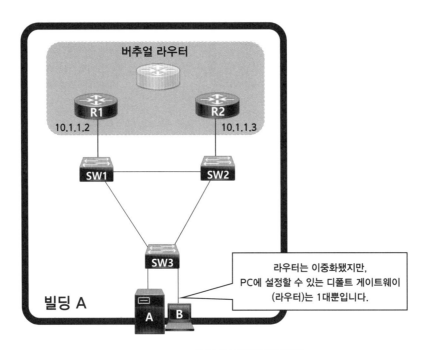

[그림 7-7] HSRP의 필요성

빌딩 A 내의 단말이 5,000대이고, 디폴트 게이트웨이를 R1의 주소로 설정했다면,
R1이 다운됐을 때 5,000대의 단말의 디폴트 게이트웨이 주소를 변경하는 것보다

는 다운된 R1 자리에 R2를 설치하는 것이 더 빠른 대처 방법일 것입니다. 그러나 R1이 다운됐다는 사실을 알고 재설치 작업을 하는 동안, 빌딩 A 내의 장치들은 고립될 것입니다. 한 마디로 라우터가 2대지만, 현재는 적정하게 사용하고 있는 상황이 아닙니다. 이 문제를 해결하는 것이 FHRP이고, HSRP(Hot Stnadby Router Protocol)와 VRRP(Virtual Router Redundancy Protocol)는 FHRP 솔루션에 속하는 프로토콜들입니다.

R1과 R2를 대표하는 라우터를 버추얼 라우터(Virtual Router)라고 합니다. 버추얼 라우터도 하나의 IP 주소를 갖습니다. [그림 7-8]에서 버추얼 IP 주소는 10.1.1.1 입니다. 버추얼 IP 주소에 상응하는 버추얼 MAC 주소도 생깁니다. HSRP의 버추얼 MAC 주소의 포맷은 0000.0C07.AC××이고, VRRP는 0000.5E00.01××)의 형식을 갖습니다. 여기서 '××' 자리에는 그룹 번호가 들어갑니다. 단말의 디폴트 게이트웨이 주소는 두 라우터를 대표하는 버추얼 라우터의 IP 주소로 설정해야 합니다. 다시 말해서 FHRP는 2대 이상의 라우터를 1대의 라우터(버추얼 라우터)로 만드는 솔루션입니다.

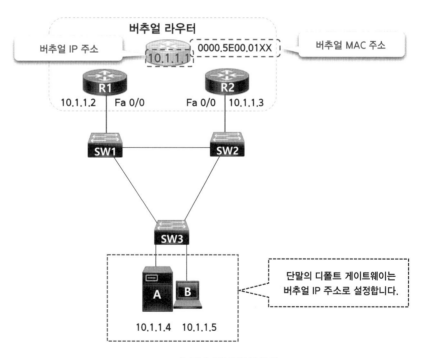

[그림 7-8] HSRP의 용어

[그림 7-9]에서 standby 10 ip 10.1.1.1 명령은 VIP(Virtual IP)를 설정하는 명령입니다. VIP는 두 라우터를 대표하는 IP 주소이므로 두 라우터에 동일하게 설정해야 합니다. standby 10 priority 150은 각 라우터의 프라이오리티를 설정하는 명령입니다. HSRP를 설정한 라우터들은 HSRP 헬로 패킷을 교환해 버추얼 IP 주소를 동일하게 설정했는지 확인합니다. 이와 동일하게 설정하지 않으면 HSRP가 작동하지 않습니다. 그다음으로 프라이오리티 값을 비교합니다. 프라이오리티가 높으면 액티브 라우터(Active router), 낮으면 스탠바이 라우터(Standby router)가 됩니다. 숫자 '10'은 HSRP 그룹을 구분하는 데 사용합니다.

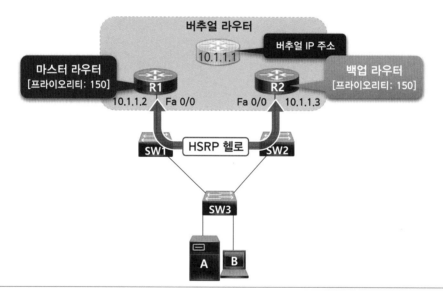

```
R1(config)#interface fastethernet 0/0
R1(config-if)#ip address 10.1.1.2 255.0.0.0
R1(config-if)#standby 10 ip 10.1.1.1
R1(config-if)#standby 10 priority 150
```

```
R2(config)#interface fastethernet 0/0
R2(config-if)#ip address 10.1.1.3 255.0.0.0
R2(config-if)#standby 10 ip 10.1.1.1
R2(config-if)#standby 10 priority 50
```

[그림 7-9] HSRP 명령어

PC들이 보낸 패킷이 액티브 라우터에 도착하면 라우팅을 하지만, 스탠바이 라우터에 도착하면 패킷은 버려집니다. 즉, 스탠바이 라우터는 마치 창고에 있는 것과 같으며, 액티브 라우터가 다운됐을 때 액티브 라우터가 되기 위해 대기할 뿐입니다.

HSRP 헬로는 디폴트로 3초마다 주고받습니다. [그림 7-10]과 같이 액티브 라우터가 다운되면, 스탠바이 라우터는 HSRP 헬로 패킷을 받지 못할 것입니다. 이때 스탠바이 라우터가 기다리는 시간이 '홀드 타이머(hold timer)'입니다. 디폴트 홀드 타이머는 '10초'입니다. 홀드 타이머를 기다려도 헬로가 도착하지 않으면 스탠바이 라우터는 액티브 라우터가 됩니다.

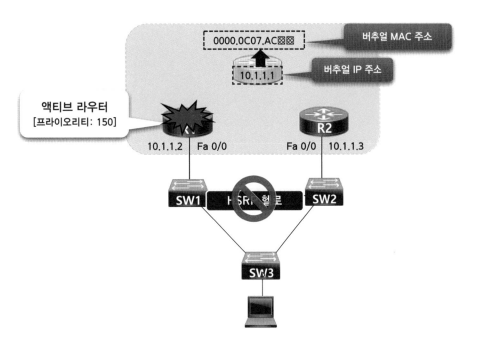

[그림 7-10] 액티브 라우터가 다운되면, 스탠바이 라우터는 10초를 기다린다.

액티브 라우터가 아니라 [그림 7-11]에서 SW1이나 R1(액티브 라우터)-SW1 링크가 다운되더라도 액티브 라우터를 활용할 수 없습니다. SW1이나 R1-SW1 링크가 다운되더라도 HSRP 헬로를 받지 못하기 때문에 스탠바이 라우터가 액티브 라우터가 될 수 있습니다.

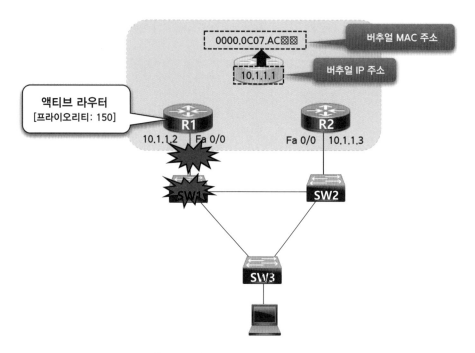

버추얼 MAC 주소

0000.0C07.AC▨▨

버추얼 IP 주소

10.1.1.1

액티브 라우터
[프라이오리티: 150]

R1
10.1.1.2 Fa 0/0

R2
Fa 0/0 10.1.1.3

SW1

SW2

SW3

[그림 7-11] 연결 링크 또는 스위치의 다운

---

03 HSRP와 VRRP 로드 분산

HSRP에는 다음과 같은 단점이 있습니다. 즉, 스탠바이 라우터는 액티브 라우터가 되기 전에는 사용할 수 없습니다. 자원이 낭비되는 셈이죠. 이 문제를 해결하려면 각 VLAN별로 별도의 HSRP를 돌리면 됩니다. [그림 7-12]에서 PC A와 PC B는 VLAN 10, PC C와 PC D는 VLAN 20에 속합니다. VLAN 10 그룹에 대해서는 R1, VLAN 20 그룹에 대해서는 R2를 액티브 라우터로 활용합니다. 결과적으로 VLAN 10에 속한 PC A와 PC B에 출발한 트래픽은 R1, VLAN 20에 속한 PC C와 PC D에서 출발한 트래픽은 R2를 경유합니다.

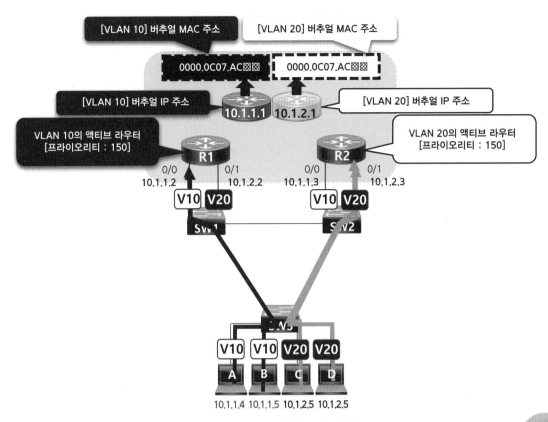

[그림 7-12] VLAN별로 독립적인 HSRP를 돌린다.

[표 7-1]은 [그림 7-13]의 R1과 R2에 대한 HSRP 설정 명령들입니다. VLAN 10 그룹에 대한 버추얼 IP 주소는 10.1.1.1, VLAN 20 그룹에 대한 버추얼 IP 주소는 10.1.2.1입니다. 버추얼 IP 주소는 두 라우터에 동일하게 설정돼야 합니다. VLAN 10 그룹에서는 R1의 프라이오리티(150)가 더 높으므로 액티브 라우터가 되고, VLAN 20 그룹에서는 R2의 프라이오리티(150)가 더 높으므로 액티브 라우터가 됩니다.

[표 7-1] HSRP 설정 명령어

라우터	명령어
R1	R1(config)#interface fastethernet 0/0 R1(config-if)#ip address 10.1.1.2 255.255.255.0 R1(config-if)#standby 10 ip 10.1.1.1 R1(config-if)#standby 10 priority 150 R1(config-if)#exit R1(config)#interface fastethernet 0/1 R1(config-if)#ip address 10.1.2.2 255.255.255.0 R1(config-if)#standby 20 ip 10.1.2.1 R1(config-if)#standby 20 priority 50

라우터	
R2	R2(config)#interface fastethernet 0/0 R2(config-if)#ip address 10.1.1.3 255.255.255.0 R2(config-if)#**standby 10 ip 10.1.1.1** R2(config-if)#**standby 10 priority 50** R2(config-if)#exit R2(config)#interface fastethernet 0/1 R2(config-if)#ip address 10.1.2.3 255.255.255.0 R2(config-if)#**standby 20 ip 10.1.2.1** R2(config-if)#**standby 20 priority 150**

[표 7-2]와 같이, show standby brief 명령으로 HSRP가 제대로 동작하는지 확인합니다. 즉, R1이 그룹(Grp) 10에 대해서는 액티브 라우터, 그룹 20에 대해서는 스탠바이 라우터로 동작하고 있음을 보여줍니다. 반면, R2는 그룹(Grp) 20에 대해서는 액티브 라우터, 그룹 10에 대해서는 스탠바이 라우터로 동작하고 있습니다.

[표 7-2] HSRP 동작 확인

라우터	명령어
R1	R1#show standby brief P indicates configured to preempt. | Interface Grp Pri P State Active Standby Virtual IP Fa0/0 10 150 **Active** local 10.1.1.3 10.1.1.1 Fa0/1 20 50 **Standby** 10.1.2.3 local 10.1.2.1
R2	R2#show standby brief P indicates configured to preempt. | Interface Grp Pri P State Active Standby Virtual IP Fa0/0 10 50 **Standby** 10.1.1.2 local 10.1.1.1 Fa0/1 20 150 **Active** local 10.1.2.2 10.1.2.1

HSRP와 VRRP의 차이점은 거의 없습니다. HSRP는 시스코 프로토콜, VRRP는 표준 프로토콜이며, HSRP에서 액티브/스탠바이 라우터라는 용어는 VRRP에서 마스터/백업 라우터로 대체될 뿐입니다. 설정 방법은 [표 7-3]과 같이 거의 동일합니다. HSRP는 'standby'라는 명령어를 포함하는 반면, VRRP는 vrrp라는 명령어를 사용합니다.

[표 7-3] VRRP 설정 명령

라우터	명령어
R1	R1(config)#interface fastethernet 0/0 R1(config-if)#ip address 10.1.1.2 255.255.255.0 R1(config-if)#**vrrp 10 ip 10.1.1.1** R1(config-if)#**vrrp 10 priority 150** R1(config-if)#exit R1(config)#interface fastethernet 0/1 R1(config-if)#ip address 10.1.2.2 255.255.255.0 R1(config-if)#**vrrp 20 ip 10.1.2.1** R1(config-if)#**vrrp 20 priority 50**
R2	R2(config)#interface fastethernet 0/0 R2(config-if)#ip address 10.1.1.3 255.255.255.0 R2(config-if)#**vrrp 10 ip 10.1.1.1** R2(config-if)#**vrrp 10 priority 50** R2(config-if)#exit R2(config)#interface fastethernet 0/1 R2(config-if)#ip address 10.1.2.3 255.255.255.0 R2(config-if)#**vrrp 20 ip 10.1.2.1** R2(config-if)#**vrrp 20 priority 150**

show vrrp는 VRRP의 동작을 확인하는 명령입니다. [표 7-4]와 같이, 해당 라우터가 마스터 라우터인지, 백업 라우터인지(Master/Backup)와 더불어 마스터 라우터의 Virtual IP 주소를 확인할 수 있습니다. 이외에 VRRP가 적용된 인터페이스(Fa0/0), 그룹(Grp) 번호와 프라이오리티 값(Pri)도 확인할 수 있습니다.

[표 7-4] VRRP 동작 확인 명령

라우터	명령어
R1	R1#show vrrp P indicates configured to preempt Interface vrID Prio P State Master addr VRouter addr Fa 0/0 1 150 P Master local 11.1.1.1 Fa 0/1 2 50 Backup 11.1.1.4 11.1.1.2
R2	R2#show vrrp P indicates configured to preempt Interface vrID Prio P State Master addr VRouter addr Fa 0/0 1 50 Backup 11.1.1.3 11.1.1.1 Fa 0/1 2 150 P Master local 11.1.1.2

다홍치마　　가상화는 가짜화다

가상화란, 가짜화 솔루션입니다. 즉, 스위치나 라우터 1대를 2대처럼 사용하거나 스위치나 라우터 2대를 1대처럼 사용하게 합니다. 또한 링크 1개를 2개 대신 사용하거나 다수의 링크를 1개의 링크처럼 사용하게 합니다.

[표 7-5]에서 트렁크는 다수의 링크를 1개의 링크로 대신하게 하는 솔루션, 이더채널은 다수의 링크를 하나의 링크로 묶는 솔루션입니다. VLAN은 스위치를 쪼개 다수의 스위치로 만드는 솔루션, 스태킹은 다수의 스위치를 합쳐 1개의 스위치로 만드는 솔루션입니다. VRF(Virtual Routing & Forwarding)는 1대의 라우터를 2대처럼 사용하게 하는 솔루션이고, FHRP는 2대 이상의 라우터를 합쳐 1대로 만드는 솔루션입니다.

[표 7-5] 가상화 솔루션들

구분	分	合
링크	트렁크	이더채널
스위치	VLAN	스태킹
라우터	VRF	FHRP

PVST, 이더채널, HSRP가 포함된 이중화 네트워크 구성

1. [그림 7-13]과 같이 연결하시오.

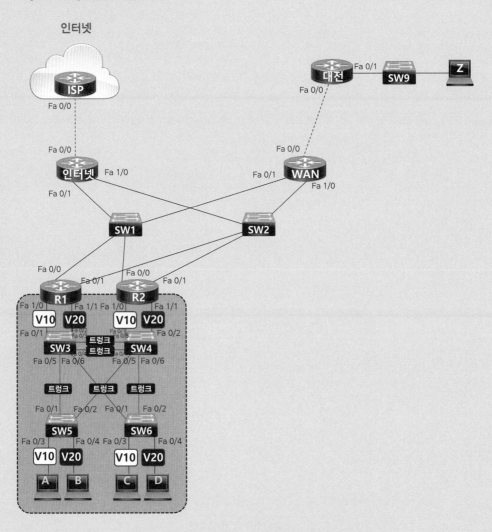

[그림 7-13] 구성도

2. [표 7-6]과 같은 조건에 따라 IP 주소를 할당하고, 라우팅 프로토콜을 설정하시오.

[표 7-6] IP 디자인 조건

구분	조건
서브넷 마스크	255.255.255.0
적용할 IP 주소 범위	10.X.X.X [10.0.0.0 ~ 10.255.255.255]

3. 네 가지 LAN 솔루션

3.1 SW3, SW4, SW5, SW6에 VLAN과 트렁크를 설정하시오.

3.2 PVST를 다음 조건에 따라 설정하시오.

- SW3을 VLAN 10에 대한 루트 스위치로 설정할 것
- SW4를 VLAN 20에 대한 루트 스위치로 설정할 것

3.3 SW3-SW4 연결 링크를 이중으로 연결하고 이더채널을 설정하시오.

3.4 HSRP를 R1과 R2에 다음 조건에 따라 설정하시오.

- R1을 VLAN 10에 대한 액티브 라우터로 설정할 것
- R2를 VLAN 20에 대한 액티브 라우터로 설정할 것

솔루션

1. [그림 7-13]과 같이 연결하시오.

2. [표 7-6]의 조건에 따라 IP 주소를 할당하고, 라우팅 프로토콜을 설정하시오.

[표 7-6] IP 디자인 조건

구분	조건
서브넷 마스크	255.255.255.0
적용할 IP 주소 범위	10.X.X.X [10.0.0.0 ~ 10.255.255.255]

● 네트워크 수는 [그림 7-14]와 같이 총 7개입니다.

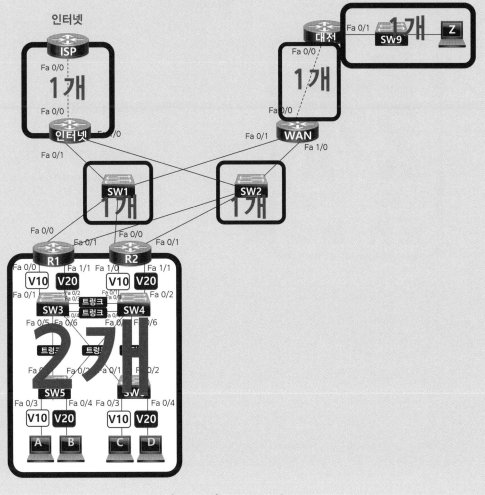

[그림 7-14] 네트워크 수는 총 7개다.

● 네트워크 할당: [그림 7-15]와 같이 서브넷 마스크는 255.255.255.0이고, 10.1.1. ~ 10.1.7 네트워크를 할당했습니다.

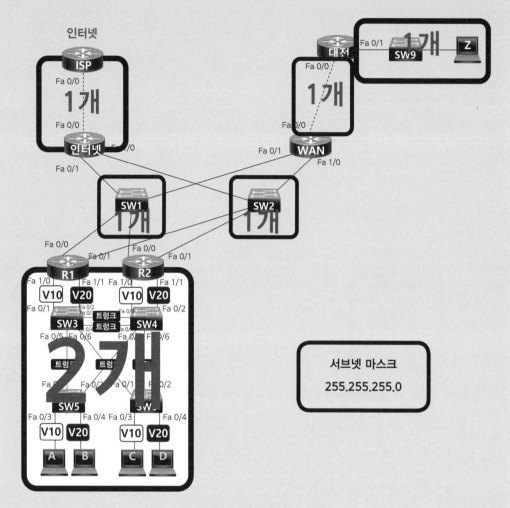

[그림 7-15] 네트워크 수는 총 7개다.

● IP 주소 할당: [그림 7-17]과 같이 서브넷 마스크는 255.255.255.0이고, 10.1.1. ~ 10.1.7 네트워크를 할당했습니다.

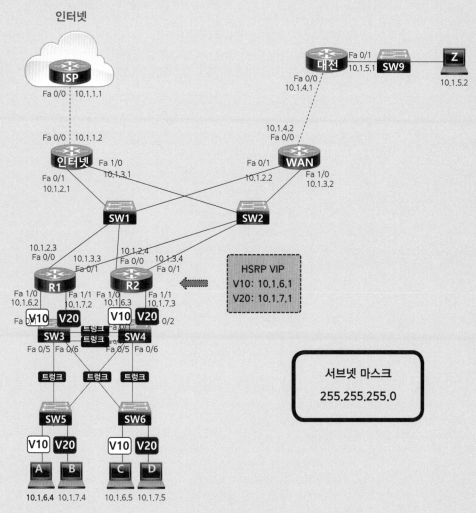

[그림 7-17] IP 주소 할당

● IP 주소 설정은 [표 7-8]과 같습니다.

[표 7-8] IP 주소 할당

구분	IP 주소
ISP	ISP(config)# interface fastethernet 0/0 ISP(config–if)#no shutdown ISP(config–if)#ip address 10.1.1.1 255.255.255.0 ISP(config–if)#exit ISP(config)# router eigrp 100 ISP(config–router)#network 10.0.0.0

인터넷	INTERNET(config)#interface fastethernet 0/0 INTERNET(config–if)#no shutdown INTERNET(config-if)#ip address 10.1.1.2 255.255.255.0 INTERNET(config-if)#exit INTERNET(config)#interface fastethernet 0/1 INTERNET(config–if)#no shutdown INTERNET(config-if)#ip address 10.1.2.1 255.255.255.0 INTERNET(config-if)#exit INTERNET(config)#interface fastethernet 1/0 INTERNET(config–if)#no shutdown INTERNET(config-if)#ip address 10.1.3.1 255.255.255.0 INTERNET(config-if)#exit INTERNET(config)#router eigrp 100 INTERNET(config–router)#network 10.0.0.0
WAN	WAN(config)#interface fastethernet 0/0 WAN(config–if)#no shutdown WAN(config–if)#ip address 10.1.4.2 255.255.255.0 WAN(config–if)#exit WAN(config)#interface fastethernet 0/1 WAN(config–if)#no shutdown WAN(config–if)#ip address 10.1.2.2 255.255.255.0 WAN(config–if)#exit WAN(config)#interface fastethernet 1/0 WAN(config–if)#no shutdown WAN(config–if)#ip address 10.1.3.2 255.255.255.0 WAN(config–if)#exit WAN(config)#router eigrp 100 WAN(config–router)#network 10.0.0.0
대전	DJ(config)#interface fastethernet 0/0 DJ(config–if)#no shutdown DJ(config–if)#ip address 10.1.4.1 255.255.255.0 DJ(config–if)#exit DJ(config)#interface fastethernet 0/1 DJ(config–if)#no shutdown DJ(config–if)#ip address 10.1.5.1 255.255.255.0 DJ(config–if)#exit DJ(config)#router eigrp 100 DJ(config–router)#network 10.0.0.0
R1	R1(config)#interface fastethernet 0/0 R1(config–if)#no shutdown R1(config–if)#ip address 10.1.2.3 255.255.255.0 R1(config–if)#exit R1(config)#intcrfacc fastethernet 0/1 R1(config–if)#no shutdown

R1	R1(config-if)#ip address 10.1.3.3 255.255.255.0
	R1(config-if)#exit
	R1(config)#interface fastethernet 1/0
	R1(config-if)#no shutdown
	R1(config-if)#ip address 10.1.6.2 255.255.255.0
	R1(config-if)#exit
	R1(config)#interface fastethernet 1/1
	R1(config-if)#no shutdown
	R1(config-if)#ip address 10.1.7.2 255.255.255.0
	R1(config-if)#exit
	R1(config)#router eigrp 100
	R1(config-router)#network 10.0.0.0
R2	R2(config)#interface fastethernet 0/0
	R2(config-if)#no shutdown
	R2(config-if)#ip address 10.1.2.4 255.255.255.0
	R2(config-if)#exit
	R2(config)#interface fastethernet 0/1
	R2(config-if)#no shutdown
	R2(config-if)#ip address 10.1.3.4 255.255.255.0
	R2(config-if)#exit
	R2(config)#interface fastethernet 1/0
	R2(config-if)#no shutdown
	R2(config-if)#ip address 10.1.6.3 255.255.255.0
	R2(config-if)#exit
	R2(config)#interface fastethernet 1/1
	R2(config-if)#no shutdown
	R2(config-if)#ip address 10.1.7.3 255.255.255.0
	R2(config-if)#exit
	R2(config)#router eigrp 100
	R2(config-router)#network 10.0.0.0

PC의 IP 주소 설정은 [표 7-9]와 같습니다.

[표 7-9] PC의 IP 주소 설정

구분	IP 주소	서브넷 마스크	디폴트 게이트웨이
PC A	10.1.6.4	255.255.255.0	10.1.6.1
PC B	10.1.7.4	255.255.255.0	10.1.7.1
PC C	10.1.6.5	255.255.255.0	10.1.6.1
PC D	10.1.7.5	255.255.255.0	10.1.7.1
PC Z	10.1.5.2	255.255.255.0	10.15.1

3. 네 가지 LAN 솔루션

3.1 SW3, SW4, SW5, SW6에 VLAN과 트렁크를 설정하시오.

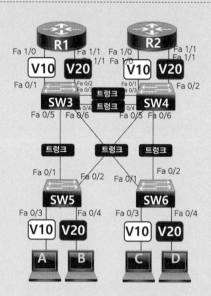

[그림 7-17] PVST 설정 환경

VLAN과 트렁크 설정은 [표 7-10]과 같습니다.

[표 7-10] VLAN과 트렁크 설정

스위치	VLAN 설정
SW1, SW2, SW9	VLAN 설정하지 않음.
SW3	Switch>enable Switch#configure terminal Switch(config)#vlan 10 Switch(config-vlan)#vlan 20 Switch(config-vlan)#exit Switch(config)#interface fastethernet 0/1 Switch(config-if)# switchport access vlan 10 Switch(config-if)#exit Switch(config)#interface fastethernet 0/2 Switch(config-if)# switchport access vlan 20 Switch(config-if)#exit Switch(config)#interface fastethernet 0/3 Switch(config-if)#switchport mode trunk Switch(config-if)#exit Switch(config)#interface fastethernet 0/4 Switch(config-if)# switchport mode trunk Switch(config-if)#exit

SW3	Switch(config)#interface fastethernet 0/5 Switch(config-if)# switchport mode trunk Switch(config-if)#exit Switch(config)#interface fastethernet 0/6 Switch(config-if)# switchport mode trunk
SW4	Switch>enable Switch#configure terminal Switch(config)#vlan 10 Switch(config-vlan)#vlan 20 Switch(config-vlan)#exit Switch(config)#interface fastethernet 0/1 Switch(config-if)# switchport access vlan 10 Switch(config-if)#exit Switch(config)#interface fastethernet 0/2 Switch(config-if)# switchport access vlan 20 Switch(config-if)#exit Switch(config)#interface fastethernet 0/3 Switch(config-if)#switchport mode trunk Switch(config-if)#exit Switch(config)#interface fastethernet 0/4 Switch(config-if)# switchport mode trunk Switch(config-if)#exit Switch(config)#interface fastethernet 0/5 Switch(config-if)# switchport mode trunk Switch(config-if)#exit Switch(config)#interface fastethernet 0/6 Switch(config-if)# switchport mode trunk
SW5	Switch>enable Switch#configure terminal Switch(config)#vlan 10 Switch(config-vlan)#vlan 20 Switch(config-vlan)#exit Switch(config)#interface fastethernet 0/1 Switch(config-if)#switchport mode trunk Switch(config-if)#exit Switch(config)#interface fastethernet 0/2 Switch(config-if)# switchport mode trunk Switch(config-if)#exit Switch(config)#interface fastethernet 0/3 Switch(config-if)# switchport access vlan 10 Switch(config-if)#exit Switch(config)#interface fastethernet 0/4 Switch(config-if)# switchport access vlan 20

SW6	Switch>enable Switch#configure terminal Switch(config)#vlan 10 Switch(config-vlan)#vlan 20 Switch(config-vlan)#exit Switch(config)#interface fastethernet 0/1 Switch(config-if)#switchport mode trunk Switch(config-if)#exit Switch(config)#interface fastethernet 0/2 Switch(config-if)# switchport mode trunk Switch(config-if)#exit Switch(config)#interface fastethernet 0/3 Switch(config-if)# switchport access vlan 10 Switch(config-if)#exit Switch(config)#interface fastethernet 0/4 Switch(config-if)# switchport access vlan 20

3.2 PVST를 다음 조건에 따라 설정하시오.

- SW3을 VLAN 10에 대한 루트 스위치로 설정할 것
- SW4를 VLAN 20에 대한 루트 스위치로 설정할 것

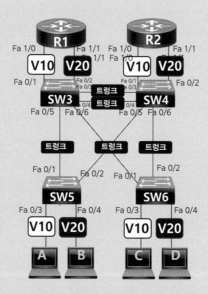

[그림 7-18] PVST 설정 환경

PVST 설정은 [표 7-11]과 같습니다.

[표 7-11] PVST 설정

스위치	VLAN 설정
SW3	Switch>enable Switch#configure terminal Switch(config)#**spanning-tree vlan 10 priority 4096**
SW4	Switch>enable Switch#configure terminal Switch(config)#**spanning-tree vlan 20 priority 4096**

3.3 SW3-SW4 연결 링크를 이중으로 연결하고 이더채널을 설정하시오.

이더채널 설정은 [표 7-12]와 같습니다.

[표 7-12] 이더채널 설정

스위치	VLAN 설정
SW3	Switch>enable Switch#configure terminal Switch(config)#interface fastethernet 0/3 Switch(config-if)# channel-group 1 mode on Switch(config-if)#exit Switch(config)#interface fastethernet 0/4 Switch(config-if)# channel-group 1 mode on
SW4	Switch>enable Switch#configure terminal Switch(config)#interface fastethernet 0/3 Switch(config-if)# channel-group 1 mode on Switch(config-if)#exit Switch(config)#interface fastethernet 0/4 Switch(config-if)# channel-group 1 mode on

7

3.4 R1과 R2에 다음 조건에 따라 HSRP를 설정하시오.

- R1을 VLAN 10에 대한 액티브 라우터로 설정할 것
- R2를 VLAN 20에 대한 액티브 라우터로 설정할 것

HSRP 설정은 [표 7-13]과 같습니다.

[표 7-13] HSRP 설정

라우터	명령어
R1	R1(config)#interface fastethernet 1/0 R1(config-if)#ip address 10.1.6.2 255.255.255.0 R1(config-if)#standby 10 ip 10.1.6.1 R1(config-if)#standby 10 priority 150 R1(config-if)#standby 10 preempt R1(config)#interface fastethernet 1/1 R1(config-if)#ip address 10.1.7.2 255.255.255.0 R1(config-if)#standby 20 ip 10.1.7.1 R1(config-if)#standby 20 priority 50
R2	R2(config)#interface fastethernet 1/0 R2(config-if)#ip address 10.1.6.3 255.255.255.0 R2(config-if)#standby 10 ip 10.1.6.1 R2(config-if)#standby 10 priority 50 R2(config)#interface fastethernet 1/1 R2(config-if)#ip address 10.1.7.3 255.255.255.0 R2(config-if)#standby 20 ip 10.1.7.1 R2(config-if)#standby 20 priority 150 R2(config-if)#standby 20 preempt

원래 스탠바이 라우터가 액티브 라우터가 되려면, 첫째 현재의 액티브 라우터가 다운돼야 하고, 둘째 프라이오리티가 우수해야 합니다. 만약 VLAN 10의 액티브 라우터인 R1이 대응되면 R2가 VLAN 20과 더불어 VLAN 10에 대해서도 액티브 라우터가 될 것입니다. 이때 R1이 다시 살아나도 VLAN 10에 대한 액티브 라우터가 될 수 없습니다. 왜냐하면 현재의 액티브 라우터는 R2로 살아 있기 때문입니다. 결과적으로 R1이 살아나도 계속 놀아야 합니다. standby 10 preempt 명령은 액티브 라우터가 되기 위한 첫째 조건을 무시하게 합니다. 즉, 현재의 액티브 라우터가 살아 있더라도 프라이오리티가 높은 라우터가 액티브 라우터가 되게 합니다.

03 L3 스위치
LESSON

L3 스위치는 라우터와 스위치 역할을 수행할 수 있기 때문에 멀티레이어 스위치
(Multilayer Switch)라고도 합니다. L3 스위치의 설정 방법을 알아봅시다.

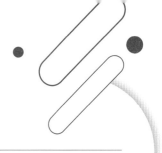

01 L3 스위치 설정 방법

L3 스위치(Layer 3 switch)는 라우터와 스위치의 역할을 모두 할 수 있는 장치입
니다. [그림 7-19]에서 L3 스위치는 R1과 SW3를 대체하고 있습니다.

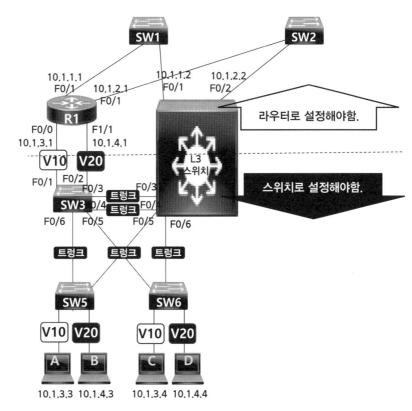

[그림 7-19] R1과 SW3를 대체하고 있는 L3 스위치

[표 7-14]는 L3 스위치의 설정 명령어를 정리한 것입니다. [그림 7-19]의 R1,
SW3의 명령어, L3 스위치를 비교해 정리했습니다.

[표 7-14] L3 스위치의 설정 방법

순서	R1 라우터	M1 L3 스위치
❶	interface fastethernet 0/1 no shutdown ip address 10.1.1.1 255.255.255.0 interface fastethernet 0/2 no shutdown ip address 10.1.2.1 255.255.255.0	interface fastethernet 0/1 **no switchport** ip address 10.1.1.2 255.255.255.0 interface fastethernet 0/2 **no switchport** ip address 10.1.2.2 255.255.255.0
❷	interface fastethernet 0/0 no shutdown ip address 10.1.3.1 255.255.255.0 interface fastethernet 1/1 no shutdown ip address 10.1.4.1 255.255.255.0	**interface vlan 10** ip address 10.1.3.2 255.255.255.0 **interface vlan 20** ip address 10.1.4.2 255.255.255.0
❸	router eigrp 100 network 10.0.0.0	**ip routing** router eigrp 100 network 10.0.0.0
❹	interface fastethernet 0/3 switchport mode trunk	interface fastethernet 0/3 switchport trunk encapsulation dot1q switchport mode trunk

[표 7-14]의 L3 스위치에 대한 명령어에 대한 설명은 다음과 같습니다.

❶ no switchport: L3 스위치의 포트들을 라우터 포트로 설정하는 명령입니다. 스위치 포트로 다시 전환하는 명령은 switchport입니다.

❷ interface vlan 10: R1 라우터에서는 존재했지만, L3 스위치로 대체하면서 사라진 포트([그림 7-19]에서 R1의 F0/0과 F1/1 포트) 대신 만든 가상 인터페이스입니다. 명령에 'vlan 10'과 'vlan 20'이 들어가기 때문에 VLAN 설정을 위한 명령으로 착각하기 쉽습니다. VLAN은 1대의 스위치를 다수의 스위치로 쪼개는 스위치를 위한 솔루션으로, 라우터와는 무관합니다. 여기서 'vlan 10'과 'vlan 20'은 다음으로 입력할 라우터의 IP 주소가 각각 VLAN 10과 VLAN 20에 속한다는 것을 표시할 뿐입니다.

❸ ip routing: L3 스위치는 기본적으로 2계층 스위치로 동작하고 있기 때문에 라우팅 기능을 켜줘야 합니다. ip routing 명령을 통해 라우팅 기능을 켜야 라우터가 되므로 라우팅 프로토콜도 설정할 수 있습니다.

❹ switchport trunk encapsultion dot1q: 트렁크에서는 VLAN 번호를 알려주기 위해 네 번째 옷을 입힙니다. 네 번째 옷을 정의하는 프로토콜에는 ISL(시스코 프로토콜)과 dot1q(표준)의 두 가지가 있습니다. 둘 다 지원하는 시스코 스위치일 경우, 어떤 프로토콜을 적용할 것인지 반대편 스위치와 맞춰야 합니다. 참고로

시스코의 낮은 사양 스위치(예를 들어, 2960)들은 시스코 장치라도 dot1q 프로토콜만 지원하기 때문에 switchport trunk encapsultion dot1q 명령 자체가 존재하지 않습니다. switchport mode trunk 명령만 입력하면 자동으로 dot1q 프로토콜이 적용됩니다.

1. [그림 7-20]과 같이 연결하시오.

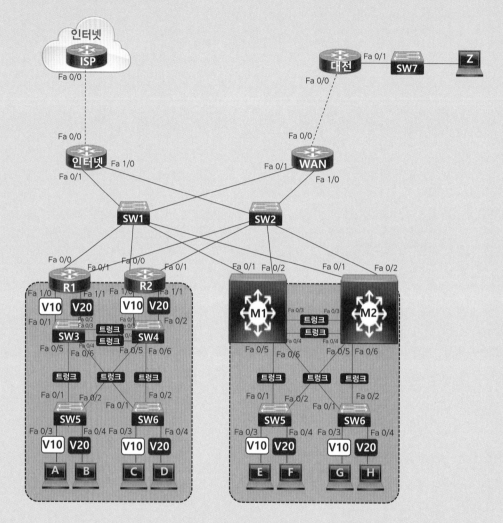

[그림 7-20] 구성도

2. [표 7-15]의 조건에 따라 IP 주소를 할당하고 라우팅 프로토콜을 설정하시오.

[표 7-15] IP 디자인 조건

구분	조건
서브넷 마스크	255.255.255.0
적용할 IP 주소 범위	10.X.X.X [10.0.0.0 ~ 10.255.255.255]

3. 다음과 같이 M1, M2, SW8, SW9를 설정하시오.

   3.1 VLAN을 설정하시오.

   3.2 PVST를 다음 조건에 따라 설정하시오.

- M1을 VLAN 10에 대한 루트 스위치로 설정할 것
- M2를 VLAN 20에 대한 루트 스위치로 설정할 것

   3.3 M1-M2 연결 링크를 이중으로 연결하고 이더채널을 설정하시오.

   3.4 M1과 M2에 다음 조건에 따라 HSRP를 설정하시오.

- M1을 VLAN 10에 대한 액티브 라우터로 설정할 것
- M2를 VLAN 20에 대한 액티브 라우터로 설정할 것

솔루션

1. [그림 7-20]과 같이 연결하시오.

2. [표 7-15]의 조건에 따라 IP 주소를 할당하고, 라우팅 프로토콜을 설정하시오.

[표 7-16] IP 디자인 조건

구분	조건
서브넷 마스크	255.255.255.0
적용할 IP 주소 범위	10.X.X.X [10.0.0.0 ~ 10.255.255.255]

빌딩 B에 대한 IP 할당은 [그림 7-21]과 같습니다.

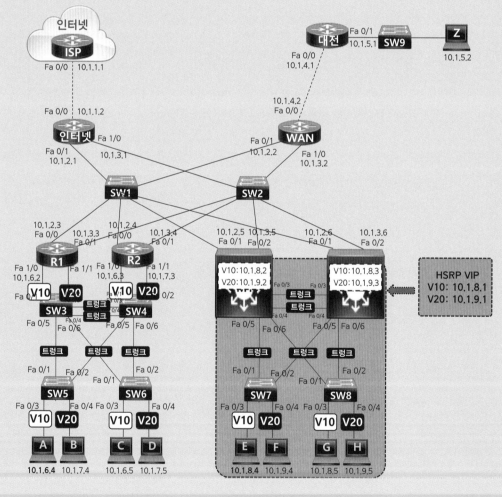

[그림 7-21] 빌딩 B에 대한 IP 할당

각 장치의 IP 주소와 라우팅 프로토콜 설정은 [표 7-17]과 같습니다.

[표 7-17] IP 주소와 라우팅 프로토콜 설정

L3 스위치	설정
M1	Switch>enable Switch#configure terminal Switch(config)#interface fastethernet 0/1 Switch(config-if)#no switchport Switch(config-if)#ip address 10.1.2.5 255.255.255.0 Switch(config-if)#exit Switch(config)#interface fastethernet 0/2 Switch(config-if)#no switchport Switch(config-if)#ip address 10.1.3.5 255.255.255.0 Switch(config-if)#exit Switch(config)#interface vlan 10 Switch(config-if)#ip address 10.1.8.2 255.255.255.0 Switch(config-if)#exit Switch(config)#interface vlan 20 Switch(config-if)#ip address 10.1.9.2 255.255.255.0 Switch(config-if)#exit Switch(config)#ip routing Switch(config)#router eigrp 100 Switch(config-router)#network 10.0.0.0
M2	Switch>enable Switch#configure terminal Switch(config)#interface fastethernet 0/1 Switch(config-if)#no switchport Switch(config-if)#ip address 10.1.2.6 255.255.255.0 Switch(config-if)#exit Switch(config)#interface fastethernet 0/2 Switch(config-if)#no switchport Switch(config-if)#ip address 10.1.3.6 255.255.255.0 Switch(config-if)#exit Switch(config)#interface vlan 10 Switch(config-if)#ip address 10.1.8.3 255.255.255.0 Switch(config-if)#exit Switch(config)#interface vlan 20 Switch(config-if)#ip address 10.1.9.3 255.255.255.0 Switch(config-if)#exit Switch(config)#ip routing Switch(config)#router eigrp 100 Switch(config-router)#network 10.0.0.0

7

PC의 IP 주소는 [표 7-18]과 같습니다.

[표 7-18] PC의 IP 주소 설정

구분	IP 주소	서브넷 마스크	디폴트 게이트웨이
PC E	10.1.8.4	255.255.255.0	10.1.8.1
PC F	10.1.9.4	255.255.255.0	10.1.9.1
PC G	10.1.8.5	255.255.255.0	10.1.8.1
PC H	10.1.8.5	255.255.255.0	10.1.9.1

> 3. 다음과 같이 M1, M2, SW8, SW9를 설정하시오.
>
> 3.1 VLAN을 설정하시오.

VLAN 설정은 [표 7-19]와 같습니다.

[표 7-19] VLAN 설정 명령어

L3 스위치	설정
M1	Switch>enable Switch#configure terminal Switch(config)#vlan 10 Switch(config-vlan)#vlan 20 Switch(config-vlan)#exit Switch(config)#interface fastethernet 0/3 Switch(config-if)#switchport trunk encapsulation dot1q Switch(config-if)#switchport mode trunk Switch(config-if)#exit Switch(config)#interface fastethernet 0/4 Switch(config-if)#switchport trunk encapsulation dot1q Switch(config-if)#switchport mode trunk Switch(config-if)#exit Switch(config)#interface fastethernet 0/5 Switch(config-if)#switchport trunk encapsulation dot1q Switch(config-if)#switchport mode trunk Switch(config-if)#exit Switch(config)#interface fastethernet 0/6 Switch(config-if)#switchport trunk encapsulation dot1q Switch(config-if)#switchport mode trunk
M2	Switch>enable Switch#configure terminal Switch(config)#vlan 10 Switch(config-vlan)#vlan 20 Switch(config-vlan)#exit Switch(config)#interface fastethernet 0/3 Switch(config-if)#switchport trunk encapsulation dot1q Switch(config-if)#switchport mode trunk

M2	Switch(config-if)#exit Switch(config)#interface fastethernet 0/4 Switch(config-if)#switchport trunk encapsulation dot1q Switch(config-if)#switchport mode trunk Switch(config-if)#exit Switch(config)#interface fastethernet 0/5 Switch(config-if)#switchport trunk encapsulation dot1q Switch(config-if)#switchport mode trunk Switch(config-if)#exit Switch(config)#interface fastethernet 0/6 Switch(config-if)#switchport trunk encapsulation dot1q Switch(config-if)#switchport mode trunk
SW7	Switch>enable Switch#configure terminal Switch(config)#vlan 10 Switch(config-vlan)#vlan 20 Switch(config-vlan)#exit Switch(config)#interface fastethernet 0/1 Switch(config-if)#switchport mode trunk Switch(config-if)#exit Switch(config)#interface fastethernet 0/2 Switch(config-if)#switchport mode trunk Switch(config-if)#exit Switch(config)#interface fastethernet 0/3 Switch(config-if)#switchport access vlan 10 Switch(config-if)#exit Switch(config)#interface fastethernet 0/4 Switch(config-if)#switchport access vlan 20
SW8	Switch>enable Switch#configure terminal Switch(config)#vlan 10 Switch(config-vlan)#vlan 20 Switch(config-vlan)#exit Switch(config)#interface fastethernet 0/1 Switch(config-if)#switchport mode trunk Switch(config-if)#exit Switch(config)#interface fastethernet 0/2 Switch(config-if)#switchport mode trunk Switch(config-if)#exit Switch(config)#interface fastethernet 0/3 Switch(config-if)#switchport access vlan 10 Switch(config-if)#exit Switch(config)#interface fastethernet 0/4 Switch(config-if)#switchport access vlan 20

7

3.2 PVST를 다음 조건에 따라 설정하시오.

- M1을 VLAN 10에 대한 루트 스위치로 설정할 것
- M2를 VLAN 20에 대한 루트 스위치로 설정할 것

[표 7-20]과 같습니다.

[표 7-20] PVST 설정

L3 스위치	설정
M1	Switch>enable Switch#configure terminal Switch(config)#**spanning-tree vlan 10 priority 4096**
M2	Switch>enable Switch#configure terminal Switch(config)#**spanning-tree vlan 20 priority 4096**

3.3 M1-M2 연결 링크를 이중으로 연결하고, 이더채널을 설정하시오.

[표 7-21]과 같습니다.

[표 7-21] 이더채널 설정

L3 스위치	설정
M1	Switch>enable Switch#configure terminal Switch(config)#interface fastethernet 0/3 Switch(config-if)#**channel-group 1 mode on** Switch(config-if)#exit Switch(config)#interface fastethernet 0/4 Switch(config-if)#**channel-group 1 mode on**
M2	Switch>enable Switch#configure terminal Switch(config)#interface fastethernet 0/3 Switch(config-if)#**channel-group 1 mode on** Switch(config-if)#exit Switch(config)#interface fastethernet 0/4 Switch(config-if)#**channel-group 1 mode on**

3.4 HSRP를 M1과 M2에 다음 조건에 따라 설정하시오.

- M1을 VLAN 10에 대한 액티브 라우터로 설정할 것
- M2를 VLAN 20에 대한 액티브 라우터로 설정할 것

[표 7-22]와 같습니다.

[표 7-22] HSRP 설정

L3 스위치	설정
M1	Switch(config)#interface vlan 10 Switch(config-if)#ip address 10.1.8.2 255.255.255.0 Switch(config-if)#standby 10 ip 10.1.8.1 Switch(config-if)#standby 10 priority 150 Switch(config-if)#exit Switch(config)#interface vlan 20 Switch(config-if)#ip address 10.1.9.2 255.255.255.0 Switch(config-if)#standby 20 ip 10.1.9.1 Switch(config-if)#standby 20 priority 50
M2	Switch(config)#interface vlan 10 Switch(config-if)#ip address 10.1.8.3 255.255.255.0 Switch(config-if)#standby 10 ip 10.1.8.1 Switch(config-if)#standby 10 priority 50 Switch(config-if)#exit Switch(config)#interface vlan 20 Switch(config-if)#ip address 10.1.9.3 255.255.255.0 Switch(config-if)#standby 20 ip 10.1.9.1 Switch(config-if)#standby 20 priority 150

7

CHAPTER

Lesson 1 | **라우팅 테이블**

1. 라우팅 테이블은 어떻게 만들어질까?

2. 라우팅 테이블 해석

Lesson 2 | **스태틱 루트**

1. 스태틱 루트 설정

2. 디폴트 스태틱 루트

Lesson 3 | **라우팅 프로토콜들**

1. 라우팅 프로토콜 분류

2. 메트릭

3. OSPF

스태틱 루트와
라우팅 프로토콜들

라우팅 테이블의 네트워크 정보는 라우터에 커넥티드된 네트워크에 대한 정보와 낫-커넥티드된 네트워크에 대한 정보로 나뉩니다. 커넥티드된 네트워크에 대한 정보는 no shutdown과 ip address 명령에 의해 생성되고, 낫-커넥티드된 네트워크에 대한 정보는 라우팅 프로토콜이나 스태틱 루트 설정에 의해 생성됩니다.

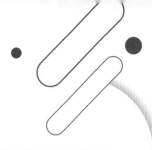

라우팅 테이블

LESSON 01

라우팅 테이블에 올라오는 정보는 커넥티드된 네트워크와 낫-커넥티드된 네트워크로 나눕니다. 커넥티드된 네트워크에 대한 정보가 만들어지는 과정은 '2장, 라우팅과 이더넷 스위칭'에서 다뤘습니다.

01 라우팅 테이블은 어떻게 만들어질까?

라우팅 프로토콜을 설정하면, 라우터들은 커넥티드된 네트워크 정보와 다른 라우터로부터 수신한 네트워크 정보들을 서로 교환해 완벽한 라우팅 테이블을 만듭니다. [그림 8-1]에서 10.1.0.0 /24는 R1과 R2에 커넥티드된 네트워크, R3와 R4에는 낫-커넥티드된 네트워크, 10.1.1.0 /24는 R2와 R3에 커넥티드된 네트워크, R1과 R4에는 낫-커넥티드된 네트워크, 10.1.2.0 /24는 R3와 R4에 커넥티드된 네트워크, R1과 R2에는 낫-커넥티드된 네트워크입니다.

[그림 8-1] 커넥티드된 네트워크와 낫-커넥티드된 네트워크

커넥티드된 네트워크에 대한 정보가 라우팅 테이블에 올라오게 하려면 [그림 8-2]와 같이 no shutdown 명령과 ip address 10.1.0.1 255.255.255.0 명령을 설정해야 합니다.

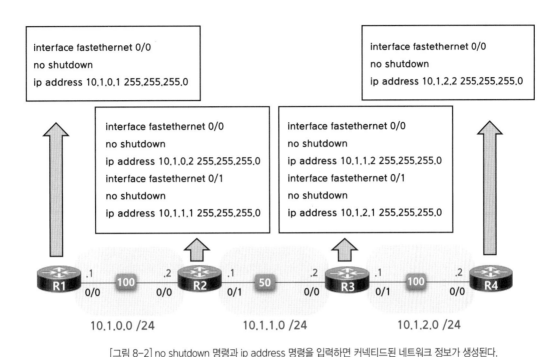

[그림 8-2] no shutdown 명령과 ip address 명령을 입력하면 커넥티드된 네트워크 정보가 생성된다.

낫-커넥티드된 네트워크 정보는 [그림 8-3]과 같이 라우팅 프로토콜 설정을 통해 생성됩니다.

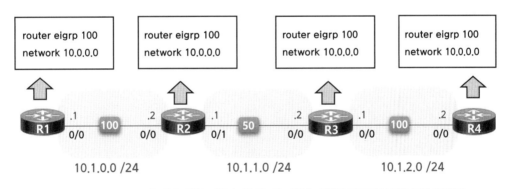

[그림 8-3] 낫-커넥티드된 네트워크 정보는 라우팅 프로토콜 설정을 통해 생성된다.

라우팅 프로토콜을 설정하면 어떻게 네트워크 정보가 전달되고 라우팅 테이블에 생성되는지 살펴봅시다. 전달하는 네트워크 정보(10.1.2.0 /24)에는 [그림 8-4]와 같이 ❶ '누가 보냈는가?'와 ❷ '얼마나 멀리 떨어져 있는가?'라는 정보를 포함합니다. [그림 8-3]에서 R3는 R2에게 커넥티드된 네트워크 정보(10.1.2.0 /24)에 대해 ❶ 누가 보냈는가?(from 10.1.1.2)와 ❷ 얼마나 멀리 떨어져 있는가?(0 메트릭)를 보냅니다.

❶ 누가 보냈는가?: R2는 이 정보를 받아 'from 10.1.1.2'를 'via 10.1.1.2'로 바꿉니다.

❷ 얼마나 멀리 떨어져 있는가?: 0 메트릭(직접 연결된 메트릭은 '0'이다)에 R2-R3 간의 50 메트릭을 더해 최종 메트릭을 계산합니다.

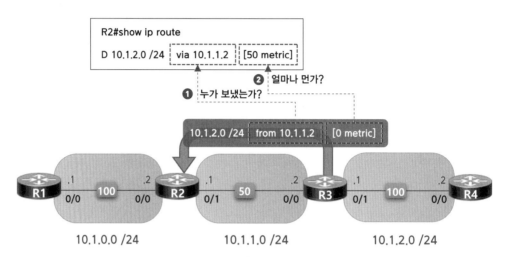

[그림 8-4] R3는 커넥티드된 네트워크 정보(10.1.2.0 /24)를 R2에게 보내고 있다.

[그림 8-5]에서 R2는 (R3로부터 수신한) 10.1.2.0 /24 정보와 (R2에 커넥티드된) 10.1.1.0 /24 정보를 R1에게 보냅니다.

❶ 누가 보냈는가?: (R1은 R2가 보낸 정보를 받아) from 10.1.0.2을 via 10.1.0.2로 바꿉니다.

❷ 얼마나 멀리 떨어져 있는가?: (받은 메트릭(0과 30) 값에) R1-R2 간의 메트릭(100)을 더해 최종 메트릭(100과 150)을 계산합니다.

R1이 만든 라우팅 테이블을 보면, 10.1.1.0 /24와 10.1.2.0 /24 네트워크에 대해 다음 라우터 주소는 10.1.0.2로 정확합니다. 또한 10.1.1.0 /24는 100 메트릭만큼 떨어져 있고, 10.1.2.0 /24는 150 메트릭만큼 떨어져 있다고 표시되는데 이 또한 정확합니다. 차를 타고 목적지를 찾아갈 때, 이정표에는 목적지에 대한 방향과 거리 정보가 올라옵니다. 라우팅 테이블도 이정표와 같습니다. 즉, 목적지 네트워크에 대한 방향 정보(via 10.1.1.2)와 거리 정보(100 metric)가 올라옵니다.

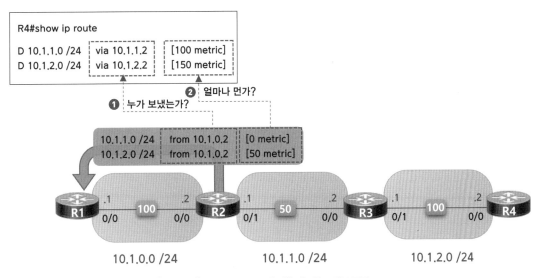

[그림 8-5] 라우팅 프로토콜에 의한 네트워크 정보 전달

02 라우팅 테이블 해석

라우팅 프로토콜을 설정하면, 커넥티드되지 않은 네트워크 정보들도 라우팅 테이블에 올라옵니다.

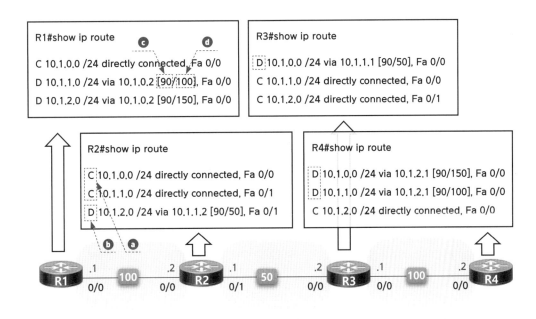

[그림 8-6] 라우팅 테이블

[그림 8-6]의 라우팅 테이블에 대한 해석은 다음과 같습니다.

🅐와 🅑: 네트워크 정보를 어떤 수단에 의해 만들어졌는지는 소스 코드(source code)로 표시합니다. 예를 들어, C – 커넥티드 루트, S – 스태틱 루트, D – EIGRP, O – OSPF, R – RIP를 의미합니다.

🅒 어드미니스트레이티브 디스턴스(administrative distance): 라우팅 테이블에는 베스트 루트만 올라옵니다. 라우팅 프로토콜과 스태틱 루트를 모두 설정하거나 라우팅 프로토콜을 2개 이상 돌렸을 때, 주장하는 베스트 루트가 다를 수 있습니다. 이때 어드미니스트레이티브 디스턴스를 비교하여 베스트 루트를 선정하는데, 이 값이 낮을수록 좋습니다. 즉, OSPF, EIGRP, 스태틱 루트를 모두 설정했다면 스태틱 루트가 가리키는 경로만 라우팅 테이블에 올라옵니다. 기본적인 어드미니스트레이티브 디스턴스는 [표 8-1]과 같습니다.

[표 8-1] 디폴트 어드미니스트레이티브 디스턴스

구분	디폴트 어드미니스트레이티브 디스턴스
Connected route	0
스태틱	1
EIGRP	90
OSPF	110
RIP	120

🅓 메트릭 값입니다. 메트릭은 목적지 네트워크까지의 거리입니다.

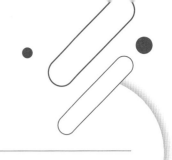

스태틱 루트

라우팅 프로토콜을 대신하는 것이 스태틱 루트(Static route)입니다. 라우팅 프로토콜이
생성한 정보를 다이내믹 루트(Dynamic route)라고 합니다. 반면, 스태틱 루트는 사람이
직접 만든 정보이므로 네트워크 상황을 다이내믹하게 반영하지 못합니다.

01 스태틱 루트 설정

라우팅 프로토콜을 대신하는 것이 스태틱 루트입니다. 즉, 낫-커넥티드된 네트
워크 정보가 라우팅 테이블에 올라오는 방법은 라우팅 프로토콜과 스태틱 루트의
두 가지입니다. 라우팅 프로토콜이 생성한 정보를 다이내믹 루트(Dynamic route)라
고 합니다. 네트워크의 상황을 다이내믹하게 반영해주기 때문입니다. 반면, 스태
틱 루트(Static route)는 사람이 직접 만든 정보이므로 네트워크 상황을 다이내믹하
게 반영하지 못합니다. 라우팅 테이블에서 커넥티드된 네트워크 정보는 no shut
down 명령으로 인터페이스를 활성화하고, IP 주소만 입력하면 라우팅 테이블에 올
라옵니다. 낫-커넥디드된 네트워크 정보를 얻기 위해서는 라우팅 프로토콜을 설
정해야 합니다. 스태틱 루트는 라우팅 프로토콜을 대신할 수 있습니다.

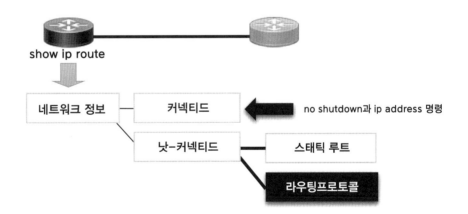

[그림 8-7] 라우팅 테이블의 네트워크 정보는 어떻게 만들어질까?

[그림 8-8]의 R1에서 스태틱 루트를 설정한다면 10.1.1.0 /24와 10.1.2.0 /24에
대해 설정하는 것이지, 10.1.0.0 /24에 대해 설정하는 것이 아닙니다. 스태틱 루트
는 낫-커넥티드된 네트워크를 위한 것이지, 커넥티드된 네트워크을 위한 것이 아

니기 때문입니다. 커넥티드된 네트워크 정보는 no shutdown 명령과 IP 주소만 설
정하면 올라옵니다. R2에서 스태틱 루트를 설정하려면 낫-커넥티드된 10.1.2.0
/24에 대해 설정해야 하고, R3에서 스태틱 루트를 설정하려면 낫-커넥티드된
10.1.0.0 /24에 대해 설정해야 합니다. 또한 R4에서 스태틱 루트를 설정하려면
낫-커넥티드된 10.1.0.0 /24와 10.1.1.0 /24에 대해 설정해야 합니다.

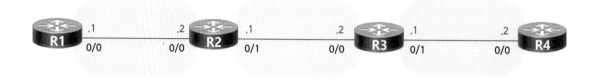

[그림 8-8] 커넥티드된 네트워크와 낫-커넥티드된 네트워크

각 라우터에 대한 IP 주소와 스태틱 루트 설정 명령은 [표 8-2]와 같습니다.
즉, R1의 스태틱 루트 명령, ip route 10.1.1.0 255.255.255.0 10.1.0.2에
서 '10.1.1.0 255.255.255.0'은 목적지 네트워크(10.1.1.0 /24)를 가르킵니다.
'10.1.0.2'는 다음 라우터의 주소입니다. 즉, 10.1.1.0 /24 네트워크가 목적지인
패킷은 10.1.0.2 경로로 보내집니다.

[표 8-2] 각 라우터의 스태틱 루트 설정

라우터	설정
R1	R1#configure terminal R1(config)#interface fastethernet 0/0 R1(config-if)#no shutdown R1(config-if)#ip address 10.1.0.1 255.255.255.0 R1(config-if)#exit R1(config)#ip route 10.1.1.0 255.255.255.0 10.1.0.2 R1(config)#ip route 10.1.2.0 255.255.255.0 10.1.0.2
R2	R2#configure terminal R2(config)#interface fastethernet 0/0 R2(config-if)#no shutdown R2(config-if)#ip address 10.1.0.2 255.255.255.0 R2(config-if)#exit R2(config)#interface fastethernet 0/1 R2(config-if)#no shutdown R2(config-if)#ip address 10.1.1.1 255.255.255.0 R2(config-if)#exit R2(config)#ip route 10.1.2.0 255.255.255.0 10.1.1.2

라우터	
R3	R3#configure terminal R3(config)#interface fastethernet 0/0 R3(config-if)#**no shutdown** R3(config-if)#**ip address 10.1.1.2 255.255.255.0** R3(config-if)#exit R3(config)#interface fastethernet 0/1 R3(config-if)#**no shutdown** R3(config-if)#**ip address 10.1.2.1 255.255.255.0** R3(config-if)#exit R3(config)#**ip route 10.1.0.0 255.255.255.0 10.1.1.1**
R4	R4#configure terminal R4(config)#interface fastethernet 0/0 R4(config-if)#**no shutdown** R4(config-if)#**ip address 10.1.2.2 255.255.255.0** R4(config-if)#exit R4(config)#**ip route 10.1.0.0 255.255.255.0 10.1.2.1** R4(config)#**ip route 10.1.1.0 255.255.255.0 10.1.2.1**

스태틱 루트 설정 후의 라우팅 테이블은 [표 8-3]과 같습니다. 스태틱 루트는 'S'
코드로 구분됩니다.

[표 8-3] 스태틱 루트 설정 후의 라우팅 테이블

라우터	설정 확인

R1	R1#show ip route
	Codes: C – connected, S – static, I – IGRP, R – RIP, M – mobile, B – BGP
	        D – EIGRP, EX – EIGRP external, O – OSPF, IA – OSPF inter area
	        N1 – OSPF NSSA external type 1, N2 – OSPF NSSA external type 2
	        E1 – OSPF external type 1, E2 – OSPF external type 2, E – EGP
	        i – IS–IS, L1 – IS–IS level–1, L2 – IS–IS level–2, ia – IS–IS inter area
	        * – candidate default, U – per–user static route, o – ODR
	        P – periodic downloaded static route
	
	Gateway of last resort is not set
	
	    10.0.0.0/24 is subnetted, 3 subnets
	C 10.1.0.0 is directly connected, FastEthernet0/0
	S 10.1.1.0 [1/0] via 10.1.0.2
	S 10.1.2.0 [1/0] via 10.1.0.2

8

R2	R2#show ip route Codes: C − connected, S − static, I − IGRP, R − RIP, M − mobile, B − BGP 　　　D − EIGRP, EX − EIGRP external, O − OSPF, IA − OSPF inter area 　　　N1 − OSPF NSSA external type 1, N2 − OSPF NSSA external type 2 　　　E1 − OSPF external type 1, E2 − OSPF external type 2, E − EGP 　　　i − IS−IS, L1 − IS−IS level−1, L2 − IS−IS level−2, ia − IS−IS inter area 　　　* − candidate default, U − per−user static route, o − ODR 　　　P − periodic downloaded static route Gateway of last resort is not set 　　10.0.0.0/24 is subnetted, 3 subnets C　　10.1.0.0 is directly connected, FastEthernet0/0 C　　10.1.1.0 is directly connected, FastEthernet0/1 S　　10.1.2.0 [1/0] via 10.1.1.2
R3	R3#show ip route Codes: C − connected, S − static, I − IGRP, R − RIP, M − mobile, B − BGP D − EIGRP, EX − EIGRP external, O − OSPF, IA − OSPF inter area 　　　N1 − OSPF NSSA external type 1, N2 − OSPF NSSA external type 2 　　　E1 − OSPF external type 1, E2 − OSPF external type 2, E − EGP 　　　i − IS−IS, L1 − IS−IS level−1, L2 − IS−IS level−2, ia − IS−IS inter area 　　　* − candidate default, U − per−user static route, o − ODR 　　　P − periodic downloaded static route Gateway of last resort is not set 　　10.0.0.0/24 is subnetted, 3 subnets S　　10.1.0.0 [1/0] via 10.1.1.1 C　　10.1.1.0 is directly connected, FastEthernet0/0 C　　10.1.2.0 is directly connected, FastEthernet0/1
R4	R3#show ip route Codes: C − connected, S − static, I − IGRP, R − RIP, M − mobile, B − BGP 　　　D − EIGRP, EX − EIGRP external, O − OSPF, IA − OSPF inter area 　　　N1 − OSPF NSSA external type 1, N2 − OSPF NSSA external type 2 　　　E1 − OSPF external type 1, E2 − OSPF external type 2, E − EGP 　　　i − IS−IS, L1 − IS−IS level−1, L2 − IS−IS level−2, ia − IS−IS inter area 　　　* − candidate default, U − per−user static route, o − ODR 　　　P − periodic downloaded static route Gateway of last resort is not set 　　10.0.0.0/24 is subnetted, 3 subnets S　　10.1.0.0 [1/0] via 10.1.2.1 S　　10.1.1.0 [1/0] via 10.1.2.1 C　　10.1.2.0 is directly connected, FastEthernet0/0

02 디폴트 스태틱 루트

디폴트 스태틱 루트는 모든 네트워크에 대한 정보를 포함합니다. [그림 8-9]에서 '0.0.0.0 0.0.0.0'은 모든 IP 주소를 포함합니다. 보통 인터넷에 존재하는 수많은 네트워크를 대신할 때 쓰는 표현입니다.

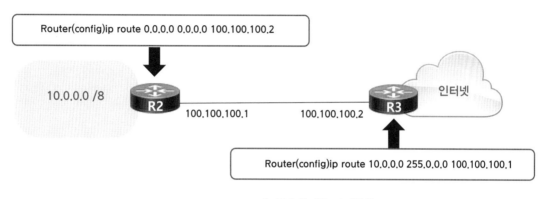

[그림 8-9] 디폴트 스태틱 루트

스태틱 루트와 디폴트 스태틱 루트 설정

1. [그림 8–10]과 같이 연결하시오.

2. [그림 8–10]에서 통신이 되게 하기 위해, IP 주소를 설정하고 스태틱 루트와 디폴트 스태틱 루트를 적
   정하게 설정하시오(라우팅 프로토콜을 설정하면 안 됨).

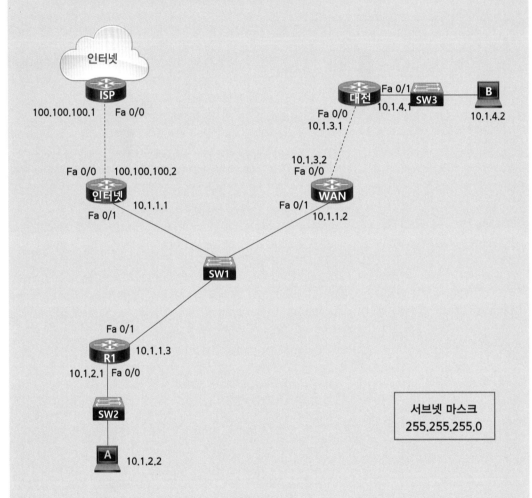

[그림 8-10] 구성도

솔루션

1. [그림 8-10]과 같이 연결하시오.

ISP-인터넷 접속 라우터 사이와 대전-WAN 라우터 사이는 크로스오버 케이블로 연결하고, 나머지는 스트레이트 스루 케이블로 연결합니다.

2. [그림 8-10]에서 통신이 되게 하기 위해 IP 주소를 설정하고 스태틱 루트와 디폴트 스태틱 루트를 적정하게 설정하시오(라우팅 프로토콜을 설정하면 안 됨).

각 라우터에 대한 IP 주소와 스태틱 루트 설정 명령은 [표 8-4]와 같습니다.

● 커넥티드된 네트워크에 대한 정보는 no shutdown 명령과 IP 주소 설정으로 올라옵니다.

● 스태틱 루트를 설정할 때는 각 라우터에 커넥티드되지 않은 네트워크에 대한 것이어야 합니다.

● 사이트 외부, 즉 인터넷에 존재하는 수많은 네트워크에 대해서는 디폴트 스태틱 루트를 설정해야 합니다.

● ISP 라우터에서는 우리 회사에 대한 스태틱 루트를 설정해야 합니다.

[표 8-4] 각 라우터의 스태틱 루트 설정

라우터	설정
R1	R1#configure terminal R1(config)#interface fastethernet 0/0 R1(config-if)#no shutdown R1(config-if)#ip address 10.1.2.1 255.255.255.0 R1(config-if)#exit R1(config)#interface fastethernet 0/1 R1(config-if)#no shutdown R1(config-if)#ip address 10.1.1.3 255.255.255.0 R1(config-if)#exit R1(config)#ip route 10.1.3.0 255.255.255.0 10.1.1.2 R1(config)#ip route 10.1.4.0 255.255.255.0 10.1.1.2 R1(config)#ip route 0.0.0.0 0.0.0.0 10.1.1.1
WAN	WAN#configure terminal WAN(config)#interface fastethernet 0/0 WAN(config-if)#no shutdown WAN(config-if)#ip address 10.1.3.2 255.255.255.0 WAN(config-if)#exit WAN(config)#interface fastethernet 0/1 WAN(config-if)#no shutdown WAN(config-if)#ip address 10.1.1.2 255.255.255.0 WAN(config-if)#exit WAN(config)#ip route 10.1.2.0 255.255.255.0 10.1.1.3 WAN(config)#ip route 10.1.4.0 255.255.255.0 10.1.3.1 WAN(config)#ip route 0.0.0.0 0.0.0.0 10.1.1.1

대전	DJ#configure terminal DJ(config)#interface fastethernet 0/0 DJ(config-if)#**no shutdown** DJ(config-if)#**ip address 10.1.3.1 255.255.255.0** DJ(config-if)#exit DJ(config)#interface fastethernet 0/0 DJ(config-if)#**no shutdown** DJ(config-if)#**ip address 10.1.4.1 255.255.255.0** DJ(config-if)#exit DJ(config)#**ip route 10.1.1.0 255.255.255.0 10.1.3.2** ⎫ DJ(config)#**ip route 10.1.2.0 255.255.255.0 10.1.3.2** ⎬ 생략 가능 DJ(config)#**ip route 0.0.0.0 0.0.0.0 10.1.3.2**
INTERNET	INTERNET#configure terminal INTERNET(config)#interface fastethernet 0/0 INTERNET(config-if)#**no shutdown** INTERNET(config-if)#**ip address 100.100.100.2 255.255.255.0** INTERNET(config-if)#exit INTERNET(config)#interface fastethernet 0/1 INTERNET(config-if)#**no shutdown** INTERNET(config-if)#**ip address 10.1.1.1 255.255.255.0** INTERNET(config-if)#exit INTERNET(config)#**ip route 10.1.2.0 255.255.255.0 10.1.1.3** INTERNET(config)#**ip route 10.1.3.0 255.255.255.0 10.1.1.2** INTERNET(config)#**ip route 10.1.4.0 255.255.255.0 10.1.1.2** INTERNET(config)#**ip route 0.0.0.0 0.0.0.0 100.100.100.1**
ISP	ISP(config)#configure terminal ISP(config)#interface fastethernet 0/0 ISP(config-if)#no shutdown ISP(config-if)#exit ISP(config)#ip route 10.0.0.0 255.0.0.0 100.100.100.2 　　　**또는** ISP(config)#ip route 10.1.1.0 255.255.255.0 100.100.100.2 ISP(config)#ip route 10.1.2.0 255.255.255.0 100.100.100.2 ISP(config)#ip route 10.1.3.0 255.255.255.0 100.100.100.2 ISP(config)#ip route 10.1.4.0 255.255.255.0 100.100.100.2

03 LESSON 라우팅 프로토콜들

현장에서 가장 많이 선택하는 라우팅 프로토콜은 OSPF(Open Shortest Path First)입니다. OSPF가 인기 있는 이유는 무엇일까요?

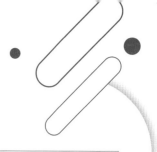

01 라우팅 프로토콜 분류

라우팅 프로토콜은 [그림8-11]과 같이 디스턴스 벡터, 링크 스테이트, 하이브리드 계열로 나눕니다. 디스턴스 벡터 계열에 속하는 것은 RIP(Routing Information Protocol), 링크 스테이트 계열에 속하는 것은 OSPF, 하이브리드 계열에 속하는 것은 EIGRP(Enhanced Interior Gateway Routing Protocol)입니다.

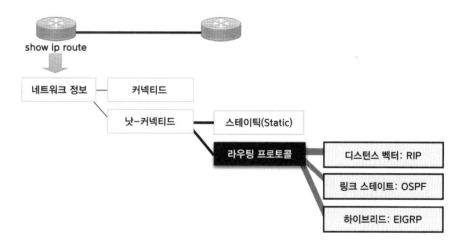

[그림 8-11] 라우팅 프로토콜 분류

각 계열의 특징은 [표 8-5]와 같습니다.

[표 8-5] 라우팅 프로토콜들의 장단점

구분		특징
디스턴스 벡터 (RIP)	장점	알고리즘이 단순해 CPU 소모량이 적음.
	단점	라우팅 테이블 전체를 주기적으로 반복 전달하므로 밴드위스 소모량이 많음. 또한 30초 주기로 전달하기 때문에 네트워크 변화를 즉시 반영하지 못함. 즉, 컨버전스 타임이 느림.
링크 스테이트 (OSPF)	장점	변화된 네트워크 정보만 전달하므로 밴드위스 소모량이 적음. 또한 즉시 전달하기 때문에 컨버전스 타임이 빠름.
	단점	알고리즘이 복잡해 CPU 소모량이 많음.
하이브리드 (EIGRP)	장점	디스턴스 벡터와 링크 스테이트의 장점을 수용했기 때문에 변화된 네트워크 정보만 전달하므로 밴드위스 소모량이 적고, 즉시 전달하기 때문에 컨버전스 타임이 빠름. 또한 알고리즘은 디스턴스 벡터 방식이므로 CPU 소모량도 적음.
	단점	표준이 아닌 시스코 프로토콜임.

02 메트릭

메트릭은 라우팅 프로토콜이 목적지 네트워크까지의 거리를 표시할 때 사용합니다. 하나의 목적지에 다양한 경로가 존재할 때 메트릭을 비교해 베스트 루트가 선택됩니다. [표 8-6]은 라우팅 프로토콜별 메트릭을 보여줍니다.

[표 8-6] 라우팅 프로토콜과 메트릭

라우팅 프로토콜	메트릭	설명
RIP	홉 (hop)	라우터 수
OSPF	코스트 (cost)	$\dfrac{10^8}{\text{밴드위스}}$
EIGRP	Bandwidth, Delay	아래 계산 공식 참조

● 홉

RIP는 홉을 봅니다. 홉이란, 출발지와 목적지 네트워크 사이의 라우터 수를 말합니다. RIP는 밴드위스를 보지 않기 때문에 베스트 루트 선정 기준이 불합리합니나. 즉, 적은 홉을 거치지만 느린(밴드위스가 좁은 경로) 경로를 베스트 루트로 선택할 수 있습니다.

● **코스트**(cost)

OSPF는 코스트를 봅니다. 코스트란, 밴드위스의 역수이므로 결국 밴드위스 하나만을 보는 셈입니다. 목적지 네트워크까지의 누적 코스트를 비교해 베스트 루트를 결정합니다.

● **복합 값**(composite metric)

EIGRP는 밴드위스(bandwidth), 딜레이(delay)를 [그림 8-12]의 계산 공식에 입력해 나온 값을 비교합니다. 계산 공식은 $256 \times (\frac{10^7}{BW} + DLY)$입니다.

03 OSPF

EIGRP가 모든 면에서 장점이 많기는 하지만, 표준이 아니라 시스코 프로토콜이라는 것은 치명적인 약점입니다. 따라서 현장에서는 OSPF를 주로 사용합니다. 그런데 OSPF의 유일한 약점은 알고리즘이 복잡해 CPU 소모량이 많다는 점입니다. 이를 해결하는 것이 [그림 8-12]와 같은 AREA 분할입니다. AREA 내부 네트워크 정보를 교환할 때는 링크 스테이트 알고리즘이 적용되지만, AREA 외부 네트워크 정보를 교환할 때는 디스턴스 벡터 알고리즘이 적용됩니다. AREA 분할을 통해 링크 스테이트 알고리즘의 영역을 좁히면 CPU 소모량을 대폭 줄일 수 있습니다.

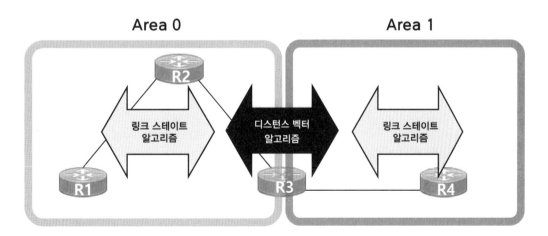

[그림 8-12] OSPF는 AREA로 나눔으로써 CPU 소모량을 줄인다.

OSPF는 네트워크를 AREA로 묶고, AREA를 묶어 AS(Autonomous System)가 됩니다. AS는 우리 회사 네트워크 전체를 말합니다. 이렇게 네트워크 계급 위에 AREA 계급, AREA 계급 위에 AS 계급이 생기는 라우팅 프로토콜을 하이어라키컬(hierarchical) 라우팅 프로토콜이라 합니다. 즉, OSPF를 설정할 때는 네트워크마다 어떤 AREA에 속하는지를 설정해줘야 합니다.

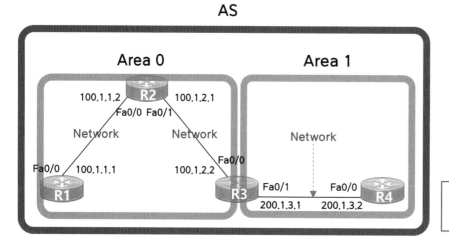

[그림 8-13] OSPF 실습 환경

[그림 8-13]에 대한 OSPF 설정 명령은 [표 8-7]과 같습니다.

[표 8-7] 각 라우터의 설정

라우터	설정
R1	Router)enable Router#configure terminal Router(config)#hostname R1 R1(config)#interface fastethernet 0/0 R1(config-if)#**no shutdown** R1(config-if)#**ip address 100.1.1.1 255.255.255.0** R1(config-if)#exit R1(config)#**router ospf 100** R1(config-router)#**network 100.1.1.1 0.0.0.0 area 0**
R2	Router)enable Router#configure terminal Router(config)#hostname R2 R2(config)#interface fastethernet 0/0 R2(config-if)#no shutdown R2(config-if)#ip address 100.1.1.2 255.255.255.0 R2(config-if)#exit R2(config)#interface fastethernet 0/1 R2(config-if)#**no shutdown**

R2	R2(config-if)#ip address 100.1.2.1 255.255.255.0 R2(config-if)#exit R2(config)#router ospf 100 R2(config-router)#network 100.1.1.2 0.0.0.0 area 0 R2(config-router)#network 100.1.2.1 0.0.0.0 area 0
R3	Router>enable Router#configure terminal Router(config)#hostname R3 R3(config)#interface fastethernet 0/0 R3(config-if)#no shutdown R3(config-if)#ip address 100.1.2.2 255.255.255.0 R3(config-if)#exit R3(config)#interface fastethernet 0/1 R3(config-if)#no shutdown R3(config-if)#ip address 200.1.3.1 255.255.255.0 R3(config-if)#exit R3(config)#router ospf 100 R3(config-router)#network 100.1.2.2 0.0.0.0 area 0 R3(config-router)#network 200.1.3.1 0.0.0.0 area 1
R4	Router>enable Router#configure terminal Router(config)#hostname R4 R4(config)#interface fastethernet 0/0 R4(config-if)#no shutdown R4(config-if)#ip address 200.1.3.2 255.255.255.0 R4(config-if)#exit R4(config)#router ospf 100 R4(config-router)#network 200.1.3.2 0.0.0.0 area 1

OSPF 설정 명령에 대한 설명은 다음과 같습니다. OSPF는 네트워크마다 반드시 네트워크가 속한 AREA를 설정해야 합니다. R1의 network 100.1.1.1 0.0.0.0 area 0에서 '0.0.0.0'은 와일드카드 마스크입니다. 와일드카드 마스크에서 이진수 '0'의 자리는 '일치해야 하는 자리(must match)', 이진수 '1'의 자리는 '일치하지 않아도 되는 자리(don't care)'를 의미합니다. 따라서 와일드카드 마스크, '0.0.0.0'은 '모든 자리가 정확하게 일치해야 함'을 의미합니다. 따라서 [그림 8-14]에서 network 100.1.1.1 0.0.0.0 area 0 명령은 이 라우터에 연결된 네트워크 중에서 '정확하게' 100.1.1.1 주소를 갖는 네트워크는 'Area 0'에 속한다는 것을 뜻합니다.

[그림 8-14] 와일드카드 마스크: 0.0.0.0

[그림 8-15]에서 와일드카드 마스크는 0.255.255.255입니다. 와일드카드 마스크 '0'이 겹치는 자리는 '200.0.0.0'에서 '200'뿐이고, 0.0.0은 와일드카드 마스크 '255'가 겹치므로 상관 없는 자리가 됩니다. 즉, 이 라우터가 가진 모든 네트워크 중에서 첫 번째 옥텟이 '200'인 주소로 시작하는 네트워크는 Area 0에 속하게 됩니다.

[그림 8-15] 와일드카드 마스크: 0.255.255.255

[그림 8-16]에서 0.0.0.0 255.255.255.255라는 것은 모든 IP 주소를 대신하는 표현입니다. 따라서 0.0.0.0 255.255.255.255는 이 라우터에 연결된 네트워크 중에서 모든 IP 주소를 가진 네트워크를 지칭하는 표현입니다.

[그림 8-16] 와일드카드 마스크: 255.255.255.255

네트워크에는 와일드카드 마스크와 서브넷 마스크가 있습니다. 와일드카드 마스크와 서브넷 마스크는 아무런 관련이 없습니다. 서브넷 마스크의 이진수 '1'이 겹치는 자리는 네트워크 자리, 이진수 '0'이 겹치는 자리는 호스트 자리를 의미합니다.

1. [그림 8-17]과 같이 연결하시오.

2. [그림 8-17]의 IP 주소를 할당하시오.

3. 다음과 같이 스태틱 루트와 OSPF를 설정하시오.
   - 사이트 내부는 OSPF를 적용하되, 하나의 AREA(AREA 0)로 설정하시오.
   - 사이트 내부의 모든 라우터들에게 디폴트 스태틱 루트를 설정해 인터넷이 되게 하시오.
   - ISP 라우터에 사이트 내부 네트워크에 대한 스태틱 루트를 설정하시오.

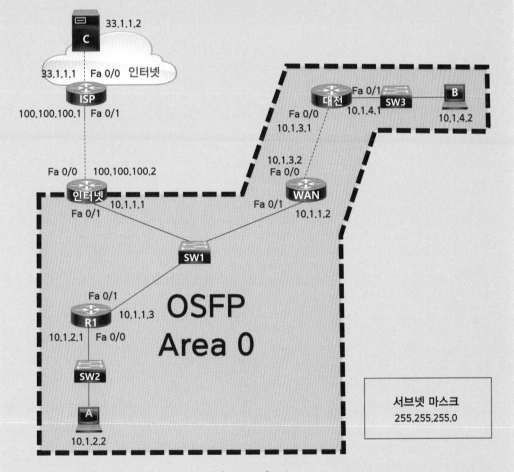

[그림 8-17] 구성도

솔루션

---

1. [그림 8-17]과 같이 연결하시오.

ISP-인터넷 접속 라우터 사이와 대전-WAN 라우터 사이는 크로스오버 케이블로 연결해야 합니다. 나머지는 스트레이트 스루 케이블로 연결합니다.

---

2. [그림 8-17]의 IP 주소를 할당하시오.

각 라우터의 IP 주소 설정은 [표 8-8]과 같습니다.

[표 8-8] 라우터 설정

라우터	설정
INTERNET	Router)enable Router#configure terminal Router(config)#hostname INTERNET INTERNET(config)#interface fastethernet 0/0 INTERNET(config-if)#**no shutdown** INTERNET(config-if)#**ip address 100.100.100.2 255.255.255.0** INTERNET(config-if)#exit INTERNET(config)#interface fastethernet 0/1 INTERNET(config-if)#**no shutdown** INTERNET(config-if)#**ip address 10.1.1.1 255.255.255.0**
R1	Router)enable Router#configure terminal Router(config)#hostname R1 R1(config)#interface fastethernet 0/0 R1(config-if)#**no shutdown** R1(config-if)#**ip address 10.1.2.1 255.255.255.0** R1(config-if)#exit R1(config)#interface fastethernet 0/1 R1(config-if)#**no shutdown** R1(config-if)#**ip address 10.1.1.3 255.255.255.0**
WAN	Router)enable Router#configure terminal Router(config)#hostname WAN WAN(config)#interface fastethernet 0/0 WAN(config-if)#**no shutdown** WAN(config-if)#**ip address 10.1.3.2 255.255.255.0** WAN(config-if)#exit WAN(config)#interface fastethernet 0/1 WAN(config-if)#**no shutdown** WAN(config-if)#**ip address 10.1.1.2 255.255.255.0**

대전	Router>enable Router#configure terminal Router(config)#hostname DJ DJ(config)#interface fastethernet 0/0 DJ(config-if)#**no shutdown** DJ(config-if)#**ip address 10.1.3.1 255.255.255.0** DJ(config-if)#exit DJ(config)#interface fastethernet 0/1 DJ(config-if)#**no shutdown** DJ(config-if)#**ip address 10.1.4.1 255.255.255.0**
ISP	Router 〉 enable Router#Configure terminal Router(config)#hostmame ISP ISP(config)#interface fastethernet 0/0 ISP(config-if)#no shutdown ISP(config-if)#ip address 33.1.1.1 255.255.255.0 ISP(config-if)#exit ISP(config)#interface fastethernet 0/1 ISP(config-if)#no shutdwon ISP(config-if)#ip address 100.100.100.1 255.255.255.0

PC의 IP 설정은 [표 8-9]와 같습니다.

[표 8-9] PC 설정

라우터	IP 주소	서브넷 마스크	디폴트 게이트웨이
PC A	10.1.2.2	255.255.255.0	10.1.2.1
PC B	10.1.4.2	255.255.255.0	10.1.4.1
서버 C	33.1.1.2	255.255.255.0	33.1.1.1

3. 다음과 같이 스태틱 루트와 OSPF를 설정하시오.
 • 사이트 내부는 OSPF를 적용하되, 하나의 AREA(AREA 0)로 설정하시오.
 • 사이트 내부의 모든 라우터에 디폴트 스태틱 루트를 설정해 인터넷이 되게 하시오.
 • ISP 라우터에 사이트 내부 네트워크에 대한 스태틱 루트를 설정하시오.

OSPF는 사이트 내부의 네트워크 정보 교환을 위해 설정합니다. ISP와 우리 회사는 하나의 사이트이기 때문에 사이트 간에 네트워크 정보 교환을 위해 BGP를 적용해야 합니다. 라우팅 프로토콜을 대신하거나 보완하는 것이 스태틱 루트입니다. 이 과제에서는 BGP 대신 스태틱 루트를 설정하라고 했으므로 사이트 외부 네트워크(인터넷)에 대해 디폴트 스태틱 루트를 설정해야 합니다. 이와 마찬가지로 ISP 라우터에서는 우리 회사에 대한 스태틱 루트를 설정해야 합니다. 설정 명령은 [표 8-10]과 같습니다

[표8-10] 설정 명령

라우터	설정
INTERNET	INTERNET)enable INTERNET#configure terminal INTERNET(config)#**router ospf 100** INTERNET(config-router)#**network 10.1.1.1 0.0.0.0 area 0** INTERNET(config-router)#exit INTERNET(config)#**ip route 0.0.0.0 0.0.0.0 100.100.100.1**
R1	R1)enable R1#configure terminal R1(config)#**router ospf 100** R1(config-router)#**network 10.1.1.3 0.0.0.0 area 0** R1(config-router)#**network 10.1.2.1 0.0.0.0 area 0** R1(config-router)#exit R1(config)#**ip route 0.0.0.0 0.0.0.0 10.1.1.1**
WAN	WAN)enable WAN#configure terminal WAN(config)#**router ospf 100** WAN(config-router)#**network 10.1.1.2 0.0.0.0 area 0** WAN(config-router)#**network 10.1.3.2 0.0.0.0 area 0** WAN(config-router)#exit WAN(config)#**ip route 0.0.0.0 0.0.0.0 10.1.1.1**
대전	DJ)enable DJ#configure terminal DJ(config)#**router ospf 100** DJ(config-router)#**network 10.1.3.1 0.0.0.0 area 0** DJ(config-router)#**network 10.1.4.1 0.0.0.0 area 0** DJ(config-router)#exit DJ(config)#**ip route 0.0.0.0 0.0.0.0 10.1.3.2**
ISP	ISP)enable ISP#configure terminal ISP(config)#**ip route 10.1.1.0 255.255.255.0 100.100.100.2** ISP(config)#**ip route 10.1.2.0 255.255.255.0 100.100.100.2** ISP(config)#**ip route 10.1.3.0 255.255.255.0 100.100.100.2** ISP(config)#**ip route 10.1.4.0 255.255.255.0 100.100.100.2** 또는 ISP(config)#**ip route 10.0.0.0 255.0.0.0 100.100.100.2**

[표 8-10]에서 ISP 라우터의 ip route 10.0.0.0 255.0.0.0 100.100.100.2 명령에서 10.0.0.0 255.0.0.0은 10
으로 시작하는 모든 IP 주소들(10.0.0.0 ~ 10.255.255.255)을 포함합니다. 따라서 10.1.1.0 255.255.255.0,
10.1.2.0 255.255.255.0, 10.1.3.0 255.255.255.0, 10.1.4.0 255.255.255.0와 같은 4개의 네트워크들에 대한 스
태틱 루트를 대신할 수 있습니다.

다홍치마 ❶ 스태틱 루트와 다이내믹 루트

직접 연결되지 않은 네트워크에 대한 정보가 라우팅 테이블에 올라오게 하는 방법은 [그림 8-18]과 같이 스태틱 루트와 라우팅 프로토콜이 있습니다. 라우팅 프로토콜이 생성한 정보를 '다이내믹 루트'라고 합니다. 네트워크의 상황을 다이내믹하게 반영하기 때문이죠. 스태틱 루트는 네트워크의 상황을 반영하지 못합니다. 그래서 스태틱(Static = Not-dynamic) 루트라고 합니다. 일반적으로 스태틱 루트의 설정은 싱글 커넥션 환경, 라우팅 프로토콜은 멀티플 커넥션 환경에서 적용합니다. 그 이유는 무엇일까요?

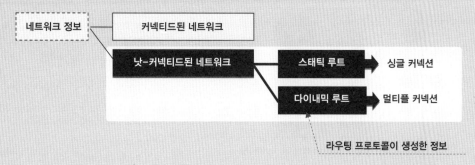

[그림 8-18] 싱글 커넥션 환경에서는 스태틱 루트, 멀티플 커넥션 환경에서는 라우팅 프로토콜을 적용한다.

○ 멀티플 커넥션과 라우팅 프로토콜

[그림 8-19]를 보면, 대전 라우터에서 7.0.0.0 /8 네트워크(서울 네트워크)로 가는 경로는 멀티플 커넥션이므로 라우팅 프로토콜을 적용해야 합니다. 그러나 라우팅 프로토콜을 적용해야 하는 이유를 알기 위해 반대로 ❶ 스태틱 루트를 설정해봤습니다. 현재로선 아무런 문제가 없습니다. 즉, 스태틱 루트 설정으로 ❷ 두 경로가 모두 라우팅 테이블에 올라오기 때문에 7.0.0.0 /8 네트워크를 향하는 트래픽은 로드 분산됩니다.

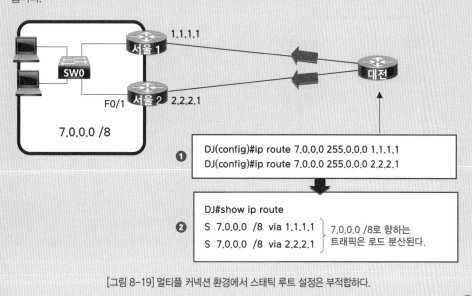

[그림 8-19] 멀티플 커넥션 환경에서 스태틱 루트 설정은 부적합하다.

그런데 [그림 8-20]에서는 서울 2 라우터의 F0/1 인터페이스가 다운됐습니다. 스태틱 루트는 네트워크 상황을 다이내믹하게 반영할 수 없겠죠. 즉, 서울 2 라우터의 F0/1 인터페이스가 다운돼도 대전 라우터의 라우팅 테이블에는 ❶ 아무런 변화가 없습니다. 따라서 7.0.0.0 /8 네트워크를 향하는 트래픽은 여전히 서울 1(1.1.1.1)과 서울 2(2.2.2.2) 라우터에게 로드 분산됩니다. 그러나 서울 2 라우터는 7.0.0.0 /8 네트워크와 연결된 인터페이스가 다운되면 해당 네트워크 정보를 라우팅 테이블에서 즉시 ❷ 삭제합니다. 결국, 서울 2 라우터에게 보내진 50%의 트래픽은 서울 2 라우터에 의해 버려집니다. 라우터는 목적지 정보가 라우팅 테이블에 존재하지 않으면 버리기 때문입니다.

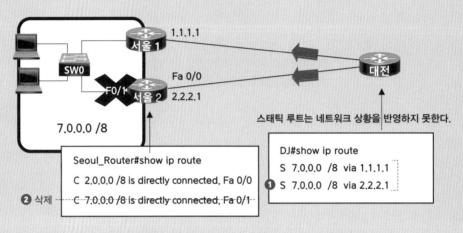

[그림 8-20] 멀티플 커넥션 환경에는 스태틱 루트 설정은 부적합하다.

이 경우, [그림 8-21]과 같이 라우팅 프로토콜을 적용하면 서울 2 라우터는 7.0.0.0 /8 네트워크가 ❶ 다운됐다는 정보를 대전 라우터에게 즉시 보냅니다. 이를 통해, 도쿄 라우터는 7.0.0.0 /8에 대해 via 2.2.2.1 정보를 ❷ 삭제합니다. 따라서 대전 라우터는 서울을 향하는 모든 트래픽을 서울 1 라우터에게만 보냅니다.

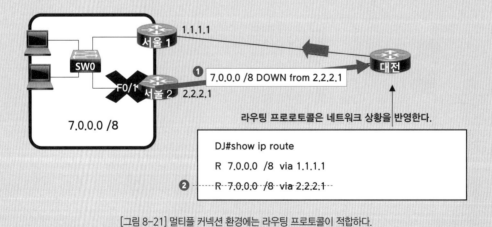

[그림 8-21] 멀티플 커넥션 환경에는 라우팅 프로토콜이 적합하다.

○ 싱글 커넥션과 스태틱 루트

목적지로 향하는 경로가 [그림 8-22]와 같이 싱글 커넥션인 경우, 스태틱 루트를 적용합니다. 물론, 라우팅 프로토콜을 적용해도 되지만, 라우팅 프로토콜은 스태틱 루트보다 CPU, 밴드위스와 같은 네트워크 자원을 소모하고, 라우팅 업데이트를 뿌려 보안에도 불리합니다. 라우팅 업데이트는 공격자에게는 공격을 위한 정보를 포함하기 때문입니다. 또한 라우팅 테이블을 적정하게 만들어지고 있는지 지속적인 관리가 필요합니다. 따라서 굳이 라우팅 프로토콜을 적용하지 않아도 무방한 싱글 커넥션 환경에서는 스태틱 루트를 적용하는 것이 좋습니다.

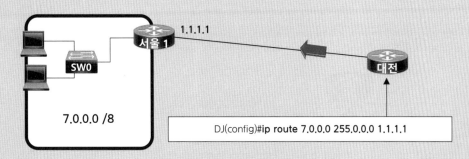

[그림 8-22] 싱글 커넥션 환경에는 스태틱 루트가 적합하다.

라우팅 프로토콜은 [그림 8–23]과 같이 EGP(Exterior Gateway Protocol)와 IGP(Interior Gateway Protocol) 계열로 나뉩니다. AS(Autonomous System)는 한 조직 내의 전체 네트워크를 말합니다. 예를 들어, KT 등의 ISP(Internet Service Provider) 네트워크도 하나의 AS이고, 우리 회사 네트워크도 하나의 AS입니다.

- **EGP:** AS 간에 사용하는 라우팅 프로토콜입니다. AS마다 다른 라우팅 프로토콜을 돌리기 있기 때문에 AS를 연결하기 위해 별도의 공통된 라우팅 프로토콜이 필요합니다. 이런 필요 때문에 나온 것이 EGP 계열의 BGP입니다.
- **IGP:** AS 내에서만 사용하는 라우팅 프로토콜이므로 AS마다 다른 IGP를 돌릴 수 있습니다.

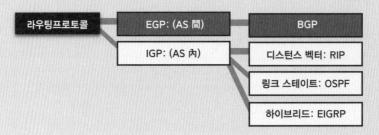

[그림 8–23] 라우팅 프로토콜 분류

AS들을 연결한 것이 인터넷입니다. AS는 다음과 같이 ISP AS와 ISP의 고객 AS로 나눕니다. ISP(Internet Service Provider)는 인터넷 서비스를 제공하는 사업자입니다. 우리 회사, 학교 또는 기관은 ISP의 고객 AS에 속합니다.

ISP AS와 ISP의 고객 AS

한국에는 KT와 SK브로드밴드, 미국에는 AT&T와 스프린트, 중국에는 차이나 텔레콤과 같은 ISP들이 있습니다. 전 세계의 ❶ ISP AS들은 해저 케이블 등을 통해 직접 또는 간접으로 연결돼 있습니다. ISP AS에는 ❷ 고객 AS들이 연결돼 있습니다. AS들을 연결한 것이 인터넷입니다. EGP는 AS 간에 라우팅 정보를 교환하기 위한 라우팅 프로토콜로 BGP가 유일합니다. 즉, BGP가 없다면 인터넷이 존재할 수 없습니다.

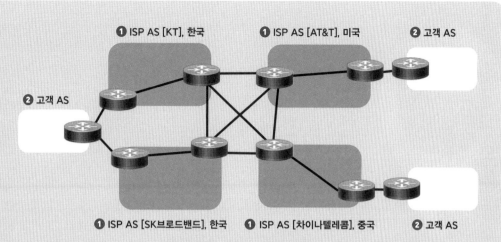

[그림 8-24] 인터넷은 AS들의 연결이다.

9
CHAPTER

Lesson 1 | **NAT의 필요성과 동작 원리**
    1. 다이내믹 NAT
    2. NAT 오버로드

Lesson 2 | **NAT 설정**
    1. 다이내믹 NAT 설정
    2. NAT 오버로드 설정

NAT

IPv4 주소 부족에 대한 솔루션에는 NAT와 IPv6가 있습니다. IPv6를 적용하려면 비용이 추가될 수 있고, IPv4 망과의 연동 과정이 복잡합니다. 따라서 일반 회사들은 NAT 솔루션을 선호합니다.

NAT의 필요성과 동작 원리

NAT는 IPv4 주소 고갈에 대한 솔루션입니다. 사이트 내부에서는 사설 주소를 활용해 통신하고, 공인 주소를 사용하는 사이트 외부로 나갈 때만 공인 주소로 변환합니다. 외부 네트워크 라우터들의 라우팅 테이블은 사설 주소에 대한 정보를 갖지 않기 때문입니다.

01 다이내믹 NAT

회사 내부에서는 모든 회사가 공통으로 사용하는 사설 주소를 사용합니다. 여기에 속하는 범위는 [표 9–1]과 같으며, RFC 1918에 정의돼 있습니다.

[표 9–1] 사설 주소 범위

클래스	범위
A	10.X.X.X
B	172.16.X.X ~ 172.31.X.X
C	192.168.X.X

회사(사이트) 내부에서는 사설 IP 주소를 사용하면 됩니다. 그런데 [그림 9–1]에서 PC A가 인터넷상의 웹 서버 C에 접속할 때, 사설 IP를 출발지 주소로 달고 나가도 될까요? 대답은 "아니요."입니다. 이유는 다음과 같습니다. 웹 서버는 PC A가 보낸 리퀘스트에 대해 리스펀스 패킷을 보내는데, 이 리스펀스 패킷의 목적지 주소는 사설 주소(PC A의 IP 주소인 10.1.1.2)가 될 것입니다. 그러나 인터넷(아웃사이트 네트워크)상의 라우터 R2는 사설 주소에 대한 정보를 라우팅 테이블에 갖고 있지 않습니다. 왜냐하면, 사설 주소 영역은 모든 회사가 공통으로 사용하는 주소이기 때문입니다. 라우팅 테이블에 패킷의 목적지 정보가 존재하지 않는다면 라우터는 패킷을 폐기할 것입니다. 따라서 NAT 솔루션이 필요합니다. [그림 9–1]에서는 R1에 NAT를 설정했습니다. NAT 테이블은 show ip nat translation 명령으로 확인할 수 있는데, PC A가 인터넷에 접속할 때 출발지 주소(10.1.1.2)를 공인 IP 주소, 20.1.1.3으로 변환했습니다. NAT 설정 시에 필요한 공인 주소는 다른 영역이 아니라 NAT를 설정한 장치에 연결된 공인 주소 영역을 활용합니다. 이 주소(20.1.1.3 ~ 20.1.1.254)는 공인 주소이므로 R2에 의해 라우팅될 수 있습니다.

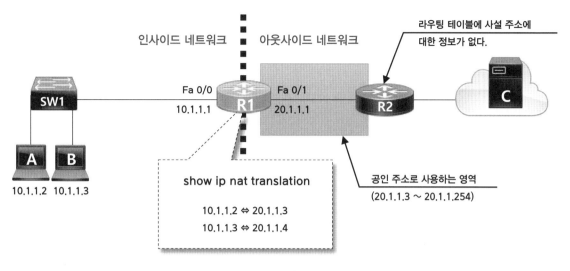

[그림 9-1] 다이내믹 NAT

다이내믹 NAT를 적용하면, PC마다 별도의 공인 IP 주소가 필요한 것이 아니라 인터넷에 대한 동시 접속자 수만큼의 공인 주소만 필요하기 때문에 필요한 공인 주소 수를 절감할 수 있습니다.

02 NAT 오버로드

다이내믹 NAT를 적용하면 PC 수만큼의 공인 IP 주소를 보유하는 대신, 인터넷에 대한 동시 접속자 수만큼의 공인 IP 주소만 보유하면 됩니다. 그런데 대부분의 네트워크 사용자들은 인터넷에 접속된 상태로 업무를 보기 때문에 다이내믹 NAT를 적용한다 하더라도 공인 주소의 절감 효과는 미미합니다. 이때 NAT 오버로드(overload)가 솔루션입니다. NAT 오버로드는 PAT(Port Address Translation)라고도 불립니다.

[그림 9-2]에서 PC A가 인터넷에 접속할 때 PAT는 공인 주소 20.1.1.3으로 변환했습니다. 그런데 PC B가 인터넷에 접속할 때도 같은 주소 20.1.1.3으로 변환했습니다. 이렇게 같은 공인 주소를 할당해도 아무런 문제가 없을까요? 해결 방법은 NAT 테이블에 출발지 포트(source port)를 추가하는 것입니다. 출발지 포트는 커넥션을 시작할 때 랜덤하게 선택하는데, 출발지 포트를 활용해 2개의 커넥션을 구분하기 때문에 하나의 공인 주소를 여러 커넥션에 속하는 패킷들에 중복적으로 사용할 수 있습니다. 따라서 필요한 공인 주소 수를 획기적으로 줄일 수 있습니다.

[그림 9-2]에서 PC A가 인터넷(아웃사이드 네트워크)으로 보내는 HTTP Get 메시지의 SRC/DST 포트는 20000/80이고, 이 메시지에 대한 응답 메시지인 HTTP 200번 메시지의 SRC/DST 포트는 80/20000입니다. PC B가 인터넷으로 보내는 Get 메시지의 SRC/DST 포트는 25000/80, 이 메시지에 대한 응답 메시지인 HTTP 200번 메시지의 SRC/DST 포트는 80/25000입니다. 두 패킷의 목적지 주소는 20.1.1.3으로 동일합니다. 두 패킷을 구분하기 위해 리스펀스 패킷의 목적지 포트 번호를 봅니다. 즉, 목적지 포트가 20000일 경우 10.1.1.2, 25000일 경우 10.1.1.3으로 변환합니다. 소스 포트를 NAT 테이블에 포함시키는 아이디어만으로도 필요한 공인 주소의 수를 대폭 줄일 수 있습니다. 극단적으로 1개의 공인 주소만 있어도 됩니다. 이때 사용하는 공인 주소가 NAT를 설정하는 라우터의 아웃사이드 네트워크에 연결된 인터페이스의 주소입니다. [그림 9-2]에서는 20.1.1.1을 활용합니다.

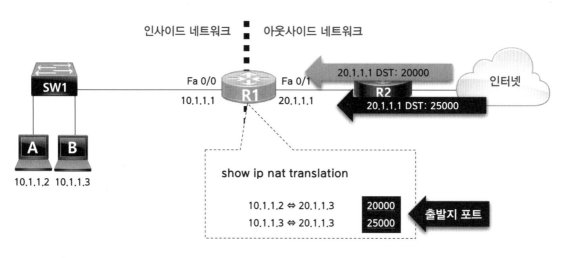

[그림 9-2] NAT 오버로드의 동작 원리

NAT 설정

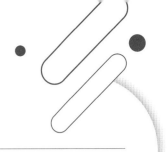

다이내믹 NAT, NAT 오버로드의 설정 방법에 대해 알아보겠습니다.

01 다이내믹 NAT 설정

[그림 9-3]의 R1에 다음 조건으로 NAT를 설정해보겠습니다.

● **사설 IP:** 10.0.0.0 ~ 10.255.255.255

● **공인 IP:** 20.1.1.3 ~ 20.1.1.254 (서브넷 마스크: 255.255.255.0)

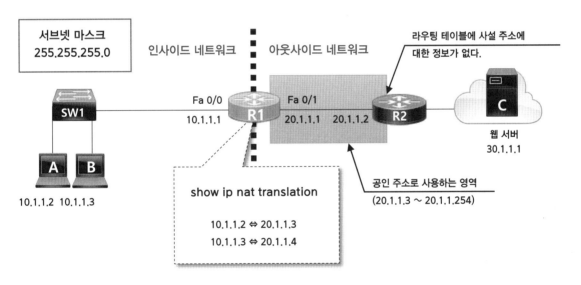

[그림 9-3] 다이내믹 NAT 설정 환경

다이내믹 NAT 설정 명령은 [표 9-2]와 같습니다.

[표 9-2] 다이내믹 NAT 설정

라우터	설정 명령
R1	R1 (config)#interface fast 0/1 R1(config-if)#no shutdown R1(config-if)#ip address 20.1.1.1 255.255.255.0

R1	**ⓐ** R1(config-if)#**ip nat outside** R1(config-if)#exit R1(config)#interface fast 0/0 R1(config-if)#no shutdown R1(config-if)#ip address 10.1.1.1 255.255.255.0 **ⓑ** R1(config-if)#**ip nat inside** R1(config-if)#exit **ⓒ** R1(config)#**ip nat pool test 20.1.1.3 20.1.1.254 netmask 255.255.255.0** **ⓓ** R1(config)#**access-list 7 permit 10.0.0.0 0.255.255.255** **ⓔ** R1(config)#**ip nat inside source list 7 pool test** R1 (config)#ip route 0.0.0.0 0.0.0.0 20.1.1.2

다이내믹 NAT 명령어들에 대한 설명은 [표 9-3]을 참조하기 바랍니다.

[표 9-3] NAT 설정 설명

구분	설명
ⓐ **ⓑ**	NAT는 인사이드 네트워크에서 아웃사이드 네트워크로 향하는 패킷에 적용되는 서비스이므로 어떤 인터페이스가 인사이드이고, 아웃사이드인지 구분해줘야 합니다.
ⓒ	공인 주소 영역을 설정해야 한다. 20.1.1.3은 시작 IP고, 20.1.1.254는 마지막 IP 주소이다. netmask는 서브넷 마스크이다. 여기서 공인 주소 풀의 이름은 임의로 test로 선정했다.
ⓓ	사설 주소 영역을 설정해야 한다. 사설 주소 영역은 10.0.0.0 ~ 10.255.255.255을 포함해 사설 주소를 정의하는 명령이 **access-list 7 permit 10.0.0.0 0.255.255.255**이다. 숫자는 '7'은 1~99의 범위의 숫자 중 무엇을 사용해도 좋다. 0.255.255.255는 OSPF를 설정할 때 설명했던 와일드카드 마스크이다. 즉, 10.0.0.0 0.255.255.255 표현은 10으로 시작하는 모든 IP 주소를 포함한다.
ⓔ	사설 주소와 공인 주소의 매핑 명령이다. **inside source list 7**은 **access-list 7**을 의미한다. **pool test**는 공인 주소 풀이다. 즉, access-list 7에서 정의되는 사설 주소를 주소 풀 test에서 정의되는 공인 주소로 변경한다.

02 | NAT 오버로드 설정

NAT 오버로드(PAT) 설정을 위해 [표 9-4]와 같이, ⓔ번 ip nat inside
source list 7 pool test 명령에 ip nat inside source list 7 pool test
overload와 같이 overload 옵션을 추가하면 됩니다.

[표 9-4] NAT 오버로드 설정

라우터	설정 명령
R1	R1 (config)#interface fast 0/1 R1(config-if)#no shutdown R1(config-if)#ip address 20.1.1.1 255.255.255.0 ⓐ R1(config-if)#ip nat outside R1(config-if)#exit R1(config)#interface fast 0/0 R1(config-if)#no shutdown R1(config-if)#ip address 10.0.0.0 0.255.255.255 ⓑ R1(config-if)#ip nat inside R1(config-if)#exit ⓒ R1(config)#ip nat pool test 20.1.1.3 20.1.1.254 netmask 255.255.255.0 ⓓ R1(config)#access-list 7 permit 10.0.0.0 0.255.255.255 ⓔ R1(config)#ip nat inside source list 7 pool test overload R1 (config)#ip route 0.0.0.0 0.0.0.0 20.1.1.2

NAT 오버로드(PAT)를 위해 1개의 공인 주소만 있어도 됩니다. 이때 사용하는 공인 주소는 라우터가 보유한 유일한 공인 주소인 아웃사이드 인터페이스의 주소입니다. [그림 9-4]에서는 R1의 Fa 0/1의 20.1.1.1입니다.

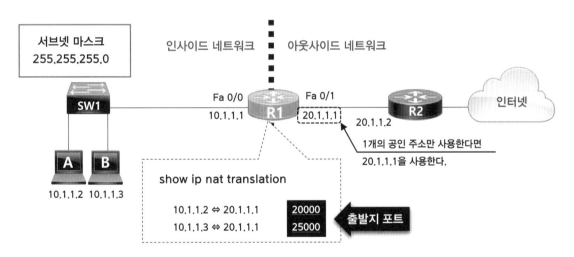

[그림 9-4] 다이내믹 NAT 설정 환경

하나의 공인 주소를 사용할 때는 공인 주소 영역을 표시하는 [표 9-4]의 ⓒ번 명령이 필요하지 않습니다. 그 대신 [표 9-5]의 ⓔ번처럼 공인 주소를 갖는 인터페이스(interface fastethernet 0/1)를 지정합니다.

[표 9-5] NAT 오버로드(1개의 공인 주소를 활용하는 경우) 설정

라우터	설정 명령
R1	R1 (config)#interface fast 0/1 R1(config-if)#no shutdown R1(config-if)#ip address 20.1.1.1 255.255.255.0 ⓐ R1(config-if)#**ip nat outside** R1(config-if)#exit R1(config)#interface fast 0/0 R1(config-if)#no shutdown R1(config-if)#ip address 10.1.1.1 255.255.255.0 ⓑ R1(config-if)#**ip nat inside** ⓒ 번 명령은 필요 없음. ⓓ R1(config)#**access-list 7 permit 10.0.0.0 0.255.255.255** ⓔ R1(config)#**ip nat inside source list 7 interface fastethernet 0/1 overload** R1 (config)#ip route 0.0.0.0 0.0.0.0 20.1.1.2

1. [그림 9–5]와 같이 연결하시오.

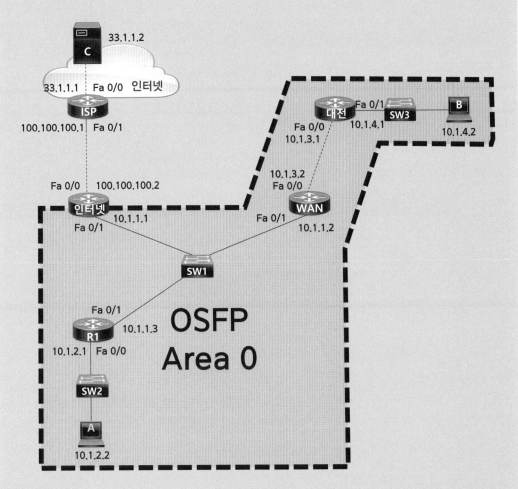

[그림 9–5] 구성도

2. [그림 9–5]의 IP 주소를 설정하고, 다음과 같이 라우팅을 적용하시오.

- 사이트 내부에는 OSPF를 설정하되, 하나의 AREA(Area 0)로 묶으시오.

- 인터넷 접속이 가능하도록 스태틱 루트를 설정하시오.

3. NAT 오버로드를 다음과 같이 설정하시오.

- 사설 주소 영역: 10.0.0.0 ~ 10.255.255.255

- 공인 주소 영역: 100.100.100.3 ~ 100.100.100.254

1. [그림 9-5]와 같이 연결하시오.

ISP-인터넷 접속 라우터 사이와 대전-WAN 라우터 사이는 크로스오버 케이블로 연결해야 합니다. 나머지는 스트레이트 스루 케이블로 연결합니다.

2. [그림 9-5]의 IP 주소를 설정하고, 다음과 같이 라우팅을 적용하시오.
   - 사이트 내부에는 OSPF를 설정하되, 하나의 AREA(Area 0)로 묶으시오.
   - 인터넷 접속이 가능하도록 스태틱 루트를 설정하시오.

각 라우터의 EIGRP 라우팅 프로토콜 설정 명령은 [표 9-6]과 같습니다.

[표 9-6] 라우터 설정

라우터	설정
R1	Router#configure terminal Router(config)#hostname R1 R1(config)#interface fastethernet 0/0 R1(config-if)#no shutdown R1(config-if)#ip address 10.1.2.1 255.255.255.0 R1(config-if)#exit R1(config)#interface fastethernet 0/1 R1(config-if)#no shutdown R1(config-if)#ip address 10.1.1.3 255.255.255.0 R1(config-if)#exit R1(config)#router ospf 100 R1(config-router)#network 10.1.1.3 0.0.0.0 area 0 R1(config-router)#network 10.1.2.1 0.0.0.0 area 0 R1(config-router)#exit R1(config)#ip route 0.0.0.0 0.0.0.0 10.1.1.1
WAN	Router#configure terminal Router(config)#hostname WAN WAN(config)#interface fastethernet 0/0 WAN(config-if)#no shutdown WAN(config-if)#ip address 10.1.3.2 255.255.255.0 WAN(config-if)#exit WAN(config)#interface fastethernet 0/1 WAN(config-if)#no shutdown WAN(config-if)#ip address 10.1.1.2 255.255.255.0 WAN(config-if)#exit WAN(config)#router ospf 100 WAN(config-router)#network 10.1.3.2 0.0.0.0 area 0 WAN(config-router)#network 10.1.1.2 0.0.0.0 area 0 WAN(config-router)#exit WAN(config)#ip route 0.0.0.0 0.0.0.0 10.1.1.1

INTERNET	Router#configure terminal Router(config)#hostname INTERNET INTERNET(config)#interface fastethernet 0/0 INTERNET(config–if)#**no shutdown** INTERNET(config–if)#**ip address 100.100.100.2 255.255.255.0** INTERNET(config–if)#exit INTERNET(config)#interface fastethernet 0/1 INTERNET(config–if)#**no shutdown** INTERNET(config–if)#**ip address 10.1.1.1 255.255.255.0** INTERNET(config–if)#exit INTERNET(config)#router ospf 100 INTERNET(config–router)#network 10.1.1.1 0.0.0.0 area 0 INTERNET(config)# **ip route 0.0.0.0 0.0.0.0 100.100.100.1**
DJ	Router#configure terminal Router(config)#hostname DJ DJ(config)#interface fastethernet 0/0 DJ(config–if)#**no shutdown** DJ(config–if)#**ip address 10.1.3.1 255.255.255.0** DJ(config–if)#exit DJ(config)#interface fastethernet 0/1 DJ(config–if)#**no shutdown** DJ(config–if)#**ip address 10.1.4.1 255.255.255.0** DJ(config–if)#exit DJ(config)#router ospf 100 DJ(config–router)#network 10.1.3.1 0.0.0.0 area 0 DJ(config–router)#network 10.1.4.1 0.0.0.0 area 0 DJ(config)# **ip route 0.0.0.0 0.0.0.0 10.1.3.2**
ISP	Router#configure terminal Router(config)#hostname ISP ISP(config)#interface fastethernet 0/0 ISP(config–if)#**no shutdown** ISP(config–if)#**ip address 33.1.1.1 255.255.255.0** ISP(config–if)#exit ISP(config)#interface fastethernet 0/1 ISP(config–if)#**no shutdown** ISP(config–if)#**ip address 100.100.100.1 255.255.255.0** ISP(config–if)#exit ISP(config)# <u>ISP에서는 (사설 네트워크(10.X.X.X)에 대한 네트워크 정보를 갖지 않으므로 이 네트워크에 대한 스태틱 루트를 설정하지 않습니다.</u>

각 PC의 설정은 [표 9-7]과 같습니다.

[표 9-7] PC 설정

라우터	IP 주소	서브넷 마스크	디폴트 게이트웨이
PC A	10.1.2.2	255.255.255.0	10.1.2.1
PC B	10.1.4.2	255.255.255.0	10.1.4.1
서버 C	33.1.1.2	255.255.255.0	33.1.1.1

3. NAT 오버로드를 다음과 같이 설정하시오.
- 사설 주소 영역: 10.0.0.0 ~ 10.255.255.255
- 공인 주소 영역: 100.100.100.3 ~ 100.100.100.254

NAT 설정은 [표 9-8]과 같습니다. NAT는 사설 주소와 공인 주소의 경계에 위치한 인터넷(접속) 라우터에서 설정합니다.

[표 9-8] NAT 설정

라우터	설정
INTERNET	Router)enable Router#configure terminal Router(config)#hostname INTERNET INTERNET(config)#interface fastethernet 0/0 INTERNET(config-if)#ip nat outside INTERNET(config-if)#exit INTERNET(config)#interface fastethernet 0/1 INTERNET(config-if)#ip nat inside INTERNET(config-if)#exit INTERNET(config)#ip nat pool test 100.100.100.3 100.100.100.254 netmask 255.255.255.0 INTERNET(config)#access-list 1 permit 10.0.0.0 0.255.255.255 INTERNET(config)#ip nat inside source list 1 pool test overload

다홍치마 **(하나의 공인 주소만 활용할 때의) NAT 오버로드 설정**

하나의 공인 주소만 활용할 때의 설정 방법을 알아보겠습니다. 이때 사용하는 공인 주소는 [그림 9-5]에서 인터넷 라우터의 Fastethernet 0/0 인터페이스에 설정된 공인 주소(100.100.100.2)입니다. 설정 방법은 [표 9-9]와 같습니다.

[표 9-9] 인터넷 라우터 설정

라우터	설정
INTERNET	Router)enable Router#configure terminal Router(config)#hostname INTERNET INTERNET(config)#interface fastethernet 0/0 INTERNET(config-if)#**ip nat outside** INTERNET(config-if)#exit INTERNET(config)#interface fastethernet 0/1 INTERNET(config-if)#**ip nat inside** INTERNET(config-if)#exit INTERNET(config)#**access-list 88 permit 10.0.0.0 0.255.255.255** INTERNET(config)#**ip nat inside source list 88 in fa 0/0 overload**

10
CHAPTER

Lesson 1 | **종합 프로젝트**

　　　1. 종합 프로젝트의 구성도

　　　2. IP 설계 및 할당

　　　3. LAN 솔루션

　　　4. 라우팅

　　　5. 서비스

　　　종합 프로젝트+솔루션

　　　1 구성도

　　　2 IP 설계 및 할당

　　　3 LAN 솔루션

　　　4 라우팅

　　　5 서비스

종합
프로젝트

지금까지 배운 것을 종합 프로젝트를 통해 정리해보겠습니다.

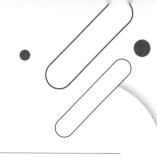

종합 프로젝트

LESSON 01

종합 프로젝트를 통해 지금까지 배운 것을 정리하겠습니다.

01 종합 프로젝트의 구성도

우리의 네트워크 구축 프로젝트 사이트는 [표 10-1]과 같은 조건을 갖습니다.
[그림 10-1]에 구성도를 그려보시오.

[표 10-1] 사이트 구성

구분		설명
LAN	서울 본사	• A빌딩과 B빌딩으로 구성됨. 코어 계층을 이중화하고, 디스트리뷰션 계층은 A 빌딩만 이중화함. 각 건물 별로 2개의 층만 그릴 것. • 빌딩 A는 VLAN 10, 20으로 나누고, 빌딩 B는 VLAN 10, 20, 30으로 나눔.
	동경 지사와 하노이 지사	• 코어 계층은 없음. 디스트리뷰션 계층 라우터가 WAN 라우터 역할도 수행함. • 1개의 층만 그릴 것. • VLAN 구성 없음.
WAN		허브 앤 스포크 모델을 적용할 것.

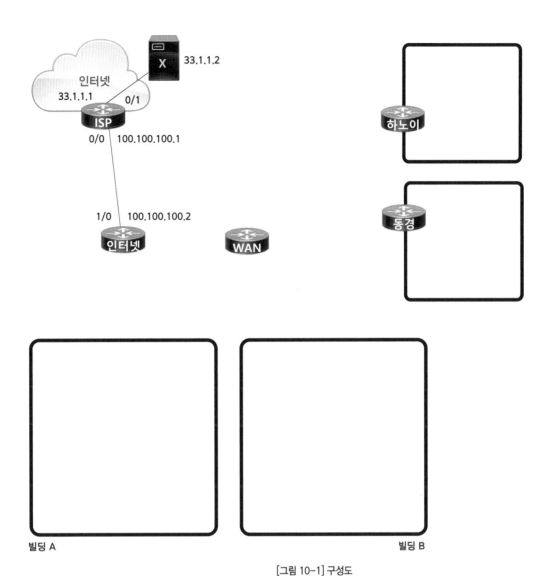

[그림 10-1] 구성도

 IP 설계 및 할당

[표 10-2]의 조건에 따라 IP 주소를 설계하시오.

[표 10-2] IP 디자인 조건

구분	조건
서브넷 마스크	255.255.255.0
적용할 IP 주소 범위	10.X.X.X [10.0.0.0 ~ 10.255.255.255]

03 LAN 솔루션

다음과 같이 LAN 솔루션을 적용하시오.

❶ VLAN: VLAN을 설정하시오.

❷ PVST: M1을 VLAN 10에 대한 루트 스위치로, M2를 VLAN 20에 대한 루트 스위치로 설정하시오.

❸ 이더채널: 빌딩 A와 빌딩 B에 이더채널을 설정하시오.

❹ HSRP: 디스트리뷰션 계층이 이중화된 빌딩 A에서 VLAN 10에 대한 액티브 라우터, VLAN 20에 대한 액티브 라우터를 설정하시오.

04 라우팅

다음과 같이 라우팅을 적용하시오.

❶ 회사 내부에서는 OSPF를 설정하되, 하나의 AREA(AREA 0)로 묶으시오.

❷ 인터넷에 대한 통신을 위해 디폴트 스태틱 루트로 보완하시오.

05 서비스

다음과 같이 서비스를 적용하시오.

❶ **인터넷 라우터에 NAT 오버로드를 설정하시오**(사용할 공인 주소 영역은 인터넷 라우터가 가진 1개의 공인 주소를 활용하시오).

❷ **DNS 서버:** 빌딩 B의 VLAN 20에 배치하시오. www.naver.com에 대한 등록 정보 테이블을 만드시오(외부 웹 서버의 IP 주소, 33.1.1.2와 www.naver.com에 대한 매핑 정보를 만들어야 함).

❸ **DHCP 서버:** 빌딩 B의 VLAN 30에 DHCP 서비스를 제공하시오.

❹ **웹 서버:** 빌딩 A의 VLAN 10에 배치하시오.

01 구성도

1. 우리의 네트워크 구축 프로젝트 사이트는 [표 10-1]과 같은 조건을 갖습니다. [그림 10-1]에 구성도를 그려보시오.

[그림 10-2]는 사이트 구성을 충족시키는 구성도입니다.

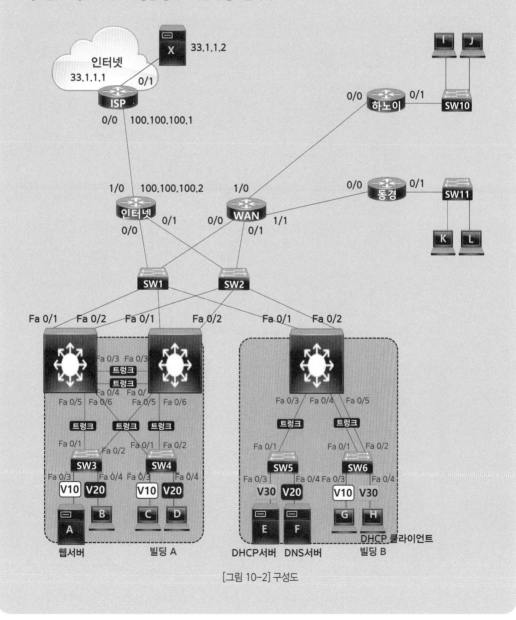

[그림 10-2] 구성도

2. [표 10-3]의 조건에 따라 IP 주소를 설계하시오.

[표 10-3] IP 디자인 조건

구분	조건
서브넷 마스크	255.255.255.0
적용할 IP 주소 범위	10.X.X.X [10.0.0.0 ~ 10.255.255.255]

2.1 네트워크 수: ⓐ 네트워크는 회사 내부의 네트워크가 아닙니다. 따라서 이 네트워크의 IP 주소는 ISP 에서 할당합니다. 그러므로 회사 내부의 네트워크 수는 [그림 10-3]과 같이 총 11개입니다.

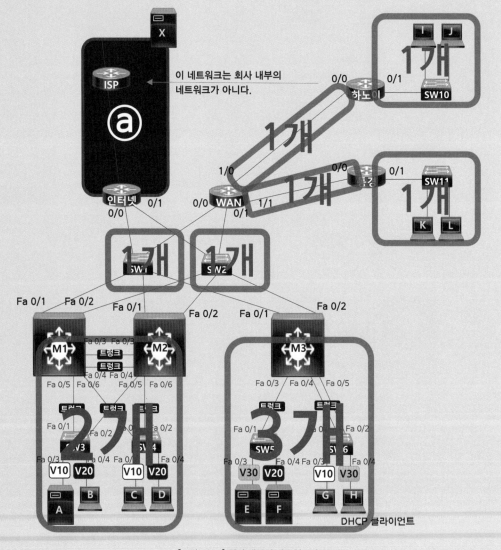

[그림 10-3] 회사 내부의 네트워크 수

2.2 IP 네트워크 할당: 회사 내부의 네트워크에 10.1.0 ~ 10.1.10의 11개 네트워크를 [그림 10-4]와 같이 할당했습니다.

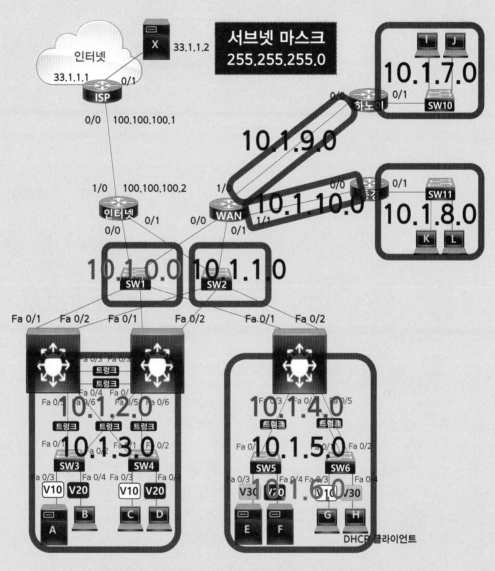

[그림 10-4] 10.1.0 ~ 10.1.11 네트워크 할당

2.3 IP 주소 할당: 회사 내부의 네트워크에 10.1.0 ~ 10.1.11의 11개 네트워크를 [그림 10-5]와 같이 할당했습니다.

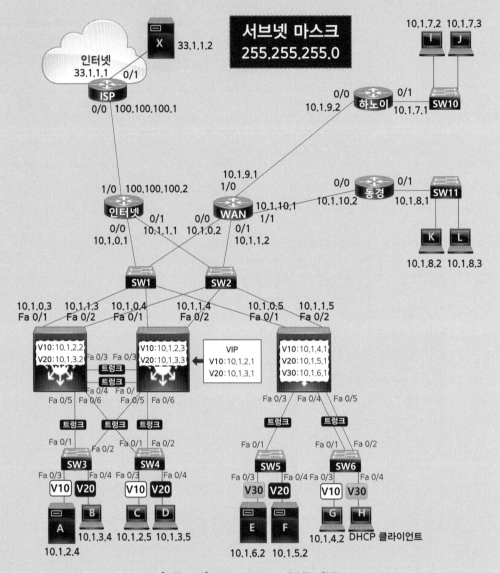

[그림 10-5] 10.1.0 ~ 10.1.11 네트워크 할당

2.4 IP 주소 설정

IP 주소 설정은 [표 10-4]와 같습니다.

[표 10-4] 각 라우터에 대한 IP 주소 설정

라우터	IP 설정
인터넷	Router)enable Router#configure terminal Router(config)#hostname Internet Internet(config)#interface fastethernet 0/0 Internet(config-if)#no shutdown Internet(config-if)#ip address 10.1.0.1 255.255.255.0 Internet(config-if)#exit Internet(config)#interface fastethernet 0/1 Internet(config-if)#no shutdown Internet(config-if)#ip address 10.1.1.1 255.255.255.0 Internet(config-if)#exit Internet(config)#interface fastethernet 1/0 Internet(config-if)#no shutdown Internet(config-if)#ip address 100.100.100.2 255.255.255.0
WAN	Router)enable Router#configure terminal Router(config)#hostname WAN WAN(config)#interface fastethernet 0/0 WAN(config-if)#no shutdown WAN(config-if)# ip address 10.1.0.2 255.255.255.0 WAN(config-if)#exit WAN(config)#interface fastethernet 0/1 WAN(config-if)#no shutdown WAN(config-if)# ip address 10.1.1.2 255.255.255.0 WAN(config-if)#exit WAN(config)#interface fastethernet 1/0 WAN(config-if)#no shutdown WAN(config-if)# ip address 10.1.9.1 255.255.255.0 WAN(config-if)#exit WAN(config)#interface fastethernet 1/1 WAN(config-if)#no shutdown WAN(config-if)# ip address 10.1.10.1 255.255.255.0
하노이	Router)enable Router#configure terminal Router(config)#hostname Hanoi Hanoi(config)#interface fastethernet 0/0 Hanoi(config-if)#no shutdown Hanoi(config-if)#ip address 10.1.9.2 255.255.255.0 Hanoi(config-if)#exit Hanoi(config)#interface fastethernet 0/1 Hanoi(config-if)#no shutdown Hanoi(config-if)#ip address 10.1.7.1 255.255.255.0

10

동경	Router)enable Router#configure terminal Router(config)#hostname Tokyo Tokyo(config)#interface fastethernet 0/0 Tokyo(config-if)#no shutdown Tokyo(config-if)#ip address 10.1.10.2 255.255.255.0 Tokyo(config-if)#exit Tokyo(config)#interface fastethernet 0/1 Tokyo(config-if)#no shutdown Tokyo(config-if)#ip address 10.1.8.1 255.255.255.0
M1	Router)enable Router#configure terminal Router(config)#hostname M1 M1(config)#interface fastethernet 0/1 M1(config-if)#no switchport M1(config-if)#ip address 10.1.0.3 255.255.255.0 M1(config-if)#exit M1(config)#interface fastethernet 0/2 M1(config-if)#no switchport M1(config-if)#ip address 10.1.1.3 255.255.255.0 M1(config-if)#exit M1(config)#interface vlan 10 M1(config-if)#ip address 10.1.2.2 255.255.255.0 M1(config-if)#exit M1(config)# interface vlan 20 M1(config-if)#ip address 10.1.3.2 255.255.255.0
M2	Router)enable Router#configure terminal Router(config)#hostname M2 M2(config)#interface fastethernet 0/1 M2(config-if)#no switchport M2(config-if)#ip address 10.1.0.4 255.255.255.0 M2(config-if)#exit M2(config)#interface fastethernet 0/2 M2(config-if)#no switchport M2(config-if)#ip address 10.1.1.4 255.255.255.0 M2(config-if)#exit M2(config)#interface vlan 10 M2(config-if)#ip address 10.1.2.3 255.255.255.0 M2(config-if)#exit M2(config)# interface vlan 20 M2(config-if)#ip address 10.1.3.3 255.255.255.0
M3	Router)enable Router#configure terminal Router(config)#hostname M3 M3(config)#interface fastethernet 0/1 M3(config-if)#no switchport

M3	M3(config-if)#ip address 10.1.0.5 255.255.255.0 M3(config-if)#exit M3(config)#interface fastethernet 0/2 M3(config-if)#no switchport M3(config-if)#ip address 10.1.1.5 255.255.255.0 M3(config-if)#exit M3(config)#interface vlan 10 M3(config-if)#ip address 10.1.4.1 255.255.255.0 M3(config-if)#exit M3(config)# interface vlan 20 M3(config-if)#ip address 10.1.5.1 255.255.255.0 M3(config-if)#exit M3(config)# interface vlan 30 M3(config-if)#ip address 10.1.6.1 255.255.255.0
ISP	Router)enable Router#configure terminal Router(config)#hostname ISP ISP(config)#interface fastethernet 0/0 ISP(config-if)#no shutdown ISP(config-if)#ip address 100.100.100.1 255.255.255.0 ISP(config-if)#exit ISP(config)#interface fastethernet 0/1 ISP(config-if)#no shutdown ISP(config-if)#ip address 33.1.1.1 255.255.255.0

PC들의 IP 설정은 [표 10-5]와 같습니다.

[표 10-5] PC들의 IP 설정

단말	IP 주소	서브넷 마스크	디폴트 게이트웨이	DNS 서버	비고
서버 A	10.1.2.4	255.255.255.0	10.1.2.1	10.1.5.2	내부 웹 서버
PC B	10.1.3.4	255.255.255.0	10.1.3.1	10.1.5.2	
PC C	10.1.2.5	255.255.255.0	10.1.2.1	10.1.5.2	
PC D	10.1.3.5	255.255.255.0	10.1.3.1	10.1.5.2	
서버 E	10.1.6.2	255.255.255.0	10.1.6.1	10.1.5.2	DHCP 서버
서버 F	10.1.5.2	255.255.255.0	10.1.5.1	10.1.5.2	DNS 서버
PC G	10.1.4.2	255.255.255.0	10.1.4.1	10.1.5.2	
	DHCP 클라이언트이기 때문에 DHCP 서버로부터 자동으로 할당받음.				
PC I	10.1.7.2	255.255.255.0	10.1.7.1	10.1.5.2	
PC J	10.1.7.3	255.255.255.0	10.1.7.1	10.1.5.2	
PC K	10.1.8.2	255.255.255.0	10.1.8.1	10.1.5.2	
PC L	10.1.8.3	255.255.255.0	10.1.8.1	10.1.5.2	
서버 X	33.1.1.2	255.255.255.0	33.1.1.1	−	외부 웹 서버

03 | LAN 솔루션

3. 다음과 같이 LAN 솔루션을 적용하시오.

❶ VLAN: [그림 10–6]과 같이 VLAN을 설정하시오.

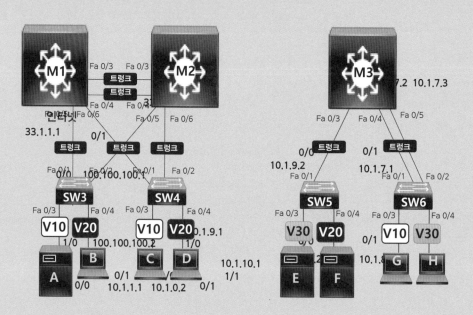

[그림 10–6] VLAN 설정을 위한 구성도

각 스위치의 VLAN 설정 명령은 [표 10–6]과 같습니다.

[표 10–6] 스위치들의 VLAN 설정

스위치	IP 설정
M1	M1)enable M1#configure terminal M1(config)#vlan 10 M1(config–vlan)#vlan 20 M1(config–vlan)#exit M1(config)#interface fastethernet 0/3 M1(config–if)#switchport trunk encapsulation dot1q M1(config–if)#switchport mode trunk M1(config–if)#exit M1(config)#interface fastethernet 0/4 M1(config–if)#switchport trunk encapsulation dot1q M1(config–if)#switchport mode trunk M1(config–if)#exit M1(config)#interface fastethernet 0/5

M1	M1(config-if)#switchport trunk encapsulation dot1q M1(config-if)#switchport mode trunk M1(config-if)#exit M1(config)#interface fastethernet 0/6 M1(config-if)#switchport trunk encapsulation dot1q M1(config-if)#switchport mode trunk
M2	M2)enable M2#configure terminal M2(config)#vlan 10 M2(config-vlan)#vlan 20 M2(config-vlan)#exit M2(config)#interface fastethernet 0/3 M2(config-if)#switchport trunk encapsulation dot1q M2(config-if)#switchport mode trunk M2(config-if)#exit M2(config)#interface fastethernet 0/4 M2(config-if)#switchport trunk encapsulation dot1q M2(config-if)#switchport mode trunk M2(config-if)#exit M2(config)#interface fastethernet 0/5 M2(config-if)#switchport trunk encapsulation dot1q M2(config-if)#switchport mode trunk M2(config-if)#exit M2(config)#interface fastethernet 0/6 M2(config-if)#switchport trunk encapsulation dot1q M2(config-if)#switchport mode trunk
M3	M3)enable M3#configure terminal M3(config)#vlan 10 M3(config-vlan)#vlan 20 M3(config-vlan)#vlan 30 M3(config-vlan)#exit M3(config)#interface fastethernet 0/3 M3(config-if)#switchport trunk encapsulation dot1q M3(config-if)#switchport mode trunk M3(config-if)#exit M3(config)#interface fastethernet 0/4 M3(config-if)#switchport trunk encapsulation dot1q M3(config-if)#switchport mode trunk M3(config-if)#exit M3(config)#interface fastethernet 0/5 M3(config-if)#switchport trunk encapsulation dot1q M3(config-if)#switchport mode trunk

10

SW3	Switch)enable Switch#configure terminal Switch(config)#hostname SW3 SW3(config)#vlan 10 SW3(config-vlan)#vlan 20 SW3(config-vlan)#exit SW3(config)#interface fastethernet 0/1 SW3(config-it)#switchport mode trunk SW3(config-it)#exit SW3(config)#interface fastethernet 0/2 SW3(config-it)#switchport mode trunk SW3(config-it)#exit SW3(config)#interface fastethernet 0/3 SW3(config-it)#swichport access vlan 10 SW3(config-it)#exit SW3(config)#interface fastethernet 0/4 SW3(config-it)# swichport access vlan 20
SW4	Switch)enable Switch#configure terminal Switch(config)#hostname SW4 SW4(config)#vlan 10 SW4(config-vlan)#vlan 20 SW4(config-vlan)#exit SW4(config)#interface fastethernet 0/1 SW4(config-it)#switchport mode trunk SW4(config-it)#exit SW4(config)#interface fastethernet 0/2 SW4(config-it)#switchport mode trunk SW4(config-it)#exit SW4(config)#interface fastethernet 0/3 SW4(config-it)#swichport access vlan 10 SW4(config-it)#exit SW4(config)#interface fastethernet 0/4 SW4(config-it)# swichport access vlan 20
SW5	Switch)enable Switch#configure terminal Switch(config)#hostname SW5 SW5(config)#vlan 20 SW5(config-vlan)#vlan 30 SW5(config-vlan)#exit SW5(config)#interface fastethernet 0/1 SW5(config-it)#switchport mode trunk SW5(config-it)#exit SW5(config)#interface fastethernet 0/3 SW5(config-it)#swichport access vlan 30 SW5(config-it)#exit SW5(config)#interface fastethernet 0/4 SW5(config-it)# swichport access vlan 20

	Switch)enable
	Switch#configure terminal
	Switch(config)#hostname SW6
	SW6(config)#vlan 10
	SW6(config–vlan)#vlan 30
	SW6(config–vlan)#exit
	SW6(config)#interface fastethernet 0/1
	SW6(config–if)#switchport mode trunk
SW6	SW6(config–if)#exit
	SW6(config)#interface fastethernet 0/2
	SW6(config–if)#switchport mode trunk
	SW6(config–if)#exit
	SW6(config)#interface fastethernet 0/3
	SW6(config–if)#swichport access vlan 10
	SW6(config–if)#exit
	SW6(config)#interface fastethernet 0/4
	SW6(config–if)# swichport access vlan 30

❷ PVST: M1을 VLAN 10에 대한 루트 스위치, M2를 VLAN 20에 대한 루트 스위치로 설정하시오.

M1과 M2 스위치의 PVST 설정은 [표 10–7]과 같습니다.

[표 10–7] M1/M2의 PVST 설정

스위치	설정 명령어
M1	M1)enable M1#configure terminal M1(config)#spanning–tree vlan 10 priority 4096
M2	M2)enable M2#configure terminal M2config)#spanning–tree vlan 20 priority 4096

❸ 이더채널: M3 = SW6 간을 이중으로 연결하고, 이더채널을 설정하시오.

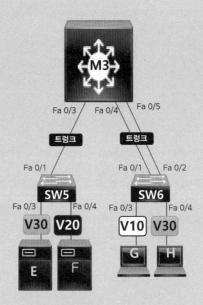

[그림 10-7] 이더채널 설정 환경

[그림 10-7]의 M3와 SW6 간에 [표 10-8]과 같이 설정합니다. 이더채널 설정 명령은 channel-group 1 mode on입니다.

[표 10-8] 이더채널 설정 명령

스위치	설정 명령어
M3	M3)enable M3#configure terminal M3(config)#interface fastethernet 0/3 M3(config-if)#**channel-group 1 mode on** M3(config-if)#exit M3(config)#interface fastethernet 0/4 M3(config-if)#**channel-group 1 mode on**
SW6	SW6)enable SW6#configure terminal SW6(config)#interface fastethernet 0/3 SW6(config-if)#**channel-group 1 mode on** SW6(config-if)#exit SW6(config)#interface fastethernet 0/4 SW6(config-if)#**channel-group 1 mode on**

❹ HSRP: M1을 VLAN10에 대한 액티브 라우터, M2를 VLAN20에 대한 액티브 라우터로 설정하시오.

[그림 10-8]과 같이 VLAN 10에 대해서는 M1의 프라이오리티, VLAN 20에 대해서는 M2의 프라이오리티를 높여줘야 합니다. VLAN 10의 버추얼 IP 주소는 10.1.2.1, VLAN 20의 버추얼 IP 주소는 10.1.3.1입니다.

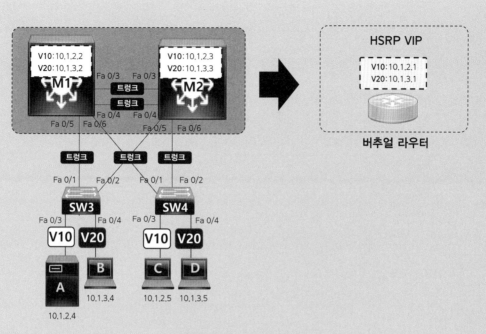

[그림 10-8] HSRP 설정 환경

HSRP 설정은 [표 10-9]와 같습니다.

[표 10-9] HSRP 설정

라우터	IP 설정
M1	M1)enable M1#configure terminal M1(config)#interface vlan 10 M1(config-if)#ip address 10.1.2.2 255.255.255.0 M1(config-if)#**standby 10 ip 10.1.2.1** M1(config-if)#**standby 10 priority 150** M1(config-if)#exit M1(config)#interface vlan 20 M1(config-if)#ip address 10.1.3.2 255.255.255.0 M1(config-if)#**standby 20 ip 10.1.3.1** M1(config-if)#**standby 20 priority 50**
M2	M2)enable M2#configure terminal M2(config)#interface vlan 10 M2(config-if)#ip address 10.1.2.3 255.255.255.0 M2(config-if)#**standby 10 ip 10.1.2.1** M2(config-if)#**standby 10 priority 50** M2(config-if)#exit M2(config)#interface vlan 20 M2(config-if)#ip address 10.1.3.3 255.255.255.0 M2(config-if)#**standby 20 ip 10.1.3.1** M2(config-if)#**standby 20 priority 150**

10

04 라우팅

4. 다음과 같이 라우팅을 적용하시오.

❶ 회사 내부에서는 OSPF를 설정하되, 하나의 AREA(AREA 0)로 묶으시오.

❷ 인터넷에 대한 통신을 위해 스태틱 루트로 보완하시오.

OSPF 라우팅 프로토콜과 스태틱 루트 설정은 [표 10-10]과 같습니다.

[표 10-10] 라우팅 설정

라우터	라우팅 프로토콜 설정
인터넷	Internet〉 Internet#configure terminal Internet(config)#**router ospf 100** Internet(config-router)#**network 10.1.0.1 0.0.0.0 area 0** Internet(config-router)#**network 10.1.1.1 0.0.0.0 area 0** Internet(config-router)#exit Internet(config)#**ip route 0.0.0.0 0.0.0.0 100.100.100.1**
WAN	WAN〉 WAN#configure terminal WAN(config)#**router ospf 100** WAN(config-router)# **network 10.1.0.2 0.0.0.0 area 0** WAN(config-router)# **network 10.1.1.2 0.0.0.0 area 0** WAN(config-router)# **network 10.1.9.1 0.0.0.0 area 0** WAN(config-router)# **network 10.1.10.1 0.0.0.0 area 0** WAN(config-router)#exit WAN(config)#**ip route 0.0.0.0 0.0.0.0 10.1.0.1** WAN(config)#**ip route 0.0.0.0 0.0.0.0 10.1.1.1**
하노이	Hanoi〉 Hanoi#configure terminal Hanoi(config)#**router ospf 100** Hanoi(config-router)#**network 10.1.9.2 0.0.0.0 area 0** Hanoi(config-router)#**network 10.1.7.1 0.0.0.0 area 0** Hanoi(config-router)#exit Hanoi(config)#**ip route 0.0.0.0 0.0.0.0 10.1.9.1**
동경	Tokyo〉 Tokyo#configure terminal Tokyo(config)#**router ospf 100** Tokyo(config-router)# **network 10.1.10.2 0.0.0.0 area 0** Tokyo(config-router)# **network 10.1.8.1 0.0.0.0 area 0** Tokyo(config-router)#exit Tokyo(config)#**ip route 0.0.0.0 0.0.0.0 10.1.10.1**

M1	M1〉 M1#configure terminal M1(config)#ip routing M1(config)#router ospf 100 M1(config-router)# network 10.1.0.3 0.0.0.0 area 0 M1(config-router)# network 10.1.1.3 0.0.0.0 area 0 M1(config-router)# network 10.1.2.2 0.0.0.0 area 0 M1(config-router)# network 10.1.3.2 0.0.0.0 area 0 M1(config-router)#exit M1(config)#ip route 0.0.0.0 0.0.0.0 10.1.0.1 M1(config)#ip route 0.0.0.0 0.0.0.0 10.1.1.1
M2	M2〉 M2#configure terminal M2(config)#ip routing M2(config)#router ospf 100 M2(config-router)# network 10.1.0.4 0.0.0.0 area 0 M2(config-router)# network 10.1.1.4 0.0.0.0 area 0 M2(config-router)# network 10.1.2.3 0.0.0.0 area 0 M2(config-router)# network 10.1.3.3 0.0.0.0 area 0 M2(config-router)#exit M2(config)#ip route 0.0.0.0 0.0.0.0 10.1.0.1 M2(config)#ip route 0.0.0.0 0.0.0.0 10.1.1.1
M3	M3〉 M3#configure terminal M3(config)#ip routing M3(config)#router ospf 100 M3(config-router)# network 10.1.0.5 0.0.0.0 area 0 M3(config-router)# network 10.1.1.5 0.0.0.0 area 0 M3(config-router)# network 10.1.4.1 0.0.0.0 area 0 M3(config-router)# network 10.1.5.1 0.0.0.0 area 0 M3(config-router)# network 10.1.6.1 0.0.0.0 area 0 M3(config-router)#exit M3(config)#ip route 0.0.0.0 0.0.0.0 10.1.0.1 M3(config)#ip route 0.0.0.0 0.0.0.0 10.1.1.1
ISP	IP 주소만 설정하면 된다. ISP 라우터는 고객의 사설 네트워크(10.X.X.X)에 대한 정보를 가질 수 없다. 따라서 사설 네트워크에 대한 스태틱 루트 설정은 필요 없다.

10

5. 다음과 같이 서비스를 적용하시오.

❶ 인터넷 라우터에 NAT 오버로드를 설정하시오(사용할 공인 주소 영역은 인터넷 라우터가 가진 1개의 공인 주소를 활용함).

[그림 10-9]의 NAT 설정 환경에서 NAT 오버로드 설정 명령은 [표 10-11]과 같습니다.

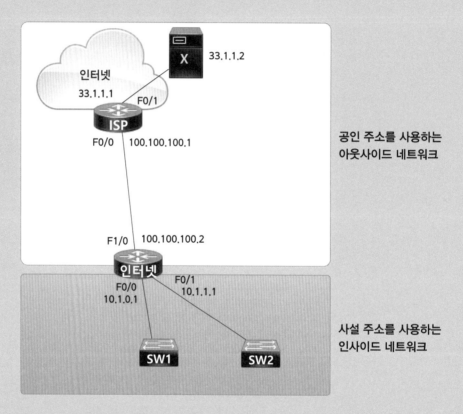

[그림 10-9] NAT 설정 환경

[표 10-11] NAT 설정

라우터	NAT 설정
인터넷	Internet>enable Internet#configure terminal Internet(config)#interface fastethernet 0/0 Internet(config-if)#ip nat inside Internet(config-if)#exit

인터넷	Internet(config)#interface fastethernet 0/1 Internet(config-if)#ip nat inside Internet(config-if)#exit Internet(config)#interface fastethernet 1/0 Internet(config-if)#ip nat outside Internet(config-if)#exit Internet(config)#access-list 77 permit 10.0.0.0 0.255.255.255 Internet(config)#ip nat inside source list 77 interface fastethernet 1/0 overload

❷ DNS 서버: www.naver.com에 대한 등록 정보 테이블을 만드시오(외부 웹 서버의 IP 주소, 33.1.1.2와 www.naver.com에 대한 매핑 정보를 만들어야 함).

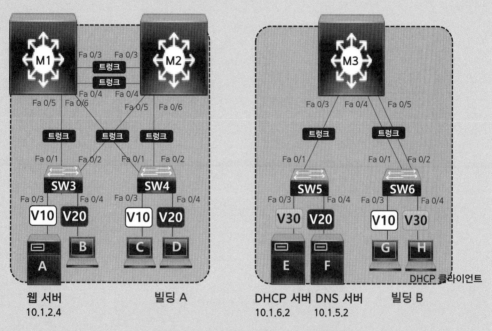

[그림 10-10] 웹 서버, DHCP 서버, DNS 서버의 주소들

DNS 서버 설정을 [그림 10-11]과 같이 Name 자리에 도메인 네임, Address 자리에 IP 주소를 입력하고 [Add] 버튼을 누릅니다. 특히, DNS 서비스를 Off 상태에서 On 상태로 바꾸는 것을 잊지 마시기 바랍니다.

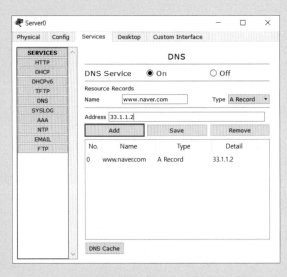

[그림 10-11] DNS 서버 설정

❸ DHCP 서버: 빌딩 B의 VLAN 30에 DHCP 서비스를 제공하시오.

DHCP 서버 설정은 [그림 10-12]와 같습니다. VLAN 30에 DHCP 서비스를 적용합니다. VLAN 30(10.1.6.0 /24) 네트워크의 디폴트 게이트웨이는 10.1.6.1이고, DNS 서버 주소는 10.1.5.2입니다. 10.1.6.0 /24에 속한 IP 주소를 할당해야 하는데, 10.1.6.1은 디폴트 게이트웨이, 10.1.6.2는 DHCP 서버 자신에게 할당됐으므로 IP 풀의 'Start IP Address'는 10.1.6.3입니다. 서브넷 마스크는 255.255.255.0입니다. 설정한 후에 [Save] 버튼을 누르면 됩니다.

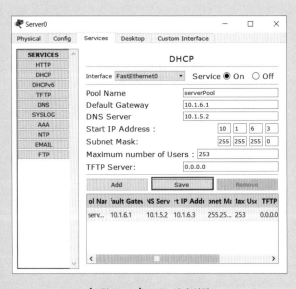

[그림 10-12] DHCP 서버 설정

PC의 [IP Configuration] 창에서 [Static] 대신 [DHCP]를 선택해 [그림 10-13]과 같이, DHCP로부터 IP 주소, 디폴트 라우터와 서브넷 마스크를 자동으로 할당받는지 확인합니다.

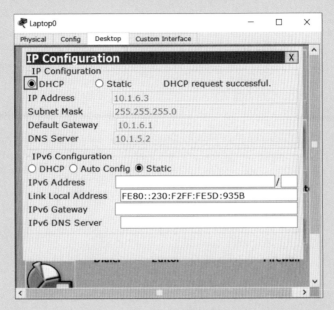

[그림 10-13] IP 설정 창

A | **액세스 리스트**

    1. 액세스 리스트 개요

    2. 스탠더드 액세스 리스트 예 1

    3. 스탠더드 액세스 리스트 예 2

    4. 스탠더드 액세스 리스트 예 3

    5. 익스텐디드 액세스 리스트 예 1

    6. 익스텐디드 액세스 리스트 예 2

    7. 액세스 리스트 확인

B | **실습 오리엔테이션**

    [실습 해설]

C | **장별 주요 명령어**

부록

부록 A에서는 보안과 불필요한 트래픽을 차단하기 위한 액세스 리스트와 예를 소개하고, 부록 B에서는 시스코 시뮬레이션 툴 패킷 트레이서로 실습해 봅니다. 부록 C에서는 장별 주요 명령어 해설표를 제공합니다.

액세스 리스트

부록 A

액세스 리스트는 필터링 솔루션입니다. 필터링은 첫째 보안을 위한 것이고, 둘째 불필요한 트래픽을 차단하기 위한 것입니다.

01 액세스 리스트 개요

- **필요성**: 라우터를 통과하는 패킷 중 불필요하거나 나쁜 의도를 가진 패킷을 차단합니다.

- **종류**

  ❶ **스탠더드**(standard) **액세스 리스트**: 패킷의 허용 및 차단 기준이 출발지 주소 (source address)의 한 가지임.

  ❷ **익스텐디드**(extended) **액세스 리스트**: 패킷의 허용 및 차단 기준이 출발지 주소(source address), 목적지 주소(destination address), 프로토콜(예 TCP, IP, ICMP, UDP 등), 포트 번호(예 80[HTTP], 23[텔넷], 20과 21[FTP] 등)의 네 가지임.

02 스탠더드 액세스 리스트 예 1

> **사례 1** [그림 A-1]을 살펴봅시다. 스탠더드 액세스 리스트는 반드시 숫자 범위 1~99를 사용해야 합니다.

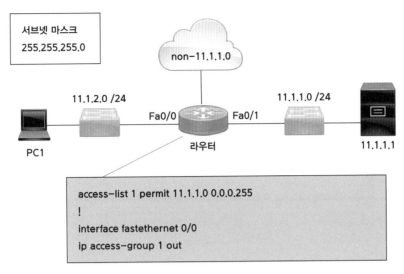

[그림 A-1] 스탠더드 액세스 리스트 예 1

● **액세스 리스트 해석**

❶ access-list 1 permit 11.1.1.0 0.0.0.255: '11.1.1.0 0.0.0.255'는 출발지 주소와 와일드카드 마스크입니다. 와일드카드 마스크에서 이진수 0은 'must match(일치해야 함)', 1은 'don't care(상관 없음)'를 의미합니다. 즉, '11.1.1.0 0.0.0.255'는 11.1.1로 시작하는 모든 IP 주소를 의미합니다.

❷ 액세스 리스트의 마지막에는 무조건 폐기(implicit deny any)가 생략돼 있으므로 이 액세스 리스트는 11.1.1.0 /24 네트워크에 출발한 패킷만 허용합니다.

❸ ip access-group 1 out: Fa 0/0 인터페이스에 아웃바운드 방향으로 적용됩니다.

결과적으로 인터페이스, Fastethernet 0/0을 나갈 수 있는 패킷은 <u>11.1.1.0 /24 네트워크에서 출발한 패킷들뿐입니다.</u>

 스탠더드 액세스 리스트 예 2

> 사례 2 [그림 A-2]를 살펴봅시다. 숫자 범위가 1~99이므로 스탠더드 액세스 리스트입니다.

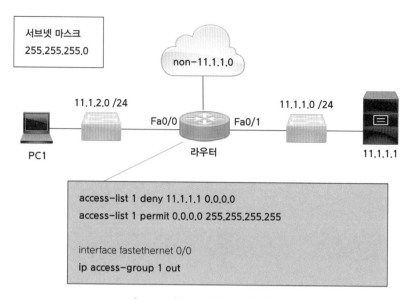

[그림 A-2] 스탠더드 액세스 리스트 예 2

● **액세스 리스트 해석**

❶ access-list 1 deny 11.1.1.1 0.0.0.0: 와일드카드 마스크가 0.0.0.0이므로 모두 일치해야 합니다. 즉, 정확하게 11.1.1.1에서 출발한 패킷만 차단합니다.

❷ access-list 1 permit 0.0.0.0 255.255.255.255: 나머지 모든 패킷을 허용합니다.

❸ ip access-group 1 out: 액세스 리스트 1은 라우터의 Fastethernet 0/0 인터페이스에서 나가는 패킷에 적용됩니다.

스탠더드 액세스 리스트 예 3

사례 3 [그림 A-3]을 살펴봅시다. 액세스 리스트의 숫자 범위가 1~99이므로 스탠더드 액세스 리스트입니다.

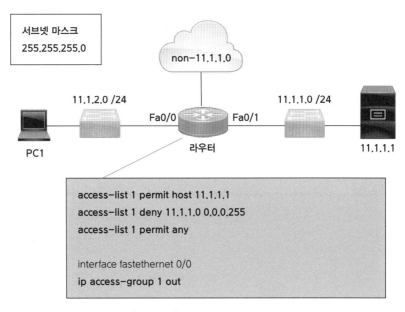

[그림 A-3] 스탠더드 액세스 리스트 예 3

● **액세스 리스트 해석**

❶ access-list 1 permit host 11.1.1.1: 'host 11.1.1.1'은 앞에서 설명한
'11.1.1.1 0.0.0.0'과 동일한 표현입니다.

❷ access-list 1 deny 11.1.1.0 0.0.0.255: 즉, '11.1.1.0 0.0.0.255'는
11.1.1로 시작하는 모든 IP를 포함합니다.

❸ access-list 1 permit any: 'any' 키워드는 '0.0.0.0 255.255.255.255'와
같은 표현으로, 나머지 모든 IP를 의미합니다.

❹ ip access-group 1 out: 해당 액세스 리스트 1은 라우터의 Fastethernet
0/0 인터페이스에서 밖으로 나가는 패킷에 적용됩니다.

● **톱-다운 프로세스**: 액세스 리스트가 여러 줄일 때, 톱-다운(Top-down) 프로세
스가 적용되기 때문에 구체적인 액세스 리스트를 좀 더 위에 위치시켜야 합니
다. [그림 A-3]에서 access-list 1 permit any와 같은 좀 더 덜 구체적인 액
세스 리스트를 최상단에 위치시키면, 이 액세스 리스트가 모든 패킷을 통과시키
기 때문에 차단할 패킷이 남지 않기 때문입니다.

부록
A

05 익스텐디드 액세스 리스트 예 1

> **사례 4** [그림 A-4]를 살펴봅시다. 익스텐디드 액세스 리스트는 반드시 숫자
> 범위 100~199를 사용해야 합니다. 익스텐디드 액세스 리스트의 허용
> 및 차단 기준은 네 가지입니다.

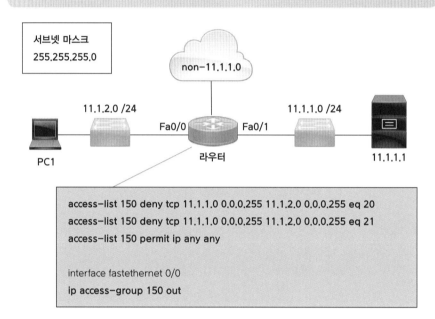

```
access-list 150 deny tcp 11.1.1.0 0.0.0.255 11.1.2.0 0.0.0.255 eq 20
access-list 150 deny tcp 11.1.1.0 0.0.0.255 11.1.2.0 0.0.0.255 eq 21
access-list 150 permit ip any any

interface fastethernet 0/0
ip access-group 150 out
```

[그림 A-4] 익스텐디드 액세스 리스트 예 1

● **액세스 리스트 해석**

❶ access-list 150 deny tcp 11.1.1.0 0.0.0.255 11.1.2.0 0.0.0.255 eq 20: 이
액세스 리스트는 TCP 패킷 중에서 11.1.1.0 /24 네트워크에서 11.1.2.0 /24 네
트워크로 향하는 FTP 패킷을 차단합니다.

[표 A-1] 액세스 리스트 해석

키워드	설명
Tcp	프로토콜. 이 자리에 udp, ip, icmp, eigrp 등의 프로토콜이 올 수 있음.
11.1.1.0 0.0.0.255	출발지 IP. 11.1.1.0 0.0.0.255는 11.1.1로 시작하는 모든 IP를 포함함.
11.1.2.0 0.0.0.255	목적지 IP. 11.1.2.0 0.0.0.255는 11.1.2로 시작하는 모든 IP를 포함함.
eq 20 / eq 21	포트 번호. 20과 21은 FTP를 사용함.

❷ access-list 150 permit ip any any: 이 액세스 리스트는 IP 패킷 중 모든 네트워크에서 모든 네트워크로 향하는 패킷을 허용합니다(모든 IP 패킷을 허용하는 이 액세스 리스트 표현을 외워둬야 합니다).

[표 A-2] 액세스 리스트 해석

키워드	설명
ip	프로토콜. 'ip' 키워드는 (TCP와 UDP와 상관없이) 모든 IP 패킷을 포함함.
any	출발지 IP로 모든 IP를 포함함.
any	목적지 IP로 모든 IP를 포함함.

❸ ip access-group 150 out: 해당 액세스 리스트 150은 라우터의 Fastethernet 0/0 인터페이스에서 밖으로 나가는 패킷에 적용됩니다. 즉, 11.1.1.0 /24에서 11.1.2.0으로의 파일 전송(FTP)을 제외한 모든 패킷은 인터페이스, Fastethernet 0/0을 나갈 수 있습니다.

● **숙지해야 할 포트 번호**: [표 A-3]은 일반적으로 많이 사용하는 포트(well-known port) 번호입니다.

[표 A-3] 숙지해야 할 포트

서비스	포트
FTP(File Transfer Protocol) 데이터/프로그램	20/21
텔넷	23
SMTP(Simple Mail Transport Protocol)	25
TFTP(Trivial File Transfer Protocol)	69
DNS(Domain Name System)	53
WWW(HyperText Markup Language)	80

06 익스텐디드 액세스 리스트 예 2

> **사례 5** [그림 A-5]를 살펴봅시다. 숫자 범위 100~199를 사용하므로 익스텐디드 액세스 리스트입니다.

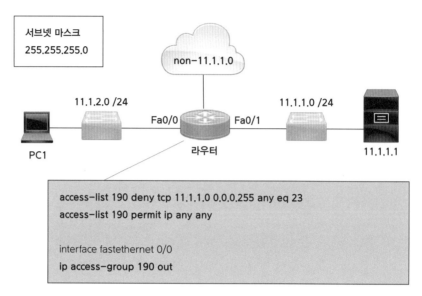

[그림 A-5] 익스텐디드 액세스 리스트 예 2

● **액세스 리스트 해석**

❶ access-list 190 deny tcp 11.1.1.0 0.0.0.255 any eq 23: 이 액세스 리스트는 TCP 패킷 중 11.1.1.0 /24 네트워크에서 모든 네트워크로 향하는 텔넷 패킷을 차단합니다.

[표 A-4] 액세스 리스트 해석

키워드	설명
tcp	프로토콜. 이 자리에 udp, ip, icmp, eigrp 등의 프로토콜이 올 수 있음.
11.1.1.0 0.0.0.255	출발지 IP. 11.1.1.0 0.0.0.255는 11.1.1로 시작하는 모든 IP를 포함함
any	목적지 IP로 모든 IP를 포함함
eq 23	포트 번호. 23은 텔넷이 사용함

❷ access-list 190 permit ip any any: 이 액세스 리스트는 IP 패킷 중 모든 네트워크에서 모든 네트워크로 향하는 패킷을 허용합니다.

❸ ip access-group 190 out: 해당 액세스 리스트 150은 라우터의 Fastethernet 0/0 인터페이스에서 밖으로 나가는 패킷에 적용됩니다.

결과적으로 11.1.1.0 /24 네트워크에서 모든 곳으로 가는 텔넷을 제외한 모든 패킷들이 인터페이스, Fastethernet 0/0을 나갈 수 있습니다.

07 액세스 리스트 확인

● show ip interface e0 명령은 인터페이스에 적용된 액세스 리스트를 확인하는 명령입니다. [그림 A-6]에는 인바운드 액세스 리스트 1이 적용돼 있습니다.

```
Router# show ip interface e0
    Ethernet0 is up, line protocol is up
        Internet address is 10.1.1.11/24
        Broadcast address is 255.255.255.255
        Address determined by setup command
        MTU is 1500 bytes
        Helper address is not set
        Directed broadcast forwarding is disabled
        Outgoing access list is not set
        Inbound  access list is 1
```

[그림 A-6] 인터페이스 적용 액세스 리스트 확인 방법

● show access-lists: 라우터에 설정된 모든 액세스 리스트를 확인하는 명령입니다. [그림 A-7]에서 액세스 리스트 1과 101을 확인할 수 있습니다.

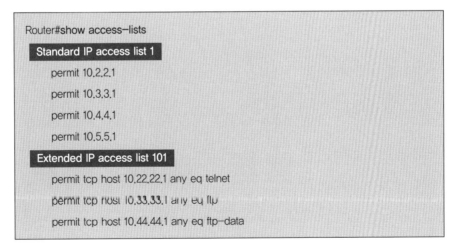

```
Router#show access-lists
    Standard IP access list 1
        permit 10.2.2.1
        permit 10.3.3.1
        permit 10.4.4.1
        permit 10.5.5.1
    Extended IP access list 101
        permit tcp host 10.22.22.1 any eq telnet
        permit tcp host 10.33.33.1 any eq ftp
        permit tcp host 10.44.44.1 any eq ftp-data
```

[그림 A-7] 액세스 리스트 확인 방법

실습 오리엔테이션

부록B

실습은 시스코 사의 시뮬레이션 툴인 패킷 트레이서(Packet Tracer)의 최신 버전을 활용하기 바랍니다. 여기서는 실습 사례를 통해 툴 사용법을 설명합니다.

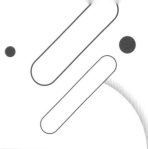

문제 1 [그림 B-1]에서 액세스 계층, 디스트리뷰션 계층, 코어 계층 장치를 찾으시오.

문제 2 장비들을 [그림 B-1]과 같이 연결하시오.

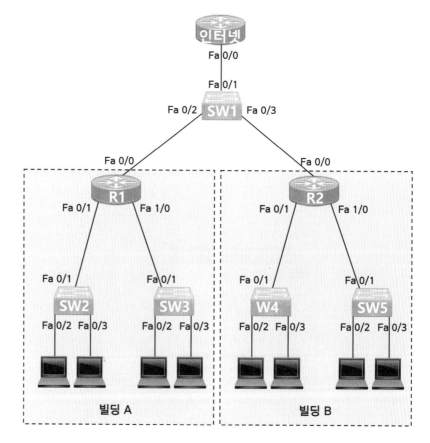

[그림 B-1] 네트워크 구성

문제 3 콘솔 연결을 통해 라우터의 CLI(command line interface)에 접속하시오.

문제 4 Router> 프롬프트에서 다음을 수행하시오.

- Router>?와 같이 ⒜ 키를 눌러 현재 위치에서 입력 가능한 명령어들을 확인하시오.
- Router>enable과 같이 'enable' 명령을 입력해 Router# 프롬프트로 이동하시오(명령어는 다른 명령어와 구분되는 자리까지만 입력하면 되기 때문에 'en'까지만 입력해도 됨).

문제 5 Router# 프롬프트에서 다음을 수행하시오.

- Router#?와 같이 ⒜ 키를 눌러 현재 위치에서 입력 가능한 명령어를 확인하시오.
- Router#show running-config 명령을 입력하고, 그 내용을 확인하시오.
- Router#configure terminal 명령을 입력해 router(config)# 프롬프트로 이동하시오.

문제 6 Router(config)# 프롬프트에서 다음을 수행하시오.

- Router(config)#?와 같이 '⒜' 키를 입력해 현재 위치에서 입력 가능한 명령어를 확인하시오.
- Router(config)#interface fastethernet 0/0 명령을 입력해 Router(config-if)# 프롬프트로 이동하시오.
- Router(config-if)#no shutdown 명령을 입력해 인터페이스를 살리시오.

문제 7 Router(config-if)# 프롬프트에서 Router> 프롬프트로 빠져나오는 명령은 다음과 같습니다.

Router(config-if)#exit
Router(config)#exit
Router#exit
Router>
또는
Router(config-if)#end
Router#

문제 8 다음과 같이 입력해 ? 와 Tab 키의 기능을 알아내시오.

Router#?
Router(config)#?

Router#sh['Tab'키를 누르시오]
Router#show ru['Tab' 키를 누르시오]
Router#show running-config

문제 9 ↑, ↓, ←, → 키를 각각 눌러 그 기능을 알아내시오.

솔루션

문제1 ~ **문제9** 실습 해설

다음 두 가지는 실습 전에 숙지해야 합니다.

● Ctrl + Shift + 6 키: [그림 B-2]와 같이 명령어를 잘못 입력하고 Enter← 키를 누르면 오타 친 이름을 가진 장치에 텔넷(Telnet)을 시도합니다. 그러나 해당 장치의 IP 주소를 모르기 때문에 네임 서버에게 (브로드캐스트로) IP 주소를 요청하고 응답이 올때까지 실습은 중단됩니다. 여기서 빠져나오는 키가 Ctrl + Shift + 6 입니다.

● **문제3** ~ **문제9** 까지의 설명은 스위치에서도 동일합니다.

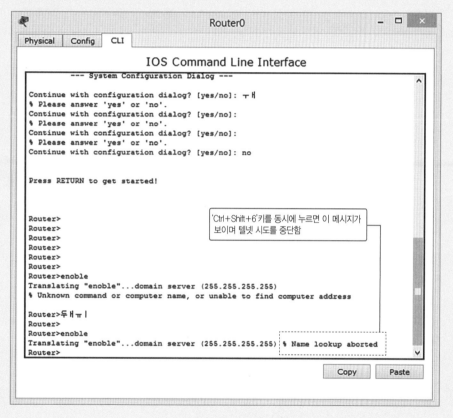

[그림 B-2] Ctrl + Shift + 6 키

패킷 트레이서 툴 사용법을 다음 예를 통해 설명합니다.

문제1 액세스 계층, 디스트리뷰션 계층, 코어 계층 장비를 찾으시오.

설명 [표 B-1]과 같습니다.

[표 B-1] 하이어라키컬 3 레이어 장치들

구분	장비	설명
액세스 계층	SW2, SW3, SW4, SW5, SW6	PC/서버가 연결된다.
디스트리뷰션 계층	R1, R2, R3	액세스 계층 장비가 연결된다.
코어 계층	SW1	디스트리뷰션 계층 장비가 연결된다.

문제 2 장비들을 연결하시오.

● **라우터 배치 [그림 B-3] 참조**

❶ 패킷 트레이서를 켜면, 패킷 트레이서의 메인 창이 보입니다.

❷ 왼쪽 하단의 라우터 심벌🖳을 클릭하면 패킷 트레이서가 제공하는 라우터 종류들을 보여줍니다.

❸ 네 번째 라우터인 2621XM 라우터를 선택합니다(어떤 라우터라도 가능하지만, 2621XM으로 통일하기로 합니다).

❹ 드래그 앤 드롭으로 메인 창에 배치합니다.

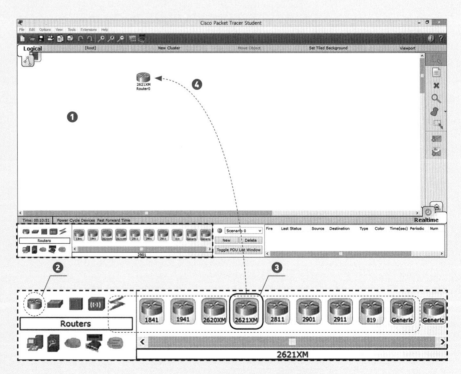

[그림 B-3] 라우터 배치

● **라우터의 포트 추가 [그림 B-4] 참조**

❶ Router를 클릭하면 ❷ Route0 창이 나타납니다. ❸ 모듈 추가 전에는 전원을

꺼야 합니다. 전원을 끄기 위해 전원 버튼을 마우스 클릭합니다. ❹와 ❺ 2621XM 라우터는 ❹의 큰 빈 슬롯과 ❺의 작은 빈 슬롯을 가집니다. ❺의 모듈들 중에서 'NM(Network Module)'으로 시작하는 이름을 가진 모듈들은 ❹의 큰 빈 슬롯에 장착할 수 있고, 'WIC(WAN Interface Card)'로 시작하는 이름을 가진 모듈들은 ❺의 작은 빈 슬롯에 장착할 수 있습니다. 모듈 장착은 ❻의 모듈들 중 NM-2FE2W 모듈을 선택하고 드래그 앤 드롭 해 ❹의 빈 슬롯에 장착합니다. ❼ 모듈 장착 이후에 전원을 켜야 합니다. 전원을 켜려면 전원 버튼을 클릭합니다.

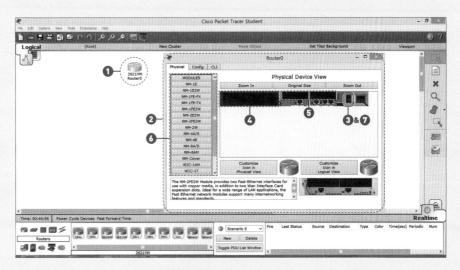

[그림 B-4] 라우터의 포트 추가

● 라우터 포트에 대한 설명 [그림 B-5] 참조

라우터 포트의 명칭과 설명은 [표 B-2]와 같습니다.

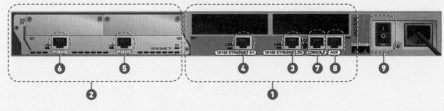

[그림 B-5] 라우터 포트 명칭

[표 B-2] 모듈과 포트 번호

구분	모듈 및 포트 명칭
❶	0번 모듈
❷	1번 모듈
❸	FastEthernet 0/0(0번 모듈의 0번 포트)

❹	FastEthernet 0/1(0번 모듈의 1번 포트)
❺	FastEthernet 1/0(1번 모듈의 0번 포트)
❻	FastEthernet 1/1(1번 모듈의 1번 포트)
❼	Console 포트
❽	Auxiliary 포트(Console 포트로 사용 가능)
❾	전원 스위치

● 스위치 배치 [그림 B-6] 참조

❶ 왼쪽 하단의 Switches 심벌▬을 클릭합니다.

❷ 패킷 트레이서가 제공하는 스위치 종류들을 보여줍니다.

❸ 세 번째 스위치인 2960 스위치를 선택합니다(어떤 스위치라도 가능하지만, 2960
으로 통일함).

❹ 드래그 앤 드롭으로 메인 창에 배치합니다.

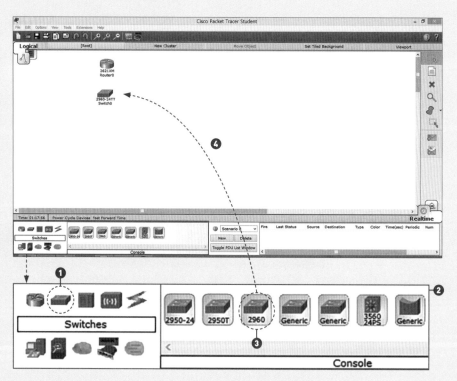

[그림 B-6] 스위치 배치

● PC 배치 [그림 B-7] 참조

❶ 왼쪽 하단의 End Devices(단말) 심벌▬을 클릭합니다.

❷ 패킷 트레이서가 제공하는 End Devices의 종류들을 볼 수 있습니다.

❸ 첫 번째 장치인 PC를 선택합니다.

❹ 드래그 앤 드롭으로 메인 창에 배치합니다.

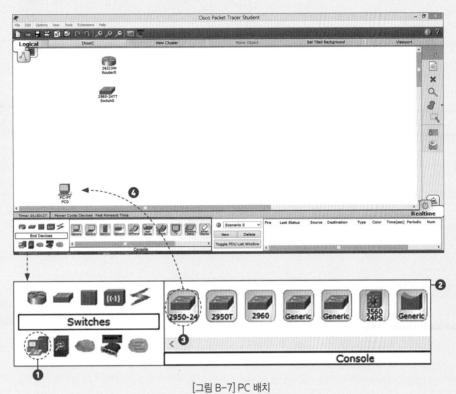

[그림 B-7] PC 배치

● 케이블링 [그림 B-8] 참조

❶ 왼쪽 하단의 Connections 심벌 ⚡을 클릭합니다.

❷ 패킷 트레이서가 제공하는 케이블의 종류들을 볼 수 있습니다.

❸은(명령어 입력 시 연결하는) 콘솔 케이블입니다.

❹는 스트레이트-스루(straight-Through) UTP(Unshielded Twisted Pair) 케이블입니다.

❺는 크로스오버(crossover) UTP(Unshielded Twisted Pair) 케이블입니다.

❻은 광케이블입니다.

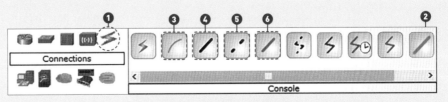

[그림 B-8] 제공되는 케이블들

UTP 케이블은 저렴하기 때문에 가장 많이 사용합니다. UTP 케이블로 연결하겠습니다. UTP 케이블은 [그림 B-9]와 같이 8가닥으로 구성됩니다. PC/서버의 LAN 카드와 라우터 포트는 1번 선과 2번 선을 통해 송신하고 3번 선과 6번 선을 통해 수신합니다. 허브와 스위치는 정반대입니다. 따라서 PC/서버/라우터와 허브/스위치와 연결할 때는 [그림 B-9]와 같이 꼬이지 않은 케이블을 사용합니다. 이를 스트레이트-스루(Straight-through) 케이블이라 합니다.

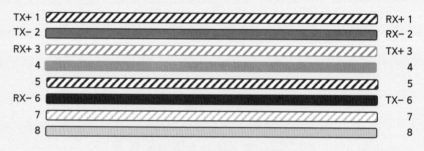

[그림 B-9] 스트레이트-스루 케이블

그러나 PC와 서버, PC와 라우터, 서버와 라우터를 연결한다면 두 장치가 모두 1번 선과 2번 선을 통해 송신하고, 3번 선과 6번 선을 통해 수신하려 할 것입니다. 이때 송신 선과 수신 선을 연결해야 통신이 가능합니다. 즉, 한쪽의 1/2번 선은 반대쪽의 3/6번 선과 연결하는데, [그림 B-10]과 같이 꼬인 케이블을 크로스오버(crossover) 케이블이라 합니다. 허브와 스위치, 스위치와 스위치, 허브와 허브의 연결도 이와 마찬가지입니다. 이번 실습에서는 스트레이트-스루 케이블만을 사용합니다.

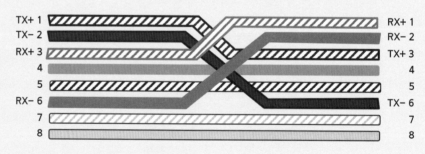

[그림 B-10] 크로스오버 케이블

● 케이블 연결 [그림 B-11] 참조

❶ 스트레이트-스루 UTP(Unshielded Twisted Pair) 케이블을 선택합니다.

❷ 연결 대상 장치를 선택한 후, 마우스 왼쪽 버튼으로 클릭합니다.

❸ 해당 장치가 가진 포트들이 나타나면 노란색 표시의 FastEthernet 포트들 중 하나를 선택합니다.

❹ 연결할 반대편 장비를 선택한 후, 마우스 왼쪽 버튼을 클릭합니다.

❺ 해당 장비가 가진 FastEthernet 포트들 중 하나를 선택하면 연결됩니다.

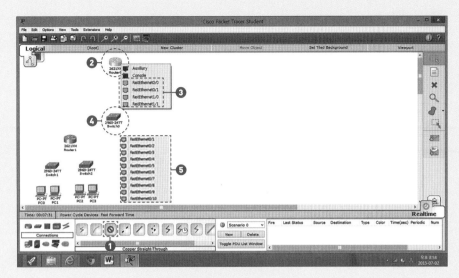

[그림 B-11] 케이블 연결

● 구성 일부에 대한 복사 기능 [그림 B-12] 참조

❶ 빌딩 A 부분을 마우스 커서로 선택한 후, Ctrl + C를 누르고

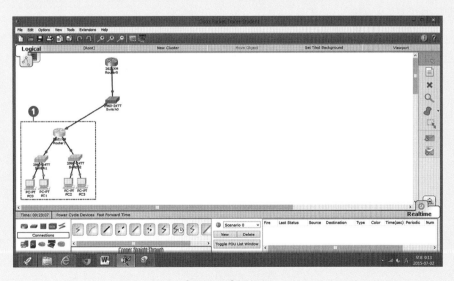

[그림 B-12] 복사 기능

❷ [그림 B-13]과 같이 Ctrl + V 를 누르면 복사됩니다.

❸ 드래그 앤 드롭해 오른쪽 빈 공간에 위치시킵니다.

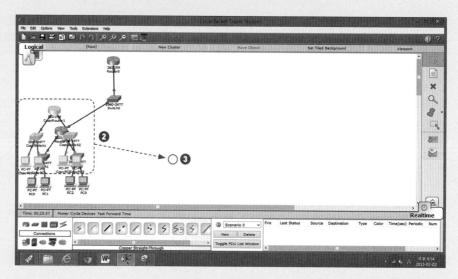

[그림 B-13] 복사 기능

끝으로 SW1과 R2를 연결해, [그림 B-24]와 같이 연결을 완성합니다.

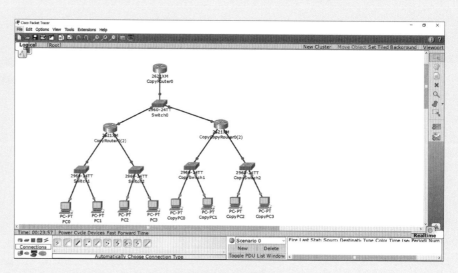

[그림 B-14] 완성된 연결

다음으로 포트 번호가 보이게 옵션을 변경합니다.

● 옵션 설정 [그림 B-15]

❶ 'Option' 메뉴를 선택합니다.

❷ 'Preference'를 선택합니다.

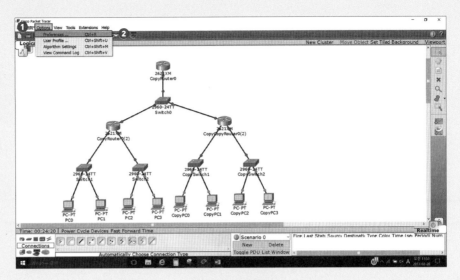

[그림 B-15] 옵션 변경 1

❸ [그림 B-16]에서 'Show Devices Model Lables'와 'Show Devices Name La bels'의 체크 표시를 해제합니다.

❹ 'Always Show Port Labels'에 체크 표시한 후 창을 닫습니다.

[그림 B-16] 옵션 변경 2

❺ [그림 B-17]과 같이 각 장비마다 포트 번호가 보입니다.

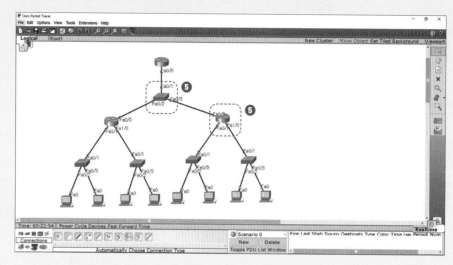

[그림 B-17] 포트 번호

> **문제 3** 콘솔 연결을 통해 라우터의 CLI(command line interface)에 접속하
> 시오.

❶ 콘솔 케이블을 클릭하고, 설정할 ❷ 라우터/스위치 위에서 왼쪽 클릭해 콘솔
(Console) 포트를 선택합니다. ❸ PC에서 왼쪽 클릭해 RS-232 포트를 클릭합니
다. 콘솔 케이블로 DB9-25핀 시리얼 (rollover) 케이블을 사용할 수 있습니다(최근
에 출시되는 장치는 콘솔 포트와 PC의 USB 포트를 USB 케이블로 연결할 수 있습니다.)

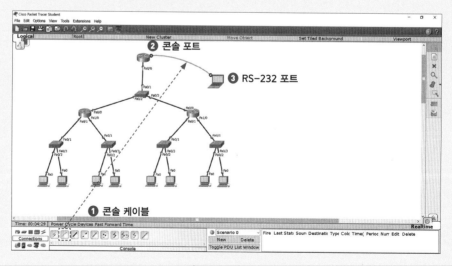

[그림 B-18] CLI

PC를 클릭하면 [그림 B-19]와 같은 창이 보입니다. ❹ Desktop을 클릭하고, ❺

Terminal을 클릭합니다.

[그림 B-19] CLI 접속 1

❻ [그림 B-20]과 같이 OK 버튼을 클릭합니다.

[그림 B-20] CLI (Command Line Interface) 접속 2

❼ Continue with configuration dialog? [yes/no]: 에서 'no'를 입력합니다.

설명 이 대화는 라우터와 스위치에 저장된 설정 파일(Configuration)이 존재하지 않을 때만 볼 수 있습니다. 여기에서 'Yes'를 입력하거나 setup 명령을 통해 'Setup' 모드에 들어갈 수 있습니다. Setup 모드에 들어가면 설정할 프로토콜과 파라미터(매개변수) 값을 대화를 통해 구성할 수 있습니다. Setup 모드에서는 간단한 설정만 가능한데, 라우터와 스위치가 동일합니다. Setup 모드에 들어가봐도 좋습니다.

[그림 B-21] 시스템 설정 대화창

> **문제 4** Router> 프롬프트에서 다음을 수행하시오. [그림 B-22]를 살펴봅시다. 다음 설명은 스위치에서도 동일합니다.

● Router>?와 같이 ⸢?⸥ 키를 입력해 현재 위치에서 입력 가능한 명령어를 확인하시오.

❶ ⸢Enter ↵⸥키를 누르면

❷ 'Router>' 프롬프트를 볼 수 있습니다. 이를 유저(User) 모드라고 합니다.

❸ Router> 에서 ⸢?⸥ 키를 누르면

❹ Router> 위치에서 입력 가능한 명령어와 해당 명령어에 대한 설명을 볼 수 있습니다. 이 명령어들은 라우터를 간단하게 조사하기 위한 것입니다.

● Router>enable 명령을 입력해 router# 프롬프트로 이동하시오(명령어는 다른 명령어와 구분되는 자리까지만 입력하면 되므로 'en'만 입력해도 됨).

❺ Router> 프롬프트에서 'enable' 또는 'en'을 입력합니다.

❻ Router# 프롬프트를 볼 수 있습니다. 이 모드를 프리빌리지드(privileged) 모드 또는 이네이블드(enabled) 모드라고 합니다.

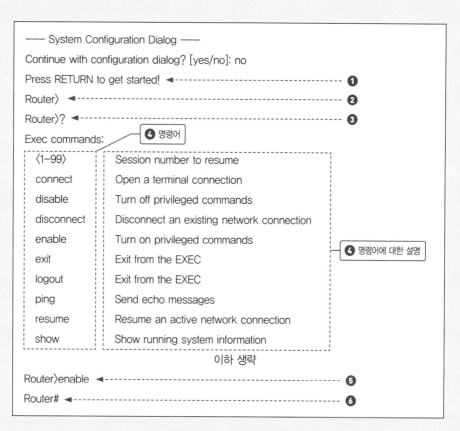

```
—— System Configuration Dialog ——

Continue with configuration dialog? [yes/no]: no

Press RETURN to get started!  ◄------------------------------- ❶

Router>  ◄----------------------------------------------------- ❷

Router>?  ◄---------------------------------------------------- ❸

Exec commands:               ❹ 명령어

  <1-99>        Session number to resume
  connect       Open a terminal connection
  disable       Turn off privileged commands
  disconnect    Disconnect an existing network connection
  enable        Turn on privileged commands
  exit          Exit from the EXEC                            ❹ 명령어에 대한 설명
  logout        Exit from the EXEC
  ping          Send echo messages
  resume        Resume an active network connection
  show          Show running system information
                        이하 생략

Router>enable  ◄---------------------------------------------- ❺

Router#  ◄--------------------------------------------------- ❻
```

[그림 B-22] Router> 프롬프트

문제 5 **Router# 프롬프트에서 다음을 수행하시오. [그림 B-23]를 봅시다. 다음 설명은 스위치에서도 동일합니다**

● Router#?와 같이 ⸢?⸥ 키를 눌러 현재 위치에서 입력 가능한 명령어를 확인하시오.

```
Router#
Router#?
Exec commands:

  <1-99>       Session number to resume
  auto         Exec level Automation
  clear        Reset functions
  clock        Manage the system clock
  configure    Enter configuration mode
  connect      Open a terminal connection
  copy         Copy from one file to another
  debug        Debugging functions (see also 'undebug')
  delete       Delete a file
                       이하 생략
```

[그림 B-23] Router# 프롬프트로 이동

● Router#show running-config 명령을 입력하고, 그 내용을 확인하시오.

설명 show running-config 명령은 라우터나 스위치에 설정된 모든 명령어들을 한 꺼번에 보여주는 명령으로, 가장 많이 사용합니다. 이 명령은 '자세한 조사'를 위한 명령어에 속하므로 간단한 조사를 하는 위치인 유저 모드(Router〉 프롬프트)에서는 입력되지 않습니다. 조사 명령어들은 간단한 조사와 자세한 조사 두 가지 그룹으로 나뉘며, 자세한 조사를 할 수 있는 프리빌리지드 모드(Router# 프롬프트)에서는 모든 조사가 가능하지만, 유저 모드(Router〉 프롬프트)에서는 일부 조사만 가능합니다.

```
Router#show running-config
Building configuration...
Current configuration : 633 bytes
!
version 12.2
no service timestamps log datetim
no service timestamps debug date
no service password-encryption
!
hostname Router
!
no ip cef
no ipv6 cef
!
interface FastEthernet0/1
bandwidth 30
```

```
interface FastEthernet0/1
bandwidth 30
ip address 200.1.2.1 255.255.255.0
duplex auto
speed auto
!
interface FastEthernet1/0
no ip address
duplex auto
speed auto
shutdown
!
router eigrp 100
network 11.0.0.
network 200.1.2.0
auto-summary
```

[그림 B-24] show running-config

● Router#configure terminal 명령을 입력해 Router(config)# 프롬프트로 이동하시오. 이를 글로벌 컨피규레이션(global configuration) 모드라고 합니다. 글로벌 컨피규레이션 모드에서는 설정을 변경할 수 있습니다.

설명 명령을 모두 입력하지 않고, 다른 명령어와 구분되는 자리까지만 입력하면 되므로 'conf t'를 입력하면 됩니다.

```
Router#configure terminal
Enter configuration commands, one per line.  End with CNTL/Z.
Router(config)#
```

[그림 B-25] configure terminal 명령

문제 6 Router(config)# 프롬프트에서 다음을 수행하시오.
다음 설명은 스위치에서도 동일합니다.

● Router(config)#?와 같이 ? 키를 입력해 현재 위치에서 입력 가능한 명령어를 확인하시오.

설명 설정 명령은 인터페이스와 관련 없는 명령어와 관련 있는 명령어(속도나 IP 주소, 인터페이스를 살리거나 죽이는 명령어)로 나뉩니다. 글로벌 컨피규레이션 모드에서는 인터페이스와 관련 없는 명령어를 입력하고, 인터페이스와 관련 있는 명령어는 해당 인터페이스로 이동해 설정해야 합니다.

```
Router(config)#
Router(config)#?
Configure commands:
    aaa                Authentication, Authorization and Accounting.
    access-list        Add an access list entry
    banner             Define a login banner
    boot               Modify system boot parameters
    cdp                Global CDP configuration subcommands
    class-map          Configure Class Map
    clock              Configure time-of-day clock
    config-register    Define the configuration register
    crypto             Encryption module
                        이하 생략
```

[그림 B-26] 설정 명령어들

● Router(config)#interface fastethernet 0/0 명령을 입력해 Router(config-if)# 프롬프트로 이동하시오. 이 모드를 인터페이스 컨피규레이션 모드라고 합니다.

설명 다른 명령어와 구분되는 자리까지만 입력해도 되므로 'in f 0/0'만 입력합니다. 인터페이스 컨피규레이션 모드에서는 인터페이스에 관한 설정을 할 수 있습니다.

부록
B

```
Router(config)#interface fastethernet 0/0
Router(config-if)#?
    arp                Set arp type (arpa, probe, snap) or timeout
    bandwidth          Set bandwidth informational parameter
    cdp                CDP interface subcommands
    channel-group      Add this interface to an Etherchannel group
    crypto             Encryption/Decryption commands
                        … (중략) …
    priority-group     Assign a priority group to an interface
    service-policy     Configure QoS Service Policy
    zone-membe         Apply zone name
```

[그림 B-27] 인터페이스 설정 명령어들

● Router(config-if)#no shutdown 명령을 입력해 인터페이스를 살리시오.

설명 스위치는 디폴트가 인터페이스가 켜진 상태이므로 no shutdown 명령이 필요 없습니다.

```
Router(config)#hostname R1
R1(config)#interface fastethernet 0/0
R1(config-if)#no shutdown
R1(config-if)#interface fastethernet 0/1
R1(config-if)#no shutdown
R1(config-if)#interface fastethernet 1/0
R1(config-if)#no shutdown
```

[그림 B-28] no shutdown 명령

라우터의 모든 인터페이스를 한꺼번에 살리는 명령은 없습니다. 스위치의 모든 포트들은 기본적으로 'no shutdown' 상태입니다.

라우터의 인터페이스를 'no shutdown' 명령으로 살리면, 라우터는 연결된 장치와 링크 펄스(link pulse)를 교환해 듀플렉스(Half 또는 Full) 타입과 속도(10, 100 또는 1,000Mbps 등)에 대한 협의 과정을 거칩니다.

문제 7 인터페이스 컨피규레이션 모드(Router(config-if)#프롬프트)에서 유저 모드(Router> 프롬프트)로 빠져나오는 명령은 다음과 같습니다.

설명 명령어를 입력하는 위치는 [그림 B-29]와 같이 대략 네 곳입니다. 조사하는 위치는 'Router>'와 'Router#'의 두 곳이고, 설정하는 위치는 'Router(config)#'와 'Router(config-if)#'의 두 곳입니다. 조사하는 위치는 간단한 조사를 할 수 있는 위치('Router')와 자세한 조사를 할 수 있는 위치('Router#')로 구분되며, 설정하는 위치는 인터페이스와 관련 없는 명령어를 설정하는 위치['Router(config)#']와 관련 있는 명령어를 설정하는 위치['Router(config-if)']로 구분합니다. 엉뚱한 곳에서 명령어를 입력하지 않도록 주의해야 합니다.

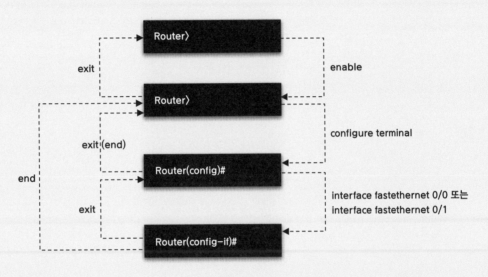

[그림 B-29] 각 명령어 입력 위치 간의 이동

문제 8 다음과 같이 입력해 `?`와 `Tab` 키의 기능을 알아내시오.

설명 `Tab` 키는 자동 완성 기능입니다. 즉, 명령어를 일부만 입력하고 `Tab` 키를 누르면 명령어는 자동 완성됩니다.

문제 9 `↑`, `↓`, `←`, `→` 키를 각각 눌러 그 기능을 알아내시오.

위/아래 화살표 키는 장치에서 사용했던 명령어를 기억했다가 다시 입력해줍니다. 왼쪽/오른쪽 화살표는 입력된 명령어의 글자 하나가 틀렸을 때, 틀린 글자의 수정을 위해 이동할 때 사용합니다.

[표 B-3] ↑, ↓, ←, → 키

키	설명
↑	이전에 사용했던 명령어를 입력해줌.
↑, ↑	이전, 이전에 사용했던 명령어를 입력해줌.
↓	그 이후에 사용했던 명령어를 입력해줌.
↓, ↓	그 이후, 이후에 사용했던 명령어를 입력해줌.
↑, ↑, ↓ = ↓	이전, 이전, 이후에 사용했던 명령어를 불러줌. 즉 이전 명령어를 입력해줌.
←	입력된 명령어에서 왼쪽으로 마우스 커서를 옮김.
←, ←, ←, ←	입력된 명령어에서 왼쪽으로 4칸 마우스 커서를 옮김.
←, ←, ←, ←, →, →, →	입력된 명령어에서 왼쪽으로 4칸, 다시 오른쪽으로 3칸 마우스 커서를 옮김.

장별 주요 명령어

부록 C

● 1장 IP 주소

명령어	설명
Router>enable	Router# 로 이동함.
Router#configure terminal	Router(config)# 로 이동함.
Router(config)#interface fasthernet 0/1	Router(config-if)# 로 이동함.
Router(config-if)#exit Router(config)#	Router(config)#, Router#, Router> 로 빠져나감.
Router(config-if)#end Router#	Router#로 빠져나감.
Router#show running-config	RAM 컨피규레이션을 보여줌.
Router#show ip route	라우팅 테이블을 보여줌.
Router#ping 10.1.1.1	네트워크 연결을 확인함.
Router(config)#hostname R1 R1(config)#	라우터의 이름을 R1으로 설정함.
Router(config)#interface fasthernet 0/1 Router(config-if)#no shutdown	인터페이스를 UP 상태로 변경함.
Router(config-if)#ip address 1.1.1.1 255.255.255.0	인터페이스 IP 주소를 설정함.
Router(config)#router eigrp 100	라우팅 프로토콜과 AS(Autonomous System) 번호를 설정함.
Router(config-router)#network 10.0.0.0	라우팅 프로토콜의 동작 범위를 설정함.
↑ 키	그 이전 명령어를 자동 입력함.
↓ 키	그 이후 명령어를 자동 입력함.
← 키	명령어의 왼쪽으로 이동함.
→ 키	명령어의 오른쪽으로 이동함.
? 키	현재 상태에서 사용 가능한 명령어를 보여줌.
Tab 키	명령어를 자동 완성함.
Ctrl + Shift + 6 키	네임 서버로부터 IP 주소를 기다리는 상태에서 빠져나옴.

Switch(config)#interface vlan 1 Switch(config-if)#ip address 1.1.1.2 255.255.255.0 Switch(config-if)#no shutdown	스위치에 IP 주소를 설정함.
Switch(config)#ip default-gateway 1.1.1.1	스위치에 디폴트 게이트웨이를 설정함.

○ 2장 라우팅과 이더넷 스위칭

명령어	설명
Router#show mac-address-table	스위칭 테이블을 보여줌.
Router(config-if)#shutdown	인터페이스를 DOWN 상태로 변경함.
Router(config-if)#no ip address	인터페이스 IP 주소를 삭제함.
Router(config)#no router eigrp 100	라우팅 프로토콜을 삭제함.
Router(config-router)#no network 10.0.0.0	라우팅 프로토콜의 동작 범위를 제외함.

○ 3장 TCP와 패킷 트래블

명령어	설명
arp -a	PC에서 ARP 테이블을 확인함.
Router#show ip arp	라우터에서 ARP 테이블을 확인함.

○ 4장 네트워크 구성도 그리기

명령어	설명
없음	–

○ 5장 VLAN과 트렁크

명령어	설명
Switch(config)#VLAN 10 Switch(config-vlan)#VLAN 20	VLAN을 선언함.
Switch(config-if)# switchport access VLAN 10	스위치의 인터페이스를 액세스 링크로 설정함.
Switch(config-if)# switchport mode trunk	스위치의 인터페이스를 트렁크로 설정함.
Switch#show vlan	스위치의 VLAN 설정을 확인함.
Switch#show interface trunk	스위치의 트렁크 설정을 확인함.

○ 6장 STP

명령어	설명
Switch(config)#spanning-tree vlan 10 priority 4096	PVST를 설정함. VLAN 10에 대한 이 스위치의 프라이오리티를 설정함.
Switch(config)#spanning-tree vlan 20 priority 4096	PVST를 설정함. VLAN 20에 대한 이 스위치의 프라이오리티를 설정함.
Switch#show spanning-tree	PVST를 설정함. STP의 계산 결과, 즉 루트 스위치, 포트의 역할 등을 보여줌.

○ 7장 이더채널과 FHRP

명령어	설명
Switch(config-if)#channel-group 1 mode on	스위치 인터페이스에서 이더채널을 설정하는 명령
Router(config-if)#standby 10 ip 11.1.1.1	라우터 인터페이스에서 HSRP 설정을 위해 VLAN 10에 대한 버추얼 IP 주소를 설정함.
Router(config-if)#standby 10 priority 150	라우터 인터페이스에서 HSRP 설정을 위해 VLAN 10에 대한 프라이오리티를 설정함.
Switch#show etherchannel summary	이더채널 상태를 확인함.
Router #show standby brief	HSRP 상태를 확인함.
Switch(config)#interface fastethernet 0/0 Switch(config-if)#switchport	L3 스위치의 포트를 스위치 포트로 설정함.
Switch(config)#interface fastethernet 0/0 Switch(config-if)#no switchport	L3 스위치의 포트를 라우터 포트로 설정함.
Switch(config)#ip routing Switch(config)#router eigrp 100 Switch(config-router)#network 10.0.0.0	L3 스위치에서 스위치에서 라우팅과 라우팅 프로토콜을 설정하는 명령
Switch(config)# interface fastethernet 0/1 Switch(config-if)#switchport trunk encapsulation dot1q Switch(config-if)#switchport mode trunk	L3 스위치에서 트렁크를 설정하는 명령
Switch(config)#interface vlan 10 Switch(config-if)#ip address 10.1.1.2 255.0.0.0 Switch(config-if)#interface vlan 20 Switch(config-if)#ip address 10.1.2.2 255.0.0.0	L3 스위치에서 VLAN 인터페이스를 설정하는 명령

부록
C

8장 스태틱 루트와 라우팅 프로토콜

명령어	설명
Router(config)#ip route 10.1.2.0 255.255.255.0 10.1.1.2	스태틱 루트 설정 명령. 10.1.2.0 255.255.255.0은 목적지 네트워크이고, 10.1.1.2 는 다음 라우터의 주소임.
Router(config)#ip route 0.0.0.0 0.0.0.0 100.100.100.1	디폴트 스태틱 루트 설정 명령. 0.0.0.0 0.0.0.0은 모든 네트워크를 표시하는 표현이고, 100.100.100.1 은 다음 라우터의 주소임.
Router(config)#router ospf 100 Router(config–router)#network 10.1.1.1 0.0.0.0 Area 0	OSPF 설정 명령

9장 NAT

명령어	설명
Router(config–if)#ip nat outside	NAT 아웃사이드 인터페이스로 지정함.
Router(config–if)#ip nat inside	NAT 인사이드 인터페이스로 지정함.
Router(config)#ip nat pool test 20.1.1.3 20.1.1.254 netmask 255.255.255.0	NAT에서 공인 주소 영역을 지정함.
Router(config)#access–list 7 permit 10.1.1.0 0.0.0.31	NAT에서 사설 주소 영역을 지정함.
Router (config)#ip nat inside source list 7 pool test	다이내믹 NAT에서 사설 주소와 공인 주소를 매핑함.
Router (config)#ip nat inside source list 7 pool test overload	NAT 오버로드에서 사설 주소와 공인 주소를 매핑함.
Router (config)#ip nat inside source list 7 interface fastethernet 0/0 overload	NAT 오버로드(PAT)에서 사설 주소와 공인 주소를 매핑하되, 공인 주소 영역이 아니라 Fa 0/0 인터페이스에 할당된 1개의 공인 주소를 사용함.

○ 10장 종합 프로젝트

● DNS 서버 설정 방법

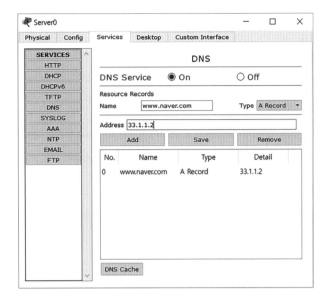

● DHCP 서버 설정 방법

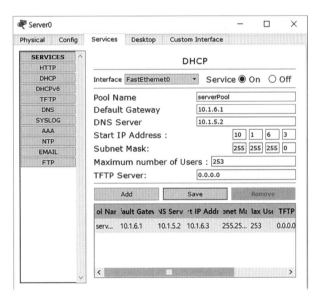

미니 과제로 완성하는 쌩초보 네트워크

2020. 2. 28. 초 판 1쇄 발행
2024. 9. 25. 초 판 2쇄 발행

지은이 | 이중호
펴낸이 | 이종춘
펴낸곳 | BM (주)도서출판 성안당

주소 | 04032 서울시 마포구 양화로 127 첨단빌딩 3층(출판기획 R&D 센터)
　　　 | 10881 경기도 파주시 문발로 112 파주 출판 문화도시(제작 및 물류)
전화 | 02) 3142-0036
　　　 | 031) 950-6300
팩스 | 031) 955-0510
등록 | 1973. 2. 1. 제406-2005-000046호
출판사 홈페이지 | www.cyber.co.kr
ISBN | 978-89-315-5638-4 (13000)
정가 | 30,000원

이 책을 만든 사람들

책임 | 최옥현
진행 | 조혜란
교정·교열 | 안종군
본문·표지 디자인 | 앤미디어
홍보 | 김계향, 임진성, 김주승, 최정민
국제부 | 이선민, 조혜란
마케팅 | 구본철, 차정욱, 오영일, 나진호, 강호묵
마케팅 지원 | 장상범
제작 | 김유석

www.cyber.co.kr
성안당 Web 사이트

■ 도서 A/S 안내

성안당에서 발행하는 모든 도서는 저자와 출판사, 그리고 독자가 함께 만들어 나갑니다.
좋은 책을 펴내기 위해 많은 노력을 기울이고 있습니다. 혹시라도 내용상의 오류나 오탈자 등이 발견되면 **"좋은 책은 나라의 보배"**로서 우리 모두가 함께 만들어 간다는 마음으로 연락주시기 바랍니다. 수정 보완하여 더 나은 책이 되도록 최선을 다하겠습니다.
성안당은 늘 독자 여러분들의 소중한 의견을 기다리고 있습니다. 좋은 의견을 보내주시는 분께는 성안당 쇼핑몰의 포인트(3,000포인트)를 적립해 드립니다.
잘못 만들어진 책이나 부록 등이 파손된 경우에는 교환해 드립니다.